大数据时代背景下的
外语教育研究

陈晓霞 著

北京工业大学出版社

图书在版编目（CIP）数据

大数据时代背景下的外语教育研究/陈晓霞著.——北京：北京工业大学出版社，2025.7 重印
　　ISBN 978-7-5639-6441-3

　　Ⅰ.①大… Ⅱ.①陈… Ⅲ.①外语教学－教学研究 Ⅳ.① H09

中国版本图书馆 CIP 数据核字 (2018) 第 226714 号

大数据时代背景下的外语教育研究

著　　者：	陈晓霞
责任编辑：	刘子阳
封面设计：	王　斌
出版发行：	北京工业大学出版社
	（北京市朝阳区平乐园 100 号　邮编：100124）
	010-67391722（传真）　bgdcbs@sina.com
经销单位：	全国各地新华书店
承印单位：	三河市元兴印务有限公司
开　　本：	787mm × 960mm　1/16
印　　张：	13
字　　数：	229 千字
版　　次：	2021 年 10 月第 1 版
印　　次：	2025 年 7 月第 4 次印刷
标准书号：	ISBN 978-7-5639-6441-3
定　　价：	48.00 元

版权所有　翻印必究

（如发现印装质量问题，请寄本社发行部调换 010-67391106）

2017年度教育部人文社会科学研究青年基金项目
《基于教育大数据的学业预警动态模型架构研究》
项目号：17YJCZH026
2017年度山东省高等学校人文社科计划项目
《中国文化走出去战略下的外语批判性思维培养路径研究》
项目号：J17RA044

前　言

随着互联网信息技术的迅猛发展，大数据成为众人瞩目的焦点，外语教育作为一个大数据应用的重要领域，必将发生革命性的变化。在外语教育中，大数据的运用可以改善学生的学习成绩，为学生提供个性化服务。通过大数据分析可以发现常规研究中所忽视的重要信息，革新教师的教学模式，改变学生的学习效果，优化教育政策的制订方式方法。

近年来，关于外语教育方面的研究成果数不胜数，但这并不意味着没有继续研究的必要。作者在多年的研究中发现，在大数据时代背景下的外语教育上还存在空白。为了填补这一空白，作者撰写了这本书。

本书共分五章，第一章主要围绕大数据与外语教育进行大致阐述，包括大数据的概念、特性、分类、价值，外语教育的定义、信息化诉求等内容；第二章对外语教育的理论及观点进行具体分析，内容包括行为主义语言教育理论、认知主义语言教育理论、建构主义教育理论、人本主义教育理论以及后方法语言教育理论等；第三章侧重阐述了外语教学的主要手段与模式；第四章针对大数据时代背景下外语教育的实现途径展开具体探讨，内容包括大数据对外语教育的促进作用，信息技术与外语结合的学科教学体系建构，大数据学习数据分析与外语教学，"慕课""翻转课堂"及"微课程"等内容；第五章作为本书的最后一章，重点探讨了大数据时代背景下外语教育存在的问题及教师的职业发展。

总体来讲，书中内容翔实，条理清晰，与时俱进，具有较强的理论性与学术价值。力图深入浅出地对大数据时代背景下的外语教育进行论述，以激发读者的阅读兴趣，增强读者在这方面的认识，并起到抛砖引玉的作用。

本书在撰写过程中参考了大量的文献资料与学术著作，在此一一表示感谢。但由于时间仓促加之作者精力有限，书中难免存在疏漏之处，恳请广大读者给予批评与指正。

作者

2018年8月

目 录

第一章 大数据与外语教育概述 ... 001
 第一节 大数据的概念与特性 ... 001
 第二节 大数据的分类与价值 ... 009
 第三节 外语教育的定义与内涵 ... 012
 第四节 外语教育的信息化诉求 ... 034

第二章 外语教育的理论及观点 ... 038
 第一节 行为主义语言教育理论及观点 ... 038
 第二节 认知主义语言教育理论及观点 ... 044
 第三节 建构主义教育理论及观点 ... 055
 第四节 人本主义教育理论及观点 ... 067
 第五节 后方法语言教育理论及观点 ... 074

第三章 外语教学的主要手段与模式 ... 082
 第一节 外语教学的主要手段 ... 082
 第二节 外语教学的主要方法 ... 088
 第三节 外语教学的主要模式 ... 095

第四章 大数据时代背景下外语教育的实现途径 ... 122
 第一节 大数据对外语教育的促进作用 ... 122
 第二节 信息技术与外语结合的学科教学体系建构 ... 125
 第三节 大数据学习数据分析与外语教学 ... 131
 第四节 "慕课""翻转课堂"及"微课程" ... 138

第五章 大数据时代背景下外语教育存在的问题及教师的职业发展 ... 159
 第一节 大数据在外语教育中存在的问题及建议 ... 159
 第二节 外语教师的职业发展 ... 180

参考文献 ... 199

第一章　大数据与外语教育概述

21世纪以来，以微电子、计算机、网络通信传输、纳米生物技术为标志的信息技术革命，成为影响社会形态变化的重要范畴，已经对当代社会的政治、经济、文化和全部社会生活以及相应的社会制度都产生了深刻而重大的影响，使人类社会进入了技术形态与经济形态统一、社会形态和技术形态高度融合的崭新阶段。信息化以及与之相适应的数字网络为社会带来这一革命性改变的同时，它也为外语教学变革提供了宽广的探索空间。与"世界社会形态"超经济性发展相同步，当代信息与网络技术使人际交往和信息流通由限于地域的实体社会网络向不受地域限制、全方位实时同步交互的信息技术虚拟网络转移，虚拟网络成为人类历史上资源规模空前宏大、联系范围空前广泛、知识包容空前完整、信息传递空前迅速、经济价值空前高涨的信息媒介。当前，形成中的全球同步"大数据"计算技术和信息效应，为外语教学实现不受地域、空间、形式和语种限制的实时情景交互，奠定了不容置疑的坚实技术基础并提供了宽广的发展空间。

第一节　大数据的概念与特性

一、大数据的发展历史

有史以来，处理各种不断增长的数据都是人类社会的难题。大数据的现代发展历史最早可追溯到美国统计学家赫尔曼·霍尔瑞斯，他为了统计1890年的人口普查数据，发明了一台电动机器来对卡片进行识别，该机器用1年时间就完成了预计8年的工作，促进了全球进行数据处理的新起点。1943年，第二次世界大战期间，英国为了快速解开纳粹设置的密码，组织工程师发明机器进行大规模数据处理，并采用了第一台可编程的电子计算机实施计算工作。1961年，美国国家安全局（NSA）首先应用计算机收集信号自动处理情报，通过数字化处理模拟磁盘信息。20世纪60年代，英国计算机科学家蒂姆·伯纳斯·李设计超文本系统，命名为万维网，使用互联网在世界范围内实现信息共享。1965年，英特尔创始人戈登·摩尔（Gordon Moore）通过研究计算机硬件得出摩尔定律，认为同等面积的芯片每过一到两年就可容纳两倍数量的晶体管，能够使微处理器的性能提高两倍，或使之价格下降一半。近50年来，信息产品功能日趋强大，各种设备体积变小，存储器成本持续缩小了1亿多倍，能以很低的成本保存海量的数据。1988年，美国科学家马克·韦泽（Mark Weiser）指出，各种各样微型计算设备能随时随地获取并处理数据，被称为普适计算。今天，智能手机、各种传感器、RFID（射频识别）标签、可穿戴式设备等实现了无处不在的数据自动采集，为大数据时代的到来提供了物理基础。美国研究员大卫·埃尔斯沃斯和迈克尔·考克斯在1997年使用"大数据"来描述超级计算机产生超出主存储器的海量信息、数据集甚至突破远程磁盘的承载能力。

大数据时代的技术基础集中表现在数据挖掘，通过特定的算法对大量的数据进行自动分析，从而揭示数据当中隐藏的规律和趋势，即在大量的数据当中发现新知识，为决策者提供参考。现在的信息技术已经可以把一件产品的流向、每位消费者的情况都记录下来，再通过数据挖掘，为客户量身定制，把消费和服务推向一个高度个性化的时代。基于网络数据的挖掘，不需要制定问卷，也不需要逐一调查，成本低廉。更重要的是，这种分析是实时的，没有滞后性，数据挖掘将成为越来越重要的分析预测工具，抽样技术将下降为辅助工具。数据挖掘的优越性，也集中反映了大数据"量大、多源、实时"的三个特点。大数据的前沿和热点是机器学习，和数据挖掘相比，其算法并不是固定的，而是带有自调适参数的，也就是说，它能够随着计算、挖掘次数的增多，不断自动调整自己算法的参数，使挖掘和预测的结果更为准确，即通过给机器"喂取"大量的数据，让机器可以像人一样通过学习逐步自我改善、提高，这也是该技术被命名为"机器学习"的原因。除了数据挖掘和机器学习，数据的分析、使用技术已经非常成熟，并且形成了一个谱系，例如数据仓库、多维联机分析处理（Multidimension OLAP）、数据可视化、内存分析（In-memory Analytics）都是其体系的重要组成部分。

从2004年起，以脸谱网（Facebook）、推特（Twitter）为代表的社交媒体相继问世，互联网开始成为人们实时互动、交流协同的载体，全世界的网民都开始成为数据的生产者，引发了人类历史上迄今为止最庞大的数据爆炸。

在社交媒体上产生的数据，大多是非结构化数据，处理更加困难。2012年，乔治敦大学的教授李塔鲁（Kalev Leetaru）考察了推特上产生的数据量，他做出估算：过去50年，《纽约时报》总共产生了30亿个单词的信息量，现在仅仅一天，推特上就产生了80亿个单词的信息量。也就是说，如今一天产生的数据总量相当于《纽约时报》100多年产生的数据总量。

回顾半个多世纪人类信息社会的历史，正是因为1966年提出的摩尔定律，晶体管越做越小、成本越来越低，才形成了大数据现象的物理基础。1989年兴起的数据挖掘技术，是让大数据产生"大价值"的关键；2004年出现的社交媒体，则把全世界每个人都变成了潜在的数据生成器，这是"大容量"形成的主要原因。

2008年末，"计算社区联盟"（Computing Community Consortium）提出了独特的详细报告：《大数据计算：在商务、科学和社会领域创建革命性突破》，使人们不仅考虑机器的数据处理，而且在更广泛的领域发现大数据的社会意义，找到了更多的新用途和富有创见的新见解。社会领域的计算，也被很多学者称为"社会计算"（Social Computing），社会领域的计算、对类似知识和关系的捕捉，不仅能够有效推动社会治理，还能产生商业价值。

总的来看，对处理大规模信息的现实需求推动了大数据相关技术的迅速发展，起初国家安全是大数据技术的主要推动力，伴随着超级计算机的发明，大数据的存储和处理技术以及大数据分析算法的研发，最终导致大数据在教育、金融、医疗等许多方面开始实施，广泛应用。

二、大数据的概念界定

大数据这个术语最早应用于apache org的开源项目Nutch，用来表达批量处理或分析网络搜索索引产生的大量数据集。谷歌公开发布Map Reduce和Google File System（GFS）之后，大数据不仅包含数据的体量，而且强调数据的处理速度。在数据分析领域，大数据是前沿技术，大数据以及数据仓库、数据分析、数据安全、数据挖掘是IT行业时下最火爆的词汇，大数据的商业价值已经成为信息行业争相追逐的焦点。大数据包括各种互联网信息，更包括各种交通工具、生产设备、工业器材上的传感器，随时随地进行测量，不间断传递着海量的信息数据。

利用新处理模式，大数据具有更强的决策力和洞察力，能够优化流程，实现高增长率，处理海量的多样化信息资产。归根结底，大数据技术可以快速处理不同种类的数据，从中获得有价值的信息，处理速度快，且只有快速才能起到实际用途。随着网络、传感器和服务器等硬件设施全面发展，大数据技术促使众多企业融合自身需求，创造出难以想象的经济效益，实现巨大的社会价值。各行各业利用大数据产生了极大增值和效益，表现出前所未有的社会能力，而绝不仅仅是数据本身。所以，大数据可以定义为在合理时间内采集大规模资料、处理成为帮助使用者更有效决策的社会过程。

三、大数据技术

大数据技术包括大数据科学、大数据工程和大数据应用。大数据科学指在大数据网络的快速发展和运营过程中寻找规律，验证大数据与社会活动之间的复杂关系；大数据工程指通过规划建设大数据并进行运营管理的整个系统。

大数据需要有效地处理大量数据，包括大规模并行处理（MPP）数据库、分布式文件系统、数据挖掘电网、云计算平台、分布式数据库、互联网和可扩展的存储系统。当前用于分析大数据的工具主要有开源与商用两个生态圈，开源大数据生态圈主要包括Hadoop HDFS、Hadoop Map Reduce、HBase等，商用大数据生态圈包括一体机数据库、数据仓库及数据集市。大量非结构化数据通过关系型数据库处理分析需要大量时间和资金，因为大型数据集分析需要大量电脑持续高效分配工作。大数据分析常和云计算联系到一起，大数据分析相比传统的数据仓库数据量大、查询分析复杂。

大数据处理和存储技术源于军事需求，"二战"期间英国研发了能处理大规模数据的机器，"二战"后美国致力于数字化处理搜集得到的大量情报信息。计算机和互联网技术导致大数据处理问题出现，"9·11"事件后美国政府在大数据挖掘领域组建了大数据库用于识别可疑人，通过筛选通信、教育、犯罪、医疗、金融和旅行等记录，组建了基于网络的信息共享系统。

大规模数据分析技术源于社交网络，大数据应用使人们的思维不局限于数据处理机器，重要的是新用途和新见解，对大规模信息的处理需求从根本上推动了大数据相关技术的发展，超级计算机的发明、大数据的存储和处理技术以及大数据分析算法的研发最终导致了教育、金融、医疗等多方面大数据的广泛应用。

四、大数据的特性分析

（一）大数据的主体性分析

大数据主体性主要是指在大数据时代数据作为一种独立存在的实体，其资产价值越来越突出，日益引起人们的重视。从具体的个人到形形色色的企业，从各国政府到各种组织都可以合法地去收集数据。例如，《经济学人》杂志数据编辑肯尼思·丘基尔认为，无论个人还是企业以及政府等都可以是数据的拥有者。个人使用全球定位系统的定位数据时，个人成为移动运营商收集大数据的来源，移动通信公司通过向用户提供更好的服务投资并收集大数据。政府可拥有如人口普查数据、城市规划、天气信息等特定的数据。

荷兰阿姆斯特丹自由大学计算机系高级研究员黄智生指出，今后个人隐私与数据归属权可能关系越来越少，欧洲民众要求政府公开信息的诉求极其强烈，民众有权向政府申请信息公开。除了涉及国家安全和个人隐私的公共信息外，欧盟和欧洲各国大部分政府信息已经公开。

（二）大数据的社会性分析

大数据的社会性不仅指企业重视的新型资产，而且还指其有助于在社会公共领域解决大量问题。大数据无论在失业、教育还是医疗保健方面，将带来无穷无尽的社会效益和经济效益。牛津大学网络学院互联网治理与监管专业教授维克托·迈尔·舍恩伯格认为大数据可以促进信息社会发展，增进社会交流，提供人性化服务，支持做出更好的选择。随着未来社会更加信息化，我们将拥有更方便的科技设施和更先进的工具。

纽约市打击金融犯罪行动组主管迈克·弗劳尔斯认为，纽约市充分运用大数据有助于市政执法、管理经济、防灾规划和灾后恢复，有助于优化行政资源、预防犯罪、使公共支出产生最大效益。工业和信息化部赛迪智库软件与信息服务业研究所所长安晖总结，大数据不仅能够帮助企业发展，获得经济回报，还可以促进社会管理水平提高，进而增进安全保障能力。

（三）大数据的规范性分析

大数据的规范性是指数据流通需要经法律界定数据的权益，政府界定数据的类型，判断是否涉及国家安全等，做到有法可依。在确定数据权益的前提下，数据运用需要价值交换，数据可以有偿使用。

荷兰阿姆斯特丹自由大学计算机系高级研究员黄智生认为，对非法泄露他人隐私的行为，法律会进行严厉打击。牛津大学网络学院互联网治理与监管专业教授维克托·迈尔·舍恩伯格认为，需要设立数据使用者承担其行为责任的隐私保护模式。《经济学人》数据编辑肯尼思·丘基尔认为，关键在于大数据技术规范应该从强调监管大数据的收集转向重点监管大数据的实际使用。

复旦大学数据科学研究中心主任朱扬勇教授认为，数据不是自然就有的，当产生的数据涉及商业秘密和个人隐私时需要提供法律界定。中国人民大学信息院院长杜小勇认为，数据作为资产需要数据治理，应从法律上明确规定将窃取他人数据与攻击他人信息系统视为犯罪，开展国家间对话形成公约。

（四）大数据的技术性分析

数据总量在最近增长态势惊人，全球在过去3年间产生的所有数据量已经超过以往总和。物联网的加速膨胀和移动互联网的迅速发展都使得新数据源大大增加，大量传感器不断产生新数据，获取、存储和处理数据的成本下降推动了数据持续大量膨胀产生。

工业和信息化部赛迪智库软件与信息服务业研究所所长安晖指出，信息技术以前只关注数据的体量与规模，而现在数据爆发，数据处理变得困难，应用需求加大，大数据不仅数据的规模超过以往，更要求数据处理和应用的能力和速度提高，统一整合数据对象、技术与应用。

其他类似观点也是认为大数据不仅可以是如政府部门或企业掌握的数据库这种有限数据集合，也可以是如微博、微信、社交网络上虚拟的无限数据集合。大数据技术是采集数据进行存储管理，并且分析挖掘通过可视化等技术呈现的一系列技术集成。大数据应用通过整合大数据技术，处理获得的大数据集合，追求信息产生的价值。

（五）大数据的经济性分析

大数据对经济的影响远远超出预计，不仅可以创造高额利润，还能为社会提供大量就业途径，出现一些新职业。一些欧洲公司通过网上数据，开始提升环境保护和医疗保健等领域的发展，并且用于科学实验。

欧盟委员会负责数字议程的委员尼丽·克洛斯认为，大数据是经济发展的动力和燃料，可以创造机遇改造社会，是使服务更加个性化和透明高效的重要工具。英国经济与商业研究中心指出，大数据能够改变创新途径，提升生产效益，为英国带来的经济收入高达2160亿英镑。

中国人民大学信息院院长杜小勇教授认为，需要耗费大量资源来获取数据与记录数据，因此数据具有资产的属性。SAS公司大中华区总裁吴辅世指出，大数据改变了企业对数据的认知，开始重视数据、利用数据，希望通过收集和分析大数据来获取竞争优势和商业价值，数据将成为其核心资产。

五、大数据的基本特点

（一）体量巨大，种类繁多。

互联网搜索的发展、电子商务交易平台的覆盖和微博等社交网站的兴起，产生了无穷无尽的各种数据内容。国际数据统计机构IDC估计，2011年和2012年的全球信息总量分别达到1.8ZB、2.8ZB，到2020年将是40ZB；思科公司预测全世界2016年产生的数据总量将达到1.3ZB；谷歌前CEO施密特指出，从人类文明开始到2003年的近万年时间里人类大约产生5EB数据，而2010年人类每两天就能产生5EB数据。传感、存储和网络等计算机科学领域在不断前行，人们在不同领域采集到的数据量达到了前所未有的程度，收集大量数据的原因在于网络数据可以实现同步实时收集，包括电子商务、传感器、智能手机等，还有医疗领域的临床数据和科学研究，例如基因组研究将GB级乃至TB级的数据输送到数据库。数据总量的增长由于占到85%以上的非结构化数据的增长，增速比结构化数据快大概几十倍。对于存储和网络企业的投资者来说这类预测能提升信心，美国咨询公司麦肯锡从个体数据集的大体量定义大数据是指传统数据库软件工具难以采集、存储、分析管理的巨大的数据集。大数据的数据类型日益繁多，例如视频、文字、图片、符号等各种信息，发掘这些形态各不相同的数据流之间的相关性是大数据的最大优点。比如供水系统数据与交通状况比较可以发现清晨洗浴和早高峰的时间密切相关，电网运行数据和堵车时间、地点有相关性，交通事故率关联睡眠质量。

（二）开放公开，容易获得。

采集大数据不是为了存储而是为了进行分析。大数据不仅存在于特定的政府机构和企业组织，而且是社会生活生产过程中自动产生存储的。电信公司积累客户的电话沟通记录，电子商务网站整合消费者的各种信息，企业通过挖掘海量数据可以增强自身能力，改善运营服务，提供决策支持，实现商业智能进而为企业带来高额经济效益回报，发现企业发展的特殊规律。如今，在一定规则开放性下，依靠应用程序接口技术和爬虫采集技术，越来越多的商业组织和政府机构开始向社会各界和研究机构提供自身采集储存的各种海量数据源，尤其是美国政府走在前列，主动提供具有权威的开放数据源Data.gov等开源数据。国内外大量组织收集微博上的海量信息，分析个人特征和属性标签，预测社会舆情、电影票房或者商业机会。开放公开容易获得的数据源成为大数据时代的基本特征，产生了巨大的社会影响。

（三）重视社会预测

预测是大数据的本质特征。在大数据时代，预见行业未来的能力成为企业追求的目标。最近美国Netflix公司推出《纸牌屋》，即通过采集其3000万用户的播放动作，包括打开、暂停、快进、倒退等动作，分析其注册用户的几百万次评级与搜索，评价受众对不同电视电影节目给予的不同观点，从导演、演员、题材、情节、类型等各个方面理解公众欣赏节目的习惯，通过挖掘海量数据，获得人们的喜好。该公司细致地采集分析用户数据，改变了视频行业的制作方式，用计算方法和逻辑分析替代了以前的过时生产方式，利用大数据能先于受众分析需求的优势，制作节目获得关注。更有意思的案例是，由于商家依据客户的购物行为进而通过大数据分析预测到其有很大的怀孕可能性，商场居然比父亲更早得知未成年女儿的怀孕信息。人们极为关注大数据预知社会问题的应用功能。在社会科学领域，大数据将发挥越来越突出的巨大作用。

（四）重视发现而非实证

实证研究强调建立理论假设，设定范围随机抽样，定量调查采集数据，收集相关数据，进而证伪或证实理论假设，具有连续线性的决策、逻辑严密的思维。大数据则重视数据，创造知识、预测前景、探索未知、关注现象、发现机遇。预见未来依靠自下而上的数据收集处理，在不依赖理论假设的前提下去发现知识、预知未来、洞察趋势、找到规律。例如沃尔玛超市经过大数据技术分析海量交易数据，发现周末如果男人买婴儿尿布则同时会顺便买啤酒的独特现象。通常数据挖掘不做刻板假设，具有未知性，但结果有效并且实用。

（五）重视全体忽略抽样

大数据是信息技术自动采集存储的海量数据，可以进行快速分析处理得到结果。随着存储设备成本不断下降，计算机工具效能日趋先进，处理海量数据的能力快速提升，数据挖掘算法持续加速改进，尤其是机器学习的神经网络建模技术使得抽样调查不再是唯一的方法。大数据理论上可以把握总体数据，更加重视整体的全部数据。

（六）非结构化数据涌现

数据挖掘重视未知的有效信息和实用知识，但越来越多的是非结构化数据，这成为大数据时代的突出特征。现在超过90%的数据是非结构化数据。社交媒体尤其微博随时产生无数数据文本，导致有价值的数据隐藏在海量信息中，大数据分析技术从大量文本中挖掘探析人们的态度和行为，呼应舆情监测的社会需求和企业的重大商机。面对非结构化的大数据采集处理，社会产生了新的需求，技术发生了新的变革，各种Hadoop集群、NoSQL以及Map Reduce等非关系型数据库流行，IT新技术不断涌现。大数据包括数据挖掘（Data Mining）、网络挖掘（Web Mining）、文本挖掘（Text Mining）、机器学习和NLP自然语言处理等IT和商业智能（Business Intelligence，BI）信息技术与决策支持系统及其在社会科学领域的应用。

第二节　大数据的分类与价值

一、大数据的分类

大数据一般分为以下四类：互联网数据、科研数据、感知数据和企业数据。

互联网大数据尤其社交媒体是近年大数据的主要来源，大数据技术主要源于快速发展的国际互联网企业。比如以搜索著称的百度与谷歌的数据规模都已经达到上千PB的规模级别，而应用广泛、影响巨大的脸谱、亚马逊、雅虎、阿里巴巴的数据也已达上百PB。

科研数据存在于拥有极高计算速度且性能优越的机器的研究机构，包括生物工程研究以及粒子对撞机或天文望远镜，例如位于欧洲的国际核子研究中心装备的大型强子对撞机，在其满负荷的工作状态下每秒就可以产生PB级的数据。

移动互联网时代普及LBs，基于位置的服务和移动平台的感知功能，感知数据逐渐与互联网数据重叠，但感知数据的体量同样惊人，并且总量或许可能不亚于社交媒体。

企业数据种类繁杂，企业同样可以通过物联网收集大量的感知数据，增长极其迅猛，企业外部数据则日益吸纳社交媒体数据，内部数据不仅有结构化数据，更多的是越来越多的非结构化数据，由早期电子邮件和文档文本等扩展到社交媒体与感知数据，包括多种多样的音频、视频、图片、模拟信号等。

从社会宏观角度根据其使用主体可分为以下三类：

（1）政府的大数据。

各级政府各个机构拥有海量的原始数据，构成社会发展与运行的基础，包括形形色色的环保、气象、电力等生活数据，道路交通、自来水、住房等公共数据，安全、海关、旅游等管理数据，教育、医疗、信用及金融等服务数据。在具体的政府单一部门里，无数数据固化而没有产生任何价值，如果关联这些数据流动起来综合分析有效管理，这些数据将产生巨大的社会价值和经济效益。

现代城市依托网络智能走向智慧，无论是智能电网与智慧医疗，还是智能交通和智慧环保，都离不开大数据的支撑，大数据是智慧城市的核心资本。到2012年底，已经有180个国内城市开始投资建设智慧城市，总的投资规模包括数据平台的投入和通信网络方面的各种基础设施，全部加起来大约6000亿元，根据"十二五"规划，各地建设智慧城市仅基础设备的投资拉动规模总和大约为1万亿元。建设智慧城市，大数据可以在方方面面提供各种决策与智力支持。政府作为国家的管理者应该将数据逐步开放供给更多有能力的机构组织或个人来分析并加以利用以加速造福人类。奥巴马任期内的一个重要举措是美国政府筹建了一个data.gov网站，要求政府公开透明，核心就是政府机构的数据公开。截至目前，已经开放了上万个数据库。

（2）企业的大数据。

企业离不开数据支持有效决策，只有通过数据才能快速发展、实现利润、维护客户、传递价值、支撑规模、增加影响、撬动杠杆、带来差异、服务买家、提高质量、节省成本、扩大吸引、打败对手、开拓市场。企业需要大数据的帮助才能为快速膨胀的消费者群体提供差异化的产品或服务，实现精准营销。网络企业应该依靠大数据实现服务升级与方向转型，传统企业面临无处不在的互联网压力同样必须谋求变革、实现融合、不断前进。

随着信息技术的发展，数据成为企业的核心资产和基本要素，数据变成产业进而成长为供应链模式，慢慢连接为贯通的数据供应链。互联网时代，互相自由连通的外部数据的重要性逐渐超过单一的内部数据，企业个体的内部数据更是难以和整个互联网数据相提并论。综合提供数据，推动数据应用、整合数据加工的新型公司明显具有竞争优势。

大数据时代的互联网企业影响巨大，而传统IT公司随着网络社会的到来开始进入互联网领域，需要通过云计算与大数据技术，改善产品，提升平台，实现升级，这两类公司互相借鉴，相互合作，彼此竞争。

（3）个人的大数据。

每个人都能通过互联网建立属于自己的信息中心，积累、记录、采集、储存个人的一切大数据信息。根据相关法律规定，经过本人亲自授权，所有个人相关信息将转化为有价值的数据，被第三方采集可以快速处理，获得个性化的数据服务。通过信息技术使得各种可穿戴设备，包括植入的各种芯片都可以通过感知技术获得个人的大数据，包括但不限于体温、心率、视力等各类身体数据以及社会关系、地理位置、购物活动等各类社会数据。个人可以选择将身体数据授权提供给医疗服务机构，以便监测当前的身体状况，制订私人健康计划；把个人金融数据授权给专业的金融理财机构，以便制定相应的理财规划并预测收益。当然国家有关部门还会在法律范围内经过严格程序进行预防监控，实时监控公共安全，预防犯罪。

个人的大数据严格受到法律保护，其他第三方机构必须按法律规定授权使用，数据必须接受公开透明的全面监管；采集个人数据应该明确按照国家立法要求，由用户自己决定采集的内容与范围；数据只能由用户明确授权才能严格处理。

二、大数据的应用价值

（一）大数据有益于决策

数据化指一切内容都通过量化的方法转化为数据，比如一个人所在的位置、引擎的振动、桥梁的承重等，这就使得我们可以发现许多以前无法做到的事情，这样就激发出了此前数据未被挖掘的潜在价值。数据的实时化需求正越来越突出，网络链接带来数据实时交换，促使分析海量数据找出关联性，支持判断，获得洞察力。伴随人工智能和数据挖掘技术的不断进步，大数据提高信息价值，促成决策，引导行动，获得利润，驱动企业获得成功。

（二）大数据的市场价值

大数据不仅拥有数据，更在于通过专业化处理产生重大市场价值。

大数据在当代社会成为一种人人可以轻易拥有、享受和运用的资产。好的数据是业务部门的生命线和所有管理决策的基础,深入了解客户带来的是竞争优势,数据应该随时为决策提供依据。数据的价值在于能即刻把正确的信息交付给恰当的人。那些能够驾驭客户相关数据的公司与公司自身的业务结合,可以发现新竞争优势。拥有大量数据的公司进行数据交易得到收益,利用数据分析能够降低企业成本,提高企业利润。数据成为最大价值规模的交易商品。大数据体量大、种类多,通过数据共享处理非标准化数据可以获得价值最大化。大数据的提供、使用、监管将大数据变成大产业。

(三)大数据的预测价值

如今是一个大数据时代,85%的数据由传感器和自动设备生成,采集与价值分离,全面记录即时系统,可以产生巨大价值。记录数据与利益并不直接相关,仅仅是对操作过程的次序和具体内容采集,网络时代不同主体之间有效连接,实时记录会提高每个主体对自己操作行为的负责程度。随着互联网经济与实体经济的融合,网络操作记录已经成为网络经济发展的基本保证。信息系统运行会出现差异,打破平衡,适当的外部资源微调可以避免系统崩溃,确保系统良性运行。预测未来是目前大数据最突出的价值体现。考察数据记录发现其规律特征,从而优化系统以便预测未来的运行模式实现价值。无论企业还是国家都开始通过深入挖掘大数据,了解系统运作,相互协调优化。大数据连接个体,简化交互过程,减少交易成本。

第三节 外语教育的定义与内涵

当前外语教育语言学的学科地位未及确立的原因,与外语教育多学科的跨越性相关,这就使对它的学科属性与学科地位的界定具有了一定的复杂性。

实质上外语教育不仅限于语言学、心理学与教育学范畴,外语教育在研究语言本质和学习规律、揭示语言教育本质规律的同时,还需涉及学校与社会、教师与学生、德育与智育、知识与能力等多个系统领域。在当今数字技术高度发展的"大数据"时代,外语教育研究需要进入教育与技术等更为宽广的探索空间。换言之,外语教育具有语言学研究的一面,即对语言进行描述、分析和解释并揭示语言的本质特征和功能属性;但外语教育对于语言的研究并不局限于语言系统本身，因为语言系统研究只在语言形式和内容上对外语教学有意义，而外语的应用却需要语言符号与文化形式的双重转换，关涉到包括本民族在内的整个地球社会大系统的多学科领域，在当今"大数据"时代的"世界社会形态"下，尤其是如此。

一、外语教育学的定义

外语教育学是一门新的应用性教育科学，具有跨学科的性质，是教育学中的一个分支。它以近几十年来外语教学法的新进展和新成果为基础，从理论的高度研究外语教学过程的客观规律，探索外语教学模式和外语教学过程，是一门揭示外语教学过程的性质和规律的科学。外语教育不仅研究外语教学的理论基础，还要研究外语教学的原则、途径、方法和技巧，以及外语教学中的程序、步骤和实际操作。因此，外语教育是从"外语教学法是外语教育学的分支"这个判断出发，把教育学、心理学、语言学和外语教学法自然地融合在一起，并在教育学、心理学、语言学和外语教学法之间架起了一座桥梁。

（一）外语教育学是一门新的科学

外语教育学是一门教育科学与外语教育相结合而产生的中间层级的科学，是教育发展中产生的新的科学。在当下，现代科学发展呈现高度分化、高度综合、相互渗透的趋势。为适应和促进社会发展，教育改革不断深化，学科教育的研究逐渐超出教学法研究的范围。外语教育在理论和实践上不断向纵深发展，导致外语学科研究领域的高度分化，外语教育的主体部分和分支领域的发展也超越了外语教学法的范畴，于是外语教学法结构单一、理论薄弱、研究领域狭窄等缺陷逐渐暴露。因此，外语教育学的产生顺应了外语教育的发展需要，是教育学科和外语学科的最优化结合，使教学经验上升到理论从而揭示外语教育的规律，同时外语教育法研究的视角是多方面、多层次、多元化的。外语教学既要考虑社会需求、学生自身素质发展的需要和培养人才的需要，又要以相邻学科为理论基础，还要从外语教学实践的源泉中探索抽象概括规则，发展和完善自身体系，所以又将进一步促进该学科在更广泛、更深刻的基础上获得丰富的经验和发展。

（二）外语教育学是一门应用性科学

外语教育学是外语教学法的改造、发展和提高，是一门应用性学科，它是强调以教育等科学与外语学科相结合的理论为基础的应用性科学。根据系统科学的发展要求，外语教育学也要向综合化、整体化方向发展，要求学科教育结合自然科学、社会科学发展的最新理论综合地、整体地探索学科教育的理论和实践。就外语教育学本身而言，它又有自己的理论及实践内容，并且它的实践活动是其理论的源泉。外语教育学从外语教育实践中研究外语教育现象，探讨提高外语教育质量的规律，反过来它又应用从实践中升华出来的规律，以指导外语教学再实践，进一步提高外语教育质量。应用性的主要标志就在于外语教育的主要任务是帮助未来的老师树立正确的外语教育观，培养他们的外语教育能力，指导外语教育的实践，从了解教材、教法到科学设计外语教学大纲，从确定外语教学的目的到建立外语教学的目标体系。从外语教学到外国文化的渗透等方面提高外语教育的质量，从而在实践中培养学生的语言能力和交际能力，完成从知识的传授到智力和情感发展的转变。

（三）外语教育学是一门教育科学

外语教育学是外语学科与教育科学的合理结合，是其自身的新面貌，也是教育科学的新成果。外语教育有自己的理论、规律和方法体系，它不仅要以相关学科，诸如哲学、语言学、心理学、社会学、社会语言学、心理语言学、社会心理学、外语教育心理学、人类学等理论为基础，还要吸收语言学史、心理学史和外语教育史等国内外研究成果，并将这些理论学说综合地、整体地融会贯通，从而形成关于外语教育的成熟的教育体系。外语教育学是一个兼具理论和应用性质的教育科学，由四个相互交叉的层面构成的：①理论层次，是关于外语教学的哲学见解，即由教育哲学、语言哲学、心理学等相关理论而产生的外语教学理论；②操作方法，包括教学模式、教学方法和教学技巧等；③教育教学的组织层次，即教育活动形式和组织结构；④教学手段，是达到教育目标的工具。这四个层面保证了外语教育学的方法论的前提、独立的理论和与邻近学科的联系和界限，构成了外语教育学科的教育体系。

二、外语教学的历史回顾

（一）西方外语教学的历史

一般认为，西方的外语教学始于古罗马时期的希腊语教学。当时，罗马征服了包括希腊在内的地中海沿岸国家，建立了强大的罗马帝国。罗马统治者认识到，帝国的中心——罗马，经济、武力强大，欠缺文化的滋润，与被它征服的文化繁荣之都希腊相比起来仅是个"蛮夷之地"，需要吸取希腊文化的精华以建立自己的意识形态体系。这时，很多希腊学者纷纷涌进罗马，依靠他们丰富的希腊文学、语言素养谋生，希腊语的教学地位也得以确立。随着罗马帝国社会政治、经济和文化的发展，拉丁语逐渐取代了希腊语在罗马帝国的地位，向整个欧洲传播开来。拉丁语教学主要以讲授语法和修辞训练为主，教学方法主要采用语法翻译法，即通过翻译练习来使学生识记各种语法规则和单词。教材主要选自古典诗词等文学作品，重在培养阅读和写作能力。

文艺复兴时期，欧洲的格局发生了巨大变化，各民族国家逐渐兴起，民族语言的地位也逐渐上升，拉丁语、希腊语等古典语言在外语教学中逐渐失去了昔日的垄断地位，英语、法语、德语等现代语言的教学逐渐进入各类学校。但直到19世纪，欧洲的外语教学仍以古典语言为主。这一时期的教学方法仍沿用语法翻译法，教学目标也仍以提高阅读和写作能力为主。

19世纪末期，英、法、德、美等国家日益强大，中、日等国也被迫打开封闭的国门。这使得各国间的经济贸易、文化交流越来越频繁。而在国际贸易、文化传播中起重要作用的工具是语言。新的世界形势对外语人才提出了更高的要求。显然，只注重翻译训练、培养阅读和写作能力的语法，翻译法已不能适应这种新形势的需要，并逐渐受到语言学及外语教学领域的批判。正是在这一大背景下，19世纪末的欧洲兴起了一场外语教学改革运动。在这场外语教学改革运动中，很多语言学及外语教学研究专家纷纷推出了他们的研究成果，其中最突出的大概是直接教学法。

第一次世界大战以后，国际交流愈加频繁和多元化，对外语人才的听、说、读、写能力提出了更高的要求。传统的语法翻译法已不能满足外语教学的需要。语言学及外语教学界开始探究更为合理的外语教学法，提出了很多外语教学理论和假说。其中比较典型的有直接教学法，它完全颠覆了语法翻译法的教学模式。直接教学法重在培养语言的实际运用能力，教学材料通常选自日常生活语言，通过学习日常口语来掌握语音、词汇、语法等知识。

第二次世界大战前，世界政治、经济、文化及军事等多领域发展迅速，直接教学法已不能满足新形势的要求，需要新的外语教学法。二战期间，美国军队采取以行为主义的S—R理论为基础的教学手段来培训官兵的外语，一种被称为"听说法"的新外语教学法得以形成并逐渐发展起来。听说法强调听说教学优于读写教学，课堂上提供代表各种语法结构的句型，让学生进行大量的机械操练，只有当学生掌握了日常口语和基本的语法结构时。才进行读写译教学。听说法在20世纪四五十年代的外语教学中的确取得了良好的成绩，并在五六十年代进一步发展为视听法。但在六七十年代，也有一些学者指出视听法并不比语法翻译法等传统教学法更优越。

20世纪60年代以后，语言学及外语教学界对外语教学法的研究不断深化，许多语言学家推出了他们的研究成果。例如，英国的一些语言学家创立了口语法和情景法，其中C.盖提诺创立了沉默法，罗佐诺夫创立了暗示法，C.卡伦创立了集体语言学习法，等等。一时间，外语教学研究领域"百家争鸣"，各种外语教学理论各抒己见。它们的共同点是：更加关注学习者的心理因素和语言学习过程中的文化因素对外语习得的影响，致力于改进学习者之间和学习者与教师之间的关系并建构一个外语教和学的共同体。

（二）教学方法

通常一种外语教学方法往往实践着一种或多种语言理论或思想，那么，语言理论的多元化也就决定了不可能只有一种外语教学方法和原则具有普遍的意义，教学方法总是随着语言理论的发展和文化的变迁不断发生变革。下面主要根据西方外语教学发展的几个历史时期来介绍几种主要的外语教学法。

1. 古典语言教学时期：语法翻译法

拉丁语、希腊语等古典语言教学在19世纪的欧洲外语教学中占据主导地位，语法翻译法是其常用的外语教学法，因注重语法规则的学习和翻译训练而得名，强调以熟记语法规则和单词为手段，通过逐字逐句的翻译来训练阅读和写作的能力。从教学方式上看，学习者首先学习字母的发音和书写，然后识记词汇和各种语法规则，在后来的翻译训练中巩固词汇和语法知识，最后进行写作训练。语法翻译法使用的教材枯燥乏味，难度较大，通常主要选择古典诗词等文学作品，或者根据严格的文学规范和语法规则编造的例句为典范。语法翻译法重在以培养学习者的阅读、翻译和写作能力为目标，几乎忽视听说能力的培养。

语法翻译法已有两千多年的历史，直到20世纪初期仍占主导地位，不用说在20世纪70年代前的中国，就算是在当前的中国外语教学中仍有很大的影响力。它在培养学习者的阅读和写作能力方面的确有很多值得肯定的地方，但因其忽视语言交际能力的培养，为后来的很多语言学家及外语教学家所抨击。

2. 现代语言教学法的萌芽时期：直接教学法

最早系统论述直接教学法的是德国外语教学专家维托（V.W.Vietor），他在其著作《语言教学必须彻底改革》中对语法翻译法只注重翻译训练和读写教学进行了强烈的批判，并对直接教学法作了详尽论述。他认为，外语教学不应该只包括读、写、译的教学，更重要的是要加强语音教学和听说能力的培养。第一次世界大战以后，德国外语教育家伯利兹（M.Berlitz）创办了体现直接教学法的伯利兹外语学校。该校分布于欧美各国，取得了良好的教学成果。伯利兹认为，幼儿学习第二语言与学习本族语时的心理机制是相似的，那么就可以按照学习本族语的方法和过程来学习外语。因此，他在外语教学的过程中使用外文授课，竭力创造与幼儿学习本族语时相同的环境和条件，以排除本族语对外语学习的干扰。

英国的外语教育家帕尔默（H.E.Palmer）也极为推崇直接教学法。他认为，语言是一种习惯，是在生活中经过多次反复才形成的。他主张外语学习就是学习生活中的各类实用句型，并在此基础上反复练习和模仿，最终形成新的语言习惯。语言学家理查兹（I.A.Richards）、奥戈登（A.C.Ogden）、吉布森（C.M.Gibson）等人是后期直接教学法的代表人物，他们提出了循序直接法。循序直接法要求按预先控制的特定顺序学习外语，教学必须循序渐进。

总的来说，直接教学法认为学习外语应参照幼儿学习本族语时的经验，主张把外语和它所指示的客观事物建立直接的联系，教学起点是语音和日常生活中的句子。它完全排斥翻译训练，反对识记枯燥无味的语法规则。同时，学习语法应该采用归纳法而非演绎法，拒绝在课堂上使用本族语，竭力排除本族语对外语学习的干扰。从教学方式上看，学习者首先学习日常生活中常用的词汇和句子，通过学习生活口语来掌握语音、词汇、语法等知识，强调从特殊到一般的归纳法；从教材上看，直接教学法通常选取日常生活中常用的词汇和句子，通过反复操练以达到"直接运用"；从教学目标上看，直接教学法重在培养学习者在生活中实际运用外语的能力，写作和翻译能力的培养并未受到重视。

直接教学法主要是针对语法—翻译法的弊端而提出来的，它弥补了语法~翻译法轻口语教学重语法规则的不足，在外语教学中有广泛的影响力。但是，直接教学法本身也有一些不足之处：①完全忽视了本族语在外语学习中的作用。②把幼儿学习本族语的经验推广到所有外语学习者身上，忽视了学习者的心理因素对外语学习的影响。成年人在学习外语时，不可能完全摒弃本族语的语言思维习惯，对他们使用直接法进行教学，效率是很低的。③对写作、翻译能力的培养重视不够，更不用说文学素养的提升了。直接法因反对语法翻译法而提出，但它忽视了写作、翻译这些重要的语言能力的培养而走向了另一个极端。

3. 现代语言教学法的发展时期：听说法、视听法

（1）听说法。

二战期间，美国军队以行为主义心理学的S—R理论为基础，开办了外语强化班以培训官兵的外语。在强化培训中，一种被称为"听说法"的外语教学法得到了广泛运用。这开辟了外语教学的新途径，也标志着现代语言教学法进入了新的发展时期。

听说法强调听说教学优于读写教学，课堂上提供表现各种语法结构的句型，让学生进行大量的机械操练。听说法的教学方式与直接教学法有很多共同点。例如，它们都认为语言是一套习惯，学习语言就是通过反复地操练句子以形成新的习惯；为了排除本族语对外语学习的干扰，它们都不允许本族语进入外语课堂；都反对孤立地识记语法规则，主张通过归纳法来学习语法，等等。但与直接教学法不同的是，听说法强调先听后说及句型操练（并非活生生的日常句子），这与它的理论基础——行为主义学习理论是密切相关的。行为主义学习理论认为，学习就是刺激（S）与反应（R）之间形成持久的联结，教师的作用就是提供各种刺激以引起学生特定的反应。因此，听说法强调先"听"——接受外部的声音刺激，然后再"说"——对外部的刺激做出反应。听和说的是符合语法规则的句型，以使学习者掌握正确的语言结构，至于这些句子是否为生活中常用的、有意义的却不在考虑范围之内。

从教学方式上看，听说法以句型为中心，学习者首先听，然后模仿着说，经过反复的机械操练，以达到能够熟练地运用所学句型；从教材上看，听说法的语言材料通常是一些生编硬造的、只反映语法规则和语言结构的句子，几乎没有什么内容和意义，甚至非常荒诞；从教学目标上看，听说法重在培养学习者能够在短时间内熟练运用外语进行日常交流的能力。较为忽视读写译能力的培养。

听说法从20世纪40年代开始在外语教学领域有非常广泛的影响力，到五六十年代发展到顶峰。其优点在于重视语音教学和听说训练；把句型作为英语教学的中心，强调活学活用，等等。但是，它过于强调机械训练，过于重视语言的结构形式而忽视了语言的内容和意义。听说法自六七十年代开始，受到了很多批评，也因其理论基础行为主义学习理论的衰落而逐

渐失宠。

（2）视听法。

随着20世纪60年代语音实验室的问世以及现代教育技术的发展，在听说法的基础上形成了视听法。视听法兴起于20世纪90年代的法国，当时法国法语传播学习与研究中心编辑了一套基础法语教程，这套教程采用了以视听法为中心的教学方法。视听法继承了直接法和听说法的优势，是直接法和听说法的进一步发展。视听法主张：听说训练必须与一定的情景结合起来，在特定的情景中进行；在教学中广泛利用了幻灯片、电影等现代教育技术，使语言与形象紧密结合，在情景中整体感知语言的声音和结构。

视听法的主要优点有：调动了多种感官的功能，有利于培养语感；在特定的情景中进行听说训练，有利于建立语言和生活情景的直接联系。它的缺点是不重视语言的基本结构，忽视语言分析、讲解和训练，不利于理解和运用外语。在二十世纪六七十年代，视听法不断受到抨击，很多学者指出听说法、视听法并未比传统的教学方法高明多少。

4. 现代语言教学法的成熟时期：认知法、交际法

20世纪60年代以后，语言学及外语教学界对外语教学法的研究不断深化，各种外语教学理论争论不休。很多语言学家陆续推出了他们的研究成果，有沉默法、集体学习法、暗示法、认知法和交际法等等。下面主要介绍影响比较大的认知法和交际法。

（1）认知法。

由于听说法被指操练的句型内容空洞，而且机械操练忽视了学习者的认知、情感等因素在外语学习中的作用，因而是一种"无意义学习"。因此，20世纪六七十年代兴起了一种针对听说法之不足的认知法。美国心理学家卡罗尔（J.B.Carroll）最早提出认知法，并且认为认知法是改良版的语法翻译法。

认知法的理论基础之一是认知学习理论。认知学习理论认为，行为主义学习理论过分注重机械训练，忽视了学习内容的内在结构，也忽视了学习者观察、分析、记忆、经验等认知因素对学习的影响。同时指出，学习的本质并非是刺激与反应的简单联结，而是知识的重新组织，即将学习内容的内在结构与学习者原有的知识结构相互作用的过程。认知学习理论的代表人物之一布鲁纳认为，教学的中心是学科结构，教师应该致力于使学生掌握学科的基本结构和基础知识。他认为，基本结构和基础知识不但便于学生理解和记忆，而且具有较高的普遍性，更容易迁移到其他的学习情境中。另一代表人物奥苏贝尔认为，学习应该是"有意义的"学习，学习

的实质是新知识与学习者认知结构中已有的适当观念建立实质的和非人为的联系。认知法的另一理论来源是乔姆斯基的语言理论。乔姆斯基认为，语言并非是一套习惯，而是受一套规则支配的系统。因此，语言学习不在于简单的模仿、重复以形成习惯，而在于掌握它的语法规则，并能够根据这些规则造出句子。

受上述理论的影响。认知法反对在外语教学中进行反复的机械训练，强调有意义的学习，有意义地操练；重视语法基础知识的教学，提倡用演绎法讲授语法。除此之外，它还具有一些其他特征：①重视学习者的认知结构，以学习者为中心，激发学习主体的积极性和主动性；②在学习语音时，也要重视文字，从学习英语的初级阶段起就应该同时进行听、说、读、写四种语言技能的训练；③外语教学中不排斥本族语，而且重视学习本族语的经验，并把其中的积极因素迁移到外语学习中；④学语言不能只靠死记硬背句型，学习、记忆的前提是对语言材料的理解，主张在理解的基础上创造性的交际练习。

认知法是为了克服听说法的局限而提出来的，在尊重学习者的认知结构、调动学习者主观能动性等方面的确长于听说法。然而，由于认知法形成的时间较晚，仍有尚待完善的地方。但是，与其说认知法自身存在不足，不如说是它"先天遗传"了认知学习理论的缺陷。因此，认知法需要加强其理论基础的建设，并在实践运用中不断完善之。

（2）交际法。

以乔姆斯基为代表的语言学家认为，语言不是一套习惯，而是受一套规则支配的系统。以此为理论基础的外语教学法把语言学习当成是知识的学习，认为掌握了语言的形式规则就能创造出无限的句子。美国社会语言学家海姆斯（D.H.Hymes）反对乔姆斯基等人的观点，提出了"交际能力"。交际能力观认为，一个人是否真正掌握了一门语言主要取决于两个方面的能力：一是能否造出合乎语法规则的句子的能力，二是能否在日常交际中恰当地使用语言的能力。海姆斯认为，在日常交际中恰当、得体地使用语言比学习用语法规则造句更加重要。正是在这样一种理论思潮的影响下，20世纪70年代在外语教学中兴起了一种重在培养交际能力的外语教学思想——交际语言教学法（Communicative Language Teaching，C.Candlin，1971）。亦称"交际法"。

在英语中使用Communicative Language Teaching或theCommunicative Approach to Language Teaching而不用Method，说明人们并非把交际法看作一种简单的外语教学方法，而且它本身也没有详细的、可操作的教学步骤和教材等方面的严格规定。因此，与其说交际法是一种可操作的教学方法，不如说它是一种外语教学的理念或思想。鉴于此，下文主要介绍交际法的核心理念和一些基本原则。

交际法的核心理念在于它主张人的语言能力主要表现在交际能力上，而交际能力并不仅仅在于对语言形式的掌握，更在于运用语言进行日常交际和参加社会活动的能力。因此交际法认为，外语教学必须从语言的形式规则教学中解放出来，着重训练学生的社会交往能力，以培养学生的交际能力为目标。

交际法主要遵循着以下几个基本的原则：

第一，交际法强调语言教学的整体性。在语言教学中不但要重视语言形式的掌握，还要重视交际能力的培养。交际能力总是体现在具体的交往情境中，而交往情境在很大程度上决定了使用何种语言形式。那么，在语言教学中应该考虑到学习者（未来的交往主体）可能会面临的交往情境。选择了交往情境之后，再进一步确认交往主体的社会地位、性别、交往角色、场合、主体关系以及谈论主题等，最后才能确定应该教授何种语言形式去表达信息。所以，学习者应该熟知交往情境所需的社会规则和交往主体的文化背景，使语言符合语法规则和社会规范，这样才能够使交往语言合情合理、贴切得体而不生硬。只有从整体上把握语言，才能使交往顺利进行。

第二，语言教学目的性。语言教学的目的是培养学习者的交往能力，那么教学过程就应该完全围绕实现这一目的而展开。因为交际法本身不是一种具体的教学法，所以它不限制教师采取何种方法，也从不排斥传统教学法中的积极因素，只要能达到教学目的的方法都是好方法。

第三，教学以学生为中心。交际法强调教学应以学生为主，必须打破教师主宰课堂的局面。在教学过程中，教师不再全知全能，不再进行满堂灌，而是根据学生的具体学习目的、学习心理和实际需求而进行因材施教。教师应充分调动学生积极参与课堂讨论。给学生提供和创造真实的交流情境，使他们能灵活地运用语言。教师必须鼓励学生开口说话，让学生敢于"犯错误"，并且要容忍学生所犯的语言错误。只有知道学生错在哪里，才能为进一步改进教学、因材施教和提高学生外语水平提供依据。

最后，交际法强调从学习者实际需要出发，制定教学内容。它主张根据学生在交往中的实际需要来制定教学内容，使教学中使用的语言材料最大限度地接近真实的交往情境中使用的语言。教学内容不是语法知识的堆砌，而是真实的语言材料的有意义结构之网。因此，交际法反对教授孤立的、脱离情境和上下文的词组和句型，强调教学的基本单位是一段真实情境中的对话或反映现实的文字材料，而非仅再现某种语法规则生编硬造的无意义句子。

以上几个方面只是交际法最基本的原则,也是提倡交际法的语言学及外语教学界能够达成的共识。除了这些基本的原则以外,交际法在某些方面还存在着激烈的争论。Ellis提出课堂教学分为形式教学(formal instructure)和非形式教学(infromal instructure),形式教学指语言形式的训练,非形式教学即实质教学,指培养学习者使用语言进行交际的能力。如何处理形式教学与实质教学的关系、到底孰轻孰重等问题成为人们争论的焦点。然而,尽管争论仍在继续,但有一点是任何人都不能不赞同的:语言教学的目的是培养学习者的交际能力,而交际能力的培养是不能绕过语言形式训练的,即实质教学通过形式教学而实现。

总的来说,交际法具有以下几个优点:①注重日常交际能力的培养;②教学材料主要选自真实的交往情境中使用的语言;③教学以学生为中心,强调学生的主动性和积极参与;④交际法能够包容传统的教学方法,不否定其中的积极因素。它的不足在于:①以培养交际能力为目标编制的教材,打乱了语言基本的系统结构,增加了学习语法的困难;②语言的功能项目并非是单一的,而且同一种功能也具有多种表达形式,对它们如何选择并没有客观统一的标准;③如何处理形式教学与实质教学的关系以及如何兼顾语言能力与交际能力的培养成为交际法亟须解决的难题。

交际法或交际语言教学并未给外语教学提供具体的、可操作的方法,它只是提供了一种语言教学的思想或理念,用来指导我们制定语言教学目标、选取教材以及如何运用各种有效的方法来培养学生的语言交际能力。交际法给予我们最重要的启示是:外语教学不仅要教它的形式,还要教这一表达形式背后所蕴藏的思维方式和习惯。如果外语教学仅仅教授语言的形式,那么学习者在使用外语进行交际时仍用本民族的思维方式,不能跨越文化障碍,交际也就不能顺利进行。

三、外语教育的内涵

外语教育是以解决国家、社会、个人需求为首要目的,包含语言目的、文化教养目的和品德教育目的的教育。从本质构成上看,外语教育具有三个不可分割的组成部分。①既然语言是一种特殊的符号系统,外语教育就有义务传递语言的符号表征特性。外语教育表征特性是向受教育者提供人类关于对语言和语言世界的认识所达到的程度或状态的知识体系。对外语教育而言,这些凝结了人类的理性智慧和德性智慧的符号表征,是需要通过教学活动让学生获得的。②外语教育过程是一种逻辑思维培育的过程，是通过分析与综合、归纳与演绎等逻辑过程和借助概念、判断和推理等逻辑思维形式激活人们认知世界的方式。③外语教育的意义是促进人的思想、情感、价值观乃至整个精神世界发展的力量。总而言之，外语教育是通过学生掌握外语听、说、读、写的教学活动，帮助学生掌握运用外语的能力，并且了解所学外语的文化，培养德、智、体、美、劳全面发展的新世纪人才，从而更好地增进国际间的相互了解和交流。

随着国外各种外语教学理论和方法涌入我国外语教学领域，我国外语教育出现了重语言的工具性轻人文性的倾向。大学英语教育究竟应坚持工具性理念还是人文性理念，或者说应重视工具性还是人文性，这是我国当今外语界争论的一个重要问题。

（一）语言工具论视阈中的外语教育

外语教育的内容是语言，如何教语言取决于对外语教学本质特征的认识，而对外语教学本质特征的认识必然涉及对语言本质特征的认识，外语教师对语言的认识或者说持什么样的语言观直接影响着外语教学和外语学习者。而语言是什么？外语教学又意味着什么？要探讨这些问题，就有必要对深入人心的语言工具论进行反思，从而还原语言的本来面目。在我国外语教育工作中，普遍存在重语言的工具性轻人文性的倾向，主要表现在以下两个方面。

1. 外语教育的纯知识化

长期以来，在我国外语教育的理论和实践中，语言始终被看成是一门知识，和其他知识相差无几。外语教育也被界定为一种储藏式、静态的"知识"教育过程，学习语言知识的方法就是记忆和理解，认识语言的内在联系和规则。因此，外语教育就被简化成一种机械式的、需要记忆大量信息和操练技巧的知识传递系统。传统课程范式中的知识主要被作为一种客观"事实"的领域而对待，也就是说，知识好像是"客观的"，因为它是外在于个体或被强加于个体的。这样，知识脱离了人的意义和交往主体的交流过程。知识不再被视为一种可探询、可分析、可切磋的东西，恰恰相反，它变成了一种被管理和被掌握的东西，知识从生成自我意义系统的自我形成过程中被剔除了。这种外语知识观牢牢地控制着教育理论家和教育实践者的大脑，并自觉或非自觉地将之行动化和具体化。

这种外语教育的知识论是从人类总体的认识过程来处理外语问题，并不是从学生的角度来认识问题的。如果把外语仅仅当作知识来传递，这种教育对学生来讲，是缺乏活力的，也只能使学生处于被动状态。站在被教育者生命成长的角度看，外语教育中人文知识的特征不是科学意义上的认知，而是一种生存智慧的写照。作为技能型外语教育，很容易以技能为借口而成为知识的辅助工具，教育者的目光集中于"技术与知识"的传授，成为工具理性的奴隶，而忽略了外语教育的本质属性。然而，外语教育不能简单地等同于教一门外语、掌握其语言知识，它要符合教育的一般规律并体现教育的功能。教育的本质功能是人文精神的培养，是素质教育不可或缺的组成部分，大学外语教育的目标是培养具有人文理性和人文关怀的社会栋梁之材。在大学外语教学中倾向于重"制器"而轻"育人"、重功利而轻人文，这是十分不可取的。一方面，掌握一门外语并能够恰当使用一门语言，离不开掌握内嵌在该语言中的思维方式；另一方面，在外语教学过程中还应重视文化素质培养，除了加强学习者的语言知识和语言技能，更应该重视为学习者增加思维角度、拓宽思维空间，提高大学生的英语综合能力和文化素养，培养全面发展的高素质人才。

2. 外语教育的工具论

所谓"工具论"，指的是把外语仅仅看成一种工具并作为外语教学的指导思想的论调。外语教育经常被视为向西方学习的手段，是学习的工具。关于"语言是什么"这一问题长期以来争论不休，在对语言的诸多释义中，"语言是人类最重要的交际工具，是人类思维的工具，也是社会上传递信息的工具"。这一"语言是工具"的语言观已经深入人心，语言工具论把工具的职能等同于语言，"用功能定义事物，事物本体的存在都会被功能淹没，这对于认识该事物并没有本质上的揭示，这是功能定义事物的第一个缺陷"。语言是人类生存和交往必不可少的工具和手段，这是不可辩驳的真理。但同时也应该注意到，语言的含义和作用不仅限于此，它还是人类思想的载体，是人文主义传播的手段。

由于受制于外语"工具"观念，在外语教学中，无论是教还是学，都停留在语言的表层结构（如词汇、语法），而忽略了其所谓的语言工具论，把工具的职能等同于语言的缺陷，这对于认识语言毫无实质性意义，忽略了所反映概念的底层结构（即文化认知）。我们在说话和阅读中所使用的语言文字，向我们传递着某种超越这些文字本身的信息，传递着某种语言之外的声音。从语言学和语言哲学角度看，语言工具论是对语言本质内涵的忽视。从外语教学的角度看，语言工具论很容易把人们引向工具主义和形式主义，使人们只注意对"工具"本身即语言内部的组织规律的研究，而忽视研究语言系统外部的制约因素，因为外语教育不是工具性训练，而是对人的基本素质的教育，语言基本功只是其中的表层部分，其深层部分应有丰富而系统的语言与文化知识、开发智慧与创造力的基础理论和方法论。外语的独特性在于它承载着思维、文化、世界观和价值观等具有意识形态影响力的内容。通过语言的学习，要培养出具备丰富的文化底蕴、跨文化交际能力和独特的思维能力的复合型人才。

总而言之，只有淡化语言的知识性和工具性，人们才能对语言本质有更深刻的认识，才会真正意义上步入内涵丰富无穷的语言世界。语言的本质在于它是精神和文化的载体，不能简单地将其视为一种工具。外语学习的目的是借鉴和吸收其他民族一切优秀的东西，而不是为学外语而学外语和为学外语而去背单词记语法。外语教育要在注重语言知识传授的同时，加强学生对语言的文化内涵的理解及外语思维能力的培养，而不是把语言作为工具授受。外语教育应注重人的因素和文化因素，注重言语研究和人文因素研究的结合，这才是外语教育的真正意义所在。同时，外语教学也将会因此变得更加和谐，师生在语言世界里感受语言之丰富、领略其魅力的同时身心亦得到陶冶，从而保证教育整体素质的不断提高。

（二）外语教育的语言本质观

要研究外语教育，首先要弄清语言的本质。对外语教育语言观的不同认识会形成不同的外语教育观。例如：现代语言学的开创者瑞士语言学家索绪尔认为，语言是一种表达观点的符号系统，一切语言成分都是包含"能指"和"所指"二者之间关系的两面实体。那么依据他的语言本质观，外语教学的目的就是提高学生运用语言符号进行编码的能力。由此可以看出，如果把语言看成是交际工具，就会把培养交际能力、教学过程的交际化作为外语教育的指导思想；如果把语言看成语言知识体系，就会把掌握语言规则体系作为外语教育的研究方向。因此，对语言本质特征的正确认识是决定科学外语教育观的指导思想、理论、原则、原理和方法等的根本出发点之一。

什么是语言？在《语言与语言学词典》中，"语言"被定义为人类交际的最重要的工具。《语言与语言学百科词典》认为语言是人类社会用来交际或自我表现的、约定俗成的声音、手势或文字系统。《语言学百科词典》认为语言是作为人类交际工具的音义结合的符号系统。中国台湾地区编的《语言学辞典》认为语言是人类最重要的交际工具，是由语音、词汇、语法构成的体系。在《不列颠百科全书》中，语言是人类作为社会集团的成员及其文化的参与者用来交际的、约定俗成的说话和书写系统。有的观点认为，语言除了具有交际功能外，还要加上思维功能、表情达意功能或指示功能。《语言学纲要》指出："语言是人类最重要的交际工具……语言是思维工具,也是认识成果的贮存所。"高等师范教材《语言学概要》指出:"交际功能是语言基本的社会功能,其他如思维工具的功能、表情达意的功能,都是交际工具的派生物。"《简明语言学词典》认为:"语言是人类特有的交际工具、思维工具,也是人类特有的信息工具。语言结构本身是个音义结合的符号系统。"

语言本质观主要是从语言的存在意义或语言与存在的关系出发来认识、看待语言的,其目的是要通过语言去研究相关的哲学问题。语言本体论之语言本质观发展至今,其核心内涵主要由以下几部分构成。

1. 语言是思想的本体,是人基本的生存方式

语言是包含人类自己在内的世界体现自身的方式。人所创造的语言不是一种工具,而是人的一种生存方式,是构成人的生活方式或存在方式的本身。语言构成了人的存在,在伽达默尔看来,语言首先是思想本身,是我们在世间存在的基本活动模式,也是世界构成的包罗万象的模式,"语言能让某种东西'显露出来'和涌现出来,而这种东西自此才有存在"。语言是存在的住所,在语言这个家中居停、显现;世界因语言而敞开,语言使世界成为有意义的世界。然而,人所创造的语言不是一种工具,而是人的一种生存方式,是构成人的生活方式或存在方式的本身。虽然人创造了语言,但作为历史文化存在的人是被作为承载历史文化、成为历史文化的"水库"的语言所"占有"的。人从属于历史,实际上也就是人从属于语言,受语言的支配,人的历史性和文化特征是作为语言被我们所接受的。对人来说,世界就是语言的世界。语言不是以往所认为的作为主体的人用以反映和再现客体的工具,而是先在于人的。海德格尔说:"语言是存在之家,人诗意地栖居在语言之中,唯有词语才让一物作为它所是的物显现出来,并因此让它在场。"伽达默尔从存在论的角度出发,凸现语言的存在特性,他指出,人是一种语言的存在物,因为人的理解活动离不开语言,或者理解根本就是一种语言活动。因而,语言具有基本的优先性,语言不是人的工具,不是一个对象,而是人的生存和生活经验的形式,即存在方式。

2. 语言是文化的载体

语言是文化的产物,是文化的重要组成部分,更是文化传承的载体。由于语言和文化是人类社会不可分割的部分,语言教学也就很难脱离文化的内容。有学者指出:"如果把学习语言看成是社会实习的话,文化就是

语言教学的核心。文化知识必须看成是提高语言能力的手段，也是衡量语言能力的标准。"《不列颠百科全书》将"文化"定义为：广义的文化是指总体的人类社会遗产，狭义的文化是一种渊源于历史生活结构的体系。这种体系往往由集团的成员所共有，范围包括语言、传统、习俗和制度以及有激励作用的思想信仰和价值观。由此看来，文化的辐射范围甚广，包罗万象，凡人类所创造的一切经验、感知、知识、科学技术理论以及教育、语言等都属于文化现象。综上所述，语言是一种特殊的社会现象，伴随着人类文化的产生而出现，语言属于文化的范畴，是文化的符号和最基本的要素。脱离了文化，语言只是一个空壳；而如果没有语言，文化也就失去了记载、储存和流传的物质条件。语言与文化的关系说明，语言的发达和丰富也是整个文化发展的必要前提。正因为如此，人们通常把语言称作文化的载体，是反映民族特征的一面镜子。一个民族的思想、观念、意识、生产生活方式等，都要通过本民族的语言来提炼，一个人在掌握了一门语言的同时，也就意味着他认可了这个民族的生产生活方式与文化，继承了这个民族的认知方式，掌握了这个民族认识世界的思维模式。

3. 语言是对人文精神的顺应

语言通过对"人文性"的体现达到对人文精神的顺应。语言的人文本质体现在："当它（语言）作用于人与人的关系的时候，它是表达相互反映的中介；当它作用于人和客观世界的关系的时候，它是认知事物的工具；当它作用于文化的时候，它是文化信息的载体和容器。"因此，语言教育是人文教育的一部分。王建峰对人文性的解释更为全面："语言的人文性"指语言蕴含的人文精神，即有关"人"——语言的使用者的思维、精神、灵魂、世界观等内容。它体现着语言对人的生命活动、对语言使用者群体的文化与习俗、对人自身完善的关注与追求，其中包括对人的尊严、价值、个性、理想、信念、品德、情操等方面的揭示。而人文精神是人类文化精神的灵魂，是对人类崇高价值理想的不懈追求。也就是说，人文精神是人类求真、向善、尚美的精神。一方面，人文精神介入"语言本体"，使其成为词语生成和语言表达的认知基础；另一方面，语言在某种程度上积极体现和顺应特定的人文精神。介入和顺应相辅相成，从而保证语言能够折射出人类的存在状况、精神、人格、修养、品味、境界和价值取向。因此，语言的人文本质特征也决定语言教学和人文教学密不可分的必然性和科学性。英语作为一门语言，就必然具有人文性这一本质特征，就意味着大学英语教育也是一种人文精神的培养。

（三）外语教育的任务

叶斯柏森曾指出："语言的本质是人类的活动，也是传达思想的活动。"学习一门外语，就是在认识、了解、体验并吸收他国文化。语言教育不仅是学习语言，更是人文教育的一部分，是人文精神培养的方法之一。外语教育从其功用上来说，既是跨文化交际的工具、思维的工具，又有陶冶情操、开阔视野、启迪心灵、培养思辨理性之效。通过语言，精神从个体性转化为一种共同性，成为一种社会化了的文化事象。因此，要吸收他国文化，开阔视野，首先要学好外国语言，因为"语言是人类最重要的文化形式，是人的生命存在的基本形式"。

外语教育是世界观教育。"在世界—语言—人组成的系统中，语言发挥着中介的作用。人凭借语言同世界建立联系。"语言本身不仅是人类的认识对象，同时也是认识方式。最重要的是，它作为人与世界的中介，制约着人类的认识能力。洪堡特认为："人始终被束缚在语言的圈界内，无法在语言以外争得一个立足点。"也就是说，语言的界限就是人的界限。与此相似，维特根斯坦也曾写道："我的语言的界限意味着我的世界的界限。"在洪堡特看来，作为人类世界的界限的语言限制了人类的精神以及其他活动，因此语言是人类的一种世界观。也就是说，语言的界限就是人的界限，作为人类世界的界限的语言限制了人类的精神以及其他活动，因此语言是人类的一种世界观。海德格尔也指出，语言是"存在的家园"，只有语言才能使人成为作为人的生命存在。伽达默尔也谈道："语言并非只是一种生活在世界上的人类所适于使用的装备，相反，以语言作为基础，并在语言中得以表现的是，人拥有世界。世界就是对于人而存在的世界，而不是对于其他生物而存在的世界，尽管它们也存在于世界之中。但世界对于人的这个存在却是通过语言而表述的。这就是洪堡特从另外的角度表述的命题的根本核心，即语言就是世界观。"

语言在构成人类世界观的同时，又反作用于人的世界观。人主要按照语言传递事物的方式生活，而因为人的感知和行为受制于自己的表象，我们甚至可以说，人完全是按照语言的引导在生活。人在自身生活中造出语言，而通过同一行为，人也把自己束缚在语言之中，因而，语言包含着一种独特的世界观。同时，语言是文化的产物，也是文化的重要组成部分，学习一个民族的语言就意味着学习这个民族的思维方式及对客观世界的认知方式，就会多一个视角去探索未知世界。掌握一门语言知识与技能，还要挖掘、发挥语言最深层的教育价值，即语言给学习者提供了一个不同于母语、不同于本民族的另一种迥然不同的人类文化世界，在语言学习过程中，语言给学习者一种眼界、一种文化、一种熏陶，从而使学习者在潜移默化的学习中汲取世界优秀文化的精髓，丰富内心的认识、情感，从而完成学习者智力与人格、个体与人类优秀文化的协调、和谐发展，这就是外语教育的人文价值，也是它的最高价值。

外语教育是一种人的教育。外语教育最基本的出发点应该着眼于人的基本发展，关注人生命成长和发展过程。正如当代哲学家冯友兰先生所言，教育是"使人作为人能够成为人，而不是成为某种人"。因此，外语教育的功能不仅仅满足于把外语知识传递给受教育者，还要关心与学生群体和个体的生长、生成和发展相关联的各种元素。外语教育不但让学生有了解世界知识的机会，还能帮助学生掌握加入世界知识的能力以及由此形成的普适状态。外语教育的教育理念就是把外语学习的过程视为生命体验与生命互动过程，通过视野的开阔和与外域文化的交融、陶冶与对照，实现人生的感悟、心灵的净化和人格的升华。外语教育是生命与生命的碰撞，是人格与心灵的对冲，其目的并不单纯在于某种外在的、具体的知识和技能，而在于从人的生命深处唤起沉睡的自我意识、生命意识，促使其价值观、生命感、创造力的觉醒，促进生命个体的总体生成，从而实现自我生命意义的建构。在此意义上，加强学习主体自身对外语的体验，指导学生透过外语语言现象，领悟其文化本质，并在此基础上，思考其中包含的自然、生活、为人之理，形成智慧。外语教育的过程也为语言本身的生成注入了生命和活力，体现了语言教育本身的价值，从而丰富"人"的形象。

外语教育是人的教育，就在于它能促使人社会化和个性化。作为具有育人功能的外语教育，看重外语教育的"事实世界"和人的"生活世界"之间的互动，特别要融合外语教育过程中人的人性和人格的一致性和丰富性，避免形成"单向度的人"的称谓。外语作为沟通人类共同情感和人类心灵的桥梁和纽带，就是要培养全人类文化价值的认同感，让地球公民建立起认同感和责任心。与此同时，外语教育也是塑造学生具有良好的个性品质的重要载体。通过语言习得的过程，在知识、能力、思想、习惯、观念、意志、兴趣等智力或非智力素质方面，提升学生良好的人文修养，树立正确的人生价值观和审美观。"语言的形成标志着人类文化的进步，但从另一方面讲，语言使人处于一种确定性的文化意识之中，使人的生命存在同一定'意义'的确定性相联系，从而形成一定的风俗、习俗、社会结构、宗教礼仪等等。"语言形成了"民族"的个性特点。同时，通过对人的道德、智力、能力的培养来实现个体的个性化，外语教育促进了人的主体意识的发展、个性特征的发展体价值的实现。提高人的自主性与开放性，使人摆脱必然世界的束缚，走向理想的、开放的、自由的世界。正如博尔诺夫所说："人不再与任何未被接触过的、似乎还是光秃秃的真实产生关系。他一开始就生活在一个符号世界中，必须按照所给定的方式接受任何事物。他生活在一个经过解释（是以语言解释）的世界，根本不可能接触到未经解释的、纯粹的客观真实。"

工具性与人文性双重性的统一是外语教育的目的。大学英语教学是语言工具性和人文性的统一体，这一点在2007年版《大学英语课程教学要求》中也有明确体现，如"大学英语课程不仅是一门语言基础课程，也是拓宽知识、了解世界文化的素质教育课程，兼具工具性和人文性"。外语教育的纯工具性倾向除了受对教育的工具主义认识影响外，还源于对语言的工具主义解释。语言常被定义为交流思想的工具，然而"语言是工具"这一隐喻只认识了语言的部分本质。人类在劳动中创造了语言，也创造了人类自身。语言既然与人类相生相济，它已不仅仅是一种工具。对外语教育的纯工具性倾向过分关注外语教育教学的终极目标，轻视过程评价，不会以学生为主体，不利于激发所有学习者的学习动机，这与旨在促使学习者个人发展、全面发展的素质教育的目标相悖。钱冠连指出："人是在语言中发现了自己，人也就由语言规定了。语言使人成其为人，使物成其为物，然后才有什么东西表达。语言的本质远远不是工具能说清楚的。""假如你想象无需使用语言就能适应现实，想象语言仅仅是解决交际和反映中的具体问题的无足轻重的工具，那便是太离谱的幻想了。"

语言一旦用于交流或交际就必然承载信息、思想或情感等诸方面的内容，这些内容从各方面体现了人文性和人文学科的特征。语言负载着人类的精神生活和世界观，负载着多姿多彩的人类文化，蕴含着无限丰富的人文精神。语言不仅体现了"人之为人"和"以人为本"的人文内涵，而且通过它蕴含的人文精神负载着人类的精神生活，呵护着人类的精神世界，陶冶人类的道德情操，培育人类积极向上的世界观和人生观。如果没有直接接触该语言，就不可能真正明白该语言所承载的文化，罗素认为："语言和世界具有相同的结构，可以借助于分析语言的结构而认识世界的结构。"因为思维方式及对客观世界的认知方式是通过语言这一工具表达出来的。如果说教育应该是使一个自然人成为文化人的过程，成为德、智、体、美全面发展的人的过程，外语教育在全球化背景下则是受教育者全面发展所必不可少的。在教育这一文化旅程中，学会一门外语就意味着步入多样文化的世界。外语也同其他学科一样首先是直接服务于人的全面发展，全面发展的人直接服务于社会。因此，外语教育应该体现双重目的性，在终极目的上体现其工具性，在教育教学过程中体现出人文性。外语学科也和其他学科一样，在使一个自然人转化为全面发展的文化人的过程中既有工具性又有人文性。对外语教育目的的片面理解往往导致欲速不达，使受教育者主体意识欠缺，主体作用发挥不够，因此，只有全面认识外语教育的双重属性才能正确指导外语教育。

英国外语教育家拜伦姆认为应该大力倡导"外语教育"的提法，因为只有强调外语的教育作用，才能正确认识到外语本身兼具人文教育性，而非仅仅是一个工具，外语教学的过程也正是人文教育的过程。因此，本研究着重强调"外语教育"的概念，目的在于引起对外语的人文教育性的重视，并且进一步提出：外语教学过程是培养"人"的过程，应该以育人为本。

（四）外语教育的策略

外语教育是新语言和文化的输入、吸收和输出过程。其中输入过程主要是听和读，输出过程主要是说和写，吸收是把输入和输出过程连接在一起的一个内化过程，是一个艰难的、关键的认知过程。这一过程涉及新语言信息的输入、储存和提升，它同时要伴随着新语言信息的吸收消化、语汇和语法知识的获取、听说读写能力的发展等。因此，外语教育的整体目标是为学生建立真实的语言生活世界，在这个真实的语言生活世界里面，学习者自如地进行语言交际，使他们从不同的角度改进自己的母语习惯，转变自己不正确的思维和表达，实现对外语全面、准确的理解和掌握，而不是一个个单纯语音知识、语句知识、语法知识的具体目标，是这些具体目标的高度统一和整合。在贯彻外语教育目标的过程中也要采取一些教育策略，以便教育工作能够顺利展开。

语言是人文价值的体现。高校语言教育起码要体现两个价值：①工具价值；②人文价值。学习者学习外语不仅是要掌握一门语言知识与技能，还要挖掘、发挥它最深层的教育价值。谋求学习者智力与人格的协调发展，是指外语教育要积极关怀学习者个体的完整的身心学习体验。外语课程要为学习者个体提供整体的内容和时空，不能忽略甚至割裂学习者的整体性。如追求单纯语法、语汇和翻译，专注于呈现抽象的语言符号，把外语教育变成生搬硬套、死记硬背，主要是为了考试、过级，而忽视了生动鲜活的语言本身。又如，学习者学习的基础和差异、学习者的学习习惯和认知风格、学习者对所学语言民族文化的了解、积累和经验等具有人格发展价值的要素，从而导致学习者的片面发展。在实践教育中，机械的、单向的灌输式语言传递教育方式对一种语言教育的文化内涵无疑是雪上加霜。它忽视学习者思维的开阔性、独立性、批判性，忽视学习者个体的理解、想象和认知，机械套用母语习惯和母语模式，使外语中文化。在这种教育模式下，外语教育在一定程度上限制了学习者性灵层面、文化层面发展的力量，个体的语言学习与精神不能同步共振，学习者的学习十分被动，缺少真实性，教育效果极其不理想。

追求学习者个体与人类优秀文化的和谐发展，是指外语教育要与人类优秀文化紧密结合。语言首先是一种文化，是文化的载体，文化教学存在于语言教学的各个阶段，如果没有对文化的学习、认知、理解与欣赏，鲜活的语言就会变成干瘪词汇和枯燥语法的堆积。美国教育家杜威曾说："只有当相继出现的经验彼此结合在一起的时候，才能存在充分完整的人格。只有建立起各种事物联结在一起的世界，才能形成完整的人格。"而目前高校外语教育的弊病之一就是语言形式成了外语教育不容置疑的主体与核心，这种语言形式至上的教育原则，秉承功利主义的态度，忽略语用与社会文化、社会背景，把外语文化、民族差异、表达特点置于教育之外，力求一次讲全、讲透语言形式、文化背景，结果往往以点带面，使学生的语言知识与文化精神断裂，达不到语言学习的审美境界，对学习者文化情怀的培养起不到一个潜移默化的熏陶作用，没有语言文化课"润物细无声"的效果。

生活世界与语言教育具有一致性。外语教育的教育价值更多是以抽象的形式来表现，把抽象价值物化为现实价值，它需要一个有效的途径——教育实践。这就涉及一个策略问题，即要提供一个教育环境：整合学习者的生活世界与语言教育世界。对该问题可从以下方面来考虑。

1. 外语教育要生活化

外语教育生活化主要指课程内容生活化和教育方式生活化。回归生活作为一种后现代课程理念，对于外语教育具有一定的积极意义和启示作用。德国现象学大师胡塞尔率先倡导教育向生活世界回归，"现存生活世界的存在意义是主体的构造，是经验的、前科学的生活成果。世界的意义和世界存在的认定是在这种生活中自我形成的"。在胡塞尔看来，生活世界是一个有人参与其中、保持着目的、意义和价值的世界，是通过直觉可以直观体验的世界，是最值得重视的世界。这种教育理念给外语教育的启示是：语言教育是一种社会活动，发生在教育和教育者之间的真实生活世界之中。生活世界是语言学习教育发生的场所，语言学习的重要内容由学生的体验和经验构成。通过回归生活，把语言从抽象的逻辑王国拉回到日常生活世界之中的意义世界，为语言学习者提供一个内在于生活世界之中的意义世界，语言教育只有向生活世界回归才能体现语言学习的意义和真谛。高校外语专业课程内容要选用学习者熟悉的素材，正如杜威指出："学校必须呈现现在的生活——真实而生气勃勃的生活,像他在家里、在邻里、在运动场上所经历的生活那样。"增加学习者有基础有兴趣的文化、国情、科技、经济、国际政治等方面内容，要尽量体现现代政治、经济、科技、文化最新信息成果，具有发展性和拓展性、科学性和思想性、灵活性和开放性。用五彩缤纷的语言世界、丰富多彩的异国文化，激发学习者的外语学习兴趣，体验语言教育的魅力。"从生活走向外语，从外语走向社会、走向世界、走向文化。"教育方式生活化是采取以学习者为中心、基于多媒体、大小班灵活多样的语言教学模式，通过感知、实践、参与合作等方式，促进语言实际能力的提高。

2. 学校定位要本位化

高校外语教育作为一种成人教育、职业教育、专业教育，它的培养目标是外向型经济、政治、文化、交流的专业性人才和复合型人才。所谓"专业性"人才，必须能利用所学语言和知识，在传播沟通信息和进行科研成果的对外交往与合作、从事教育与科研等方面胜任工作，并发挥积极作用。所谓"复合型"人才，是要和实践需要紧密结合，可以形式多样，如：外语加语言学，外语加文学，外语加专业方向，外语加另一种外语，外语双学位，等等；如一些综合性大学及普通外语院校通过增加经贸、法律、科技等课程设置和内容，培养有一技之长的外语复合型人才。但目前中国的大学通过这两个途径培养的学生中只有极少数达到了这种要求，因此复合型人才的培养模式需要另行设计。所以，每一所高校都要根据自己学校的实际情况，确定自己学校的外语教育目标是重点培养专业型人才还是重点培养复合型人才，抑或是二者兼而有之。解决好培养目标的定位问题，就会带动办学层次定位、规模效益定位、人才培养模式定位、社会定位等问题的解决，促进外语教育的良性、健康发展。

3. 教育评价要科学化

评估是教学的一个组成部分，强调通过建立"全面、客观、科学、准确的评估体系"，对教学产生正面影响。针对大学英语教学中出现的应试教学倾向，2004年《大学英语课程教学要求（试行）》提出了将形成性评价和终结性评价相结合的思想。为了帮助广大教师理解和掌握教学评估的内涵，《大学英语课程教学要求（试行）》新增了对形成性评估的界定："形成性评估是教学过程中进行的过程性和发展性评估，即根据教学目标，采用多种评估手段和形式，跟踪教学过程，反馈教学信息，促进学生全面发展。"对终结性评估也增加了简明扼要的定义："终结性评估是在一个教学阶段结束时进行的总结性评估。"但是结合目前实际开展情况，我国高校外语评价体系在评价主体、评价标准、评价的有效性方面还急需改进，急需构建科学化的、新型的外语教育评价体系。从性质上讲，要构建以下三种评价体系：①倡导以质性评价为主的教育评价方式，即语言教育追求的标准性、流利性、复杂度是否基本达到；②完善以发展性为宗旨的教育评价标准，即语言教育的思想性、艺术性、文化性是否基本达到；③健全促进外语教师专业化发展的教育评价，即教师的专业化、个性化、引领者的形象是否基本实现。从具体操作上讲，要重视教育过程的评价，注重评价学习者的认知过程、探究过程和努力过程。总之，评价要尊重学习者的主体感受，让学习者在评价中获得成功，增长自信，和谐发展。

第四节　外语教育的信息化诉求

一、高校校园信息化发展趋势

外语学科教育信息化在很大程度上需要依赖高校校园信息化的发展，因此，在探讨外语学科教育信息化诉求的同时，首先需要对高校校园信息化的整体发展趋势有一个清晰的了解与把握。

（一）关注信息集成服务应用

高等教育信息化历经多年发展已取得初步成效，尤其在当前数字技术高速发展的时代条件下，各类院校对其重要性已具有较为深刻的认识，并进一步加大投入。因此，高校信息技术硬件和操作软件等基础设施建设已基本完成，高等教育信息化专业人员业务水平也在数字技术的大潮中不断提高，这些情况都使高等教育信息化发展趋于稳定。

于是，高等教育信息化将开始向纵深发展，进入硬件、软件、数据、管理与服务等高度集成阶段，其应用门槛日益降低如同水、电一样方便使用，人们将更多地顾及信息集成智能化的教学应用。

（二）急需产生跨学科信息化专家

世界上第一台电子计算机的发明是为了满足当时科学计算的需要，也即是说，"高等教育信息化最早发端于信息技术在科学研究领域内的应用。"尔后，高等教育信息化浪潮首先波及的也并不是高校教学环节，而是高校的行政管理系统。因为高校行政管理与商业信息化模式具有高度的相似性，信息技术企业只需将商业模式直接复制到高校行政管理系统，高校行政管理信息化充其量只是商业信息化的业务延伸。而课程教学系统与行政管理系统不同，信息技术企业不能再将行政管理系统数字化改造中的成功模式原封不动地拷贝给大学的课程教学系统。大学课程教学必须根据大学教学体系的独特性，针对性地开发新的信息技术产品与服务。信息技术部门的核心使命是向高等教育学科教学提供教育技术支持，但高等教育数字化变革不以数字技术专家一方面为转移，需要产生更多懂技术，懂学科教学，懂得将教育技术如何应用到教学的跨学科专家，尤其需要更多懂得如何将技术应用到教学的外语学科专家，为高校校园信息化建设和广大教师应用信息技术提供指导和帮助，只有这样才能把高等教育信息化落到实处。

（三）亟待教学模式的颠覆性改变

在信息化初级阶段，高校教育信息化工作重心是信息技术设备的购置、维护及网络建设等，信息技术对高等教育的作用并未得到全面的展现释放，其影响非常有限。这时通过战略规划来确定和引导高校信息化发展作用甚微，很难通过战略规划来确定教育信息化的实际进程。而随着信息技术加速度发展。高等教育信息化进程不断深入，信息技术服务渗透到高校每一项业务中并与之紧密融合。信息技术服务方式的创新以及对高度复杂的多学科教学信息化事务的管理成为必需。今后一系列重大转向成功与否均有赖于教学发展模式的改变，需要奉行"颠覆性"的策略而不是"改革性"策略来影响现行教学运作模式，需要对外语教育教学的模式和师资结构等组织架构和存在形态，进行科学而持续的颠覆性变革，以保证我国高等外语教育信息化持续健康地发展。

二、外语教育的信息化诉求

面对日趋"世界社会形态"且由信息资本决定社会地位的社会，人们需要不断获取支撑自己生存发展的信息资本,外语是人们获取各类信息资本的工具手段而不是信息本身,掌握一门乃至多门外语以利准确获取知识信息正成为当代人的日常需要。人们因此希望更加便捷地学习外语,于是大量共享开放网络外语学习资源和"慕课"等在线课堂应运而生。所有学习人群甚至在校学生都不再安心于课程、课堂和既定教材的传统学习方式。21世纪的外语教育形式,正在向"无所不在""随时随地"和个性化的泛在学习转向,外语教育的信息化革命已经悄然来临。

因此,教育部于2012年3月颁布了《教育信息化十年发展规划》,制定了2011—2020年间全国教育信息化的建设蓝图。规划在"信息技术对教育具有革命性影响"的思想指引下,强调接进教育信息化体系建设,提出既从教育同时也从技术的双向角度,全力推进信息技术与学科教育深度融合创新。发展规划指出,教育信息化在对教育起到支撑作用的同时,还需要更多强调它对学科教育变革的引领性作用,即教育信息化要革新各学科教育的主流业务,而不是利用教育技术作为各学科教育的一种辅助手段。《规划》强调要利用教育信息化破解长期制约我国教育创新的发展瓶颈,"到2020年,全面完成《国家中长期教育改革和发展规划纲要(2010～2020年)》所提出的教育信息化目标任务,形成与国家教育现代化发展目标相适应的教育信息化体系"为此需要"加快教育信息基础设施建设、加强优质教育资源开发与应用、构建国家教育管理信息系统。"《规划》要求教育信息化要与我国未来十年教育现代化发展进程相适应,要为我国教育现代化事业做好支撑,成为教育现代化进程中的核心组成部分。《规划》明确教育信息化体系不是单纯基础设施建设,而是一种总体协调运行的能力体系建构,它不仅包括硬件基础设施,还包括应用软件系统、数字教育资源、管理信息系统、人才队伍、制度保障等全部教育现代化的发展要素。

由此足见,十年《规划》的核心理念是使信息技术真正进入学科教育并使其发挥无可替代的核心作用。为了实现这一战略目标,教育信息化建设就必须告别之前"建网、建库"等以硬件建设为中心的思维定式,善于利用既有网络信息技术环境和共享服务资源。实现学科教育的变革与创新。"'以硬件为中心'引领的思路是首先建设硬软件,然后为了推动硬软件的使用,再配套资源、开展培训、调整制度、开展服务等",而"'以应用为核心'的思路则是先调研实践应用以及人的发展需求,围绕需求问题的解决……形成实际问题解决的能力体系。"毫无疑问,外语教育改革也毫无例外需要"关注推进信息系统从孤立走向连接与整合……实现从独立系统到集成化的综合服务的转向",需要"从关注个别学校的实验转向推进整体区域的规模质量效益,从关注技术教育应用的表面转向各学科教学质量和促进学生学习质量的实际提高,从关注短期行为转向关注可持续发展。"

总之,从教育实际出发研究外语教育规律我们不难认识到:面对"大数据"时代扑面而来的优质外语学习资源和共享开放的在线课堂,外语学科教育的信息化诉求正日趋强烈,传统外语教育的功能性质必然发生革命性的转变。

第二章　外语教育的理论及观点

大数据时代的到来，促使各个学科实现自身飞跃式发展。作为语言学领域的重要分支之一，外语教育在新技术、新理论的支持与引领下，实现了与其他学科的知识交融，同时形成了独特的教育理论与观点。

如今，在学术界，有几个重要的学术流派以及观点对外语教育产生了深远的影响：行为主义学派、建构主义学派、认知主义学派、人本主义学派以及后现代主义学派。本章就将从上述主流学派的研究成果出发，分析研究新时代外语教育的理论与观点。

第一节　行为主义语言教育理论及观点

作为现当代美国重要的心理领域的学术流派之一，行为主义对社会学科的各个分支都产生了积极的影响，尤其在教育领域，其成为现当代新学习理论的重要理论基础。

行为主义产生于20世纪初期的美国，其盛行于学术界是在20世纪的50以及60年代。行为主义的发展历程如下：早期行为主义——新行为主义——新的新行为主义。

行为主义的重点观点为：心理学的研究重点不应该是意识，行为才是研究的重要内容，从而将行为和意识实现了对立。而在具体的研究手段上，行为主义多选择客观的实验方法。

行为主义注重从政治行为出发，开展科学相关内容的研究，尤其是通过定量方法，主要目的是建设全部把经验数据当作基础的政治科学。

一、行为主义学习理论的产生

行为主义学习理论，业界也称之为刺激反应理论，可被观察与可被测量的行为是行为主义学习理论所研究的重要内容。该理论的创始人为约翰·华生（John H.Watson）。虽然，行为主义学习理论是在1913年诞生的，但其真正成为学术主流是在20世纪50年代。

二、行为主义学习理论的主要观点

行为主义学习理论的主要思想为如下三方面：刺激、反应与强化。而行为主义学习理论是由下述三大著名心理学家所提出的理论构成的：桑代克的试误学习理论、巴普洛夫的条件反射理论和斯金纳的操作学习理论所组成。业界将这三大理论统称为联结学说。

（一）桑代克与行为主义的学习理论

1. 试误学习理论

桑代克（Edward Lee Thorndike）的试误学习理论（Theory of Trial and Error）是行为主义学习理论的重要组成部分。该理论的提出源自桑代克所做的一系列动物实验（最为知名的是饿猫迷笼实验）并结合实验结果，进行系统总结、整理、归纳以及升华而成的。根据桑代克的实验数据结果，小猫通过不断地尝试错误，最终顺利学会了打开迷笼的动作，这就说明了小猫的学习过程是通过对刺激情境与正确反应之间形成联结来实现的。虽然这种行为是通过机械地反复尝试而完成的，不需要任何思维上的推理与顿悟，但是人是由动物进化而来的，尽管人的学习方式要比动物复杂，人和动物在结果上应该存在相似度。基于此，桑代克总结归纳出了学习成功的条件，这就是著名的三大定律：准备律、练习律以及效果律。

准备律，桑代克认为其是学习者在学习初的预备定式。在刺激与反应进行联结时，联结给予就会让学习者达到满意的程度；相反就会引起学习者的烦恼情绪。对于练习律，桑代克对其的解释为学习是反复练习的过程。在这个过程中，为了联结的使用会增强这个联结的力量，这又可称之为应用律；反之会减弱联结的力量而最后使之遗忘，这又叫作失用律。效果律是指一个动作之后紧随它的情景的满意程度，满意后的行为就会被加强；反之就会被削弱或是被淘汰。

随着研究的深入，桑代克对其理论进行了改进，他认为惩罚并不一定具有削弱联结的可能性，于是，他取消了效果律中消极的部分，并且认为只有把练习以及练习后的反馈联结起来才会有进步产生。

总之，桑代克提出，在尝试错误的过程中，通过在刺激和反应之间建立联结，学习得以形成。在该过程中，错误的反应不断减少，正确的反应被最后确定。

2. 尝试错误的外语学习

根据试误说理论，外语教学这一过程就是通过不断尝试错误而最终克服语言上错误。而学习好外语的重要条件便是不断地尝试错误的过程以及心理上敢于尝试错误的决心。从心理学的角度来分析，尝试错误是走向成功的必经之路，因此学习者要具有学习外语的强大毅力以及决心，这样才能在真正意义上掌握学习语言的技能。从活动条件的层面进行分析，一种新的语言项目是通过不断地尝试错误而获得的，所以学习过程也是不断归纳总结的过程，正如记忆的过程是识记、保持以及回忆的过程。

尝试错误的外语学习过程，即回忆相关外语知识→寻求言语表达的方法→尝试外语技能→纠正不恰当的语言意识与行为→正确掌握外语技能。

（二）巴普洛夫与行为主义的学习理论

1. 高级神经活动说

俄国著名生理学家巴普洛夫是条件反射学习理论（Theory of Classical Conditioning）的创始人。巴普洛夫所提出的理论也是基于一定量的数据实验。例如，巴普洛夫利用狗看到食物会分泌唾液的现象，在每次喂给狗食物之前都会发出一些信号：摇铃铛、吹口哨、打节拍器等，不停重复动作，他尝试只摇铃铛但不喂给狗食物，却发现狗虽然没有吃到食物也会分泌唾液。根据实验现象与结论，巴普洛夫大胆推测，狗经过了多次的训练之后把铃铛的声音作为了"吃饭"的信号，所以会分泌唾液，这一现象就是条件反射，同时这也表明动物的行为是由环境的刺激引起的，进而将刺激信号传入到神经以及大脑，最后神经和大脑做出相应的反应。

巴普洛夫对行为主义理论的发展起到了积极的促进作用，而高级神经活动说的提出使其在业界的地位迅速上升，具体来说，巴普洛夫提出，大脑的两个半球的构造及功能、脑皮层的兴奋及抑制还有第一、第二信号系统之间都是相互联系的，其中学习的本质就是对第二信号系统建立相应的条件反射。他把非任意的刺激当作一种中性刺激。

2. 经典条件反射学习理论与外语学习

其实，对于外语学习理论来说，经典条件反射学习理论具有重要的启示：学习者是如何通过外部的刺激或是影响而在语言行为上发生变化的。外语学习的实质就是建立和强化外语反射系统，即通过高密度的关联刺激信号而建立起人脑对英语的瞬时反射。外语学习是旧—新知识间的联想,所以英语教师应充分重视以旧引新,在新旧之间建立联系,用已经掌握的情景和知识作为诱发刺激物来刺激学习者大脑皮层从而达到让其掌握新知识的目的。

例如,当教师在教授学习外语词汇的时候,可以以视听的方式让学习者来感知这一单词的读音,这个过程是一种中性刺激(Neutral Stimuli),然后把音译结合起来可以通过相应的实物或者情境来再现。再现的过程即为诱发性刺激(Induced Stimuli),经过多次这样的反复练习之后,即使在没有诱发刺激物的情况下,学习者在视听这一单词之后,可以立刻产生相应的联想,最后获得理想的学习效果,即获得与诱发刺激物相同的结果。

(三)斯金纳与行为主义的学习理论

1. 强化

斯金纳(Burrhus Frederic Skinner,1957)为行为主义理论发展所做出贡献,是巨大的。正因为斯金纳在《言语行为》一书中对操作性条件反射机制进行了解读与分析,行为主义学习理论真正实现了飞跃式的发展。具体来说,在该著作中,斯金纳对操作性条件反射的运转原则进行了细致、系统化的介绍,另外,斯金纳还提出了操作之后的强化(Reinforcement)。

2. 操纵式学习理论

为了深入研究行为主义学习理论,斯金纳把行为主义学派的其他学者——巴普洛夫与桑代克所提出的理论成果进行了总结、归纳,并提出了操作性条件反射的定律。

(1)斯金纳箱。

斯金纳的操纵式学习理论也源自一个著名的"斯金纳箱"实验,该实验的核心就是最著名的实验装置"斯金纳箱",其诞生于20世纪30年代,从那以后,就被世界各国的心理学家以及生物学家广泛使用。斯金纳箱内放置一个操作杆,这一操作杆与一个提供食物的装置相连接。这时饱受饥饿的小白鼠偶然间触碰了操作杆,提供食物的装置就会落下一粒食物。斯金纳认为动物是偶然间触摸到操作杆的,小白鼠经过这样多次不断按压操作杆的尝试后,就学会了使用操作杆来取得食物,这样就把按压操作杆当成了获取食物的工具或手段。

综上所述,斯金纳强调了操作之后的强化(Reinforcement),强化这一过程改变了学习的主要动力因素,首先斯金纳通过按动横杆来实现反应性操作,其次通过落下食物这一过程来增强刺激性强化。所以该学习理论也又被称之为操纵性条件反射（Operant Conditioning）。

在斯金纳眼中，操纵式学习更接近于人的学习行为，教学的实质是纠正学习者学习行为的过程。教学过程中很可能发生与教师期望值相吻合以及相背离的学习行为，这时可以求助于奖赏和惩罚这两种杠杆来予以调节。教学最后看重的是学习结果，因此教师的主要目标就是为学习者提供适时的强化来塑造学习者的行为，这样学习者就会从中学会进行自我内部强化，而且强化要具有即时性，否则强化就会消退。

在斯金纳看来，积极强化以及消极强化为强化的两大组成部分。其中积极强化（Positive Reinforcement）指的是对环境中加强某种刺激，如果有机体的反应概率加强，则这种刺激为积极强化或正强化。正如实验中饱受饥饿之苦的小白鼠在按动操作杆时给予其食物，食物在这里便是正强化物；反之，如果对环境中的某种刺激进行减弱的化，与此同时，有机体的反应概率也会随之增加，这种刺激即为消极强化（Negative Reinforcement）或负强化，如当小白鼠触碰操作杆时，对其停止电击，停止电击就是消极强化。

（2）斯金纳眼中的学习行为。

斯金纳认为，对学习者的学习行为进行适当的鼓励可促进学习者学习习惯的形成，相反对其加以惩罚会帮助学习者进行学习行为上的转变，但是这并不是理想的教学方法，因为这样会导致一定的负面效果。总之，在斯金纳眼中，积极的强化以及消极的强化对于行为的形成都发挥着至关重要的作用。

综上所述，桑代克、巴普洛夫以及斯金纳所提出的行为主义的理论都是基于一系列动物实验。其中，桑代克基于实验提出了"试误理论"，其认为学习的过程是基于不断反复的尝试直到成功的过程；而巴普洛夫通过实验证明了动物的操纵性条件反射的行为，同时还证明了动物的行为是由环境的刺激引起的，进而将刺激信号传入神经以及大脑，最后神经和大脑做出相应的反应。这样有条件或无条件的刺激都会产生某种相应的联结从而获得学习效果。斯金纳的行为主义理论核心在于指出在刺激—反应之后要进行即时的强化，并且探讨了正面强化与负面强化对学习产生的影响。

三、行为主义学习理论与外语教育

（一）行为主义学习理论的主要内容

行为主义学习理论注重的是学习中的环境以及条件因素，环境以及条件因素应该具备如下基本特征：适当性、充裕性、尝试性。

适当性，是指条件以及环境这两种因素要与某种行为相吻合；而充裕性指学习过程中的环境因素以及条件因素要充分且完整真实，充分吻合学习过程中所需的相应条件。这与斯金纳所得到的实验结果一致，由于操作杆这种环境以及条件因素，动物会适时地碰到操作杆从而取到食物。尝试性指要使某种行为发生，必须克服在此过程中所产生的环境以及条件上的不利因素。结合外语教学，教学活动即是教师与学习者之间提供刺激以及接受刺激的相互关系。

（二）行为主义的外语教学观

如图2-1-1所示，在外语教学中，教师应该将教学内容以小步调的形式传授给学习者，学习的进度为循序渐进，即在每个学习内容结束后对学习者进行测试作为反馈的过程，如果完全掌握前面的知识则进入下一目标的学习；相反则继续回到上一步的学习任务。

正因为行为主义学习理论的存在，学习者具备更加清晰的学习目标，对于刺激有积极的反应，在交互的过程中也有相应的回馈信息，这些都是其对外语学习的积极作用。

但我们需要意识到行为主义学习理论的不足之处，即行为主义学习理论却忽视了学习者在学习过程中的心理活动过程，因此它对于解释人类学习是不够具体的。而一些研究也证明了（Brunner，1962；Brooks，1993；Piaget，1971）如果要解释人类的学习过程，必须把人类的思维、意识以及情感因素考虑进来。由此可见，认知主义学习理论在学者们对人类认知方式的研究中应运而生。

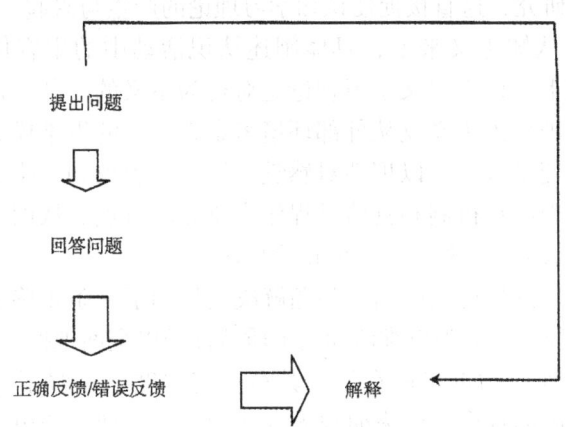

图2-1-1 基于行为主义学习理论的教学模式

（据大数据时代的高等外语教育创新与实践，王鹤，2016年）

第二节 认知主义语言教育理论及观点

与上文所述的行为主义学派相对的学派就是认知主义，这种重要的学习理论是从格式塔心理学派发展而来的，也可以称之为认知学派。

在认知学派的学者眼中，学习行为就是学习者通过认知过程，再将不同的资料整合、组织在一起，然后再将其储存在大脑中，从而形成学习活动所需的知识结构。由此可见，认知主义认为学习需要学习者完成感受这个步骤，才能得到，即在学习者脑主体的主观意识作用而得到的，同时还否认了可以通过多次尝试以及失败来完成学习活动的观点，其认为领域才是学习的关键。

在认知主义中，有关"学习"的观点为：关于学习的心理现象，否定刺激（S）与反应（R）的联系是直接的、机械的。下面将从该学派的重要代笔人物所持的观点出发，分析认知学派对外语教育理论及观点所产生的作用与影响。

一、"完形"说与发现学习

随着信息时代与知识经济时代的到来，学术界的理论得以不断发展，而认知学习理论也正是迎合时代发展的一种学术产物。具体来说，信息爆炸加强了学者对信息选择、接受，以及信息编码、存贮、提取与使用过程的学术分析与研究，这直接促使认知学习理论的产生与兴起。

对于现代认知主义来说，具体阐述认识活动中的主客体关系是其主要思路。事实上，认知主义学习理论是对行为主义的一种改进与完善，主要表现在其突破行为主义仅从外部环境考察人学习的思维模式，从人的内部过程即中间变量入手，以理性对感觉、知觉、表象和思维等认知环节切入，将学习心理内在机制和具体过程作为研究的重点。从而分析把握人的认知行为，提示主客体相互作用的桥梁作用。

认知主义理论将思维归结为问题解决，找到了一条正确研究人的高级学习活动的途径，将人类思维活动的本质特征予以全面把握。

认知主义理论的进步性在于：其在一定程度上克服了行为主义的不足。但同时它脱离社会实践来研究人的认知活动，把认知单纯归结为人的内部意识过程和纯粹的认知行为，这也就是该理论的局限性。

二、认知理论与其代表观点

认知主义将学习过程看作信息加工的过程。认知主义的教学目标在于帮助学习者习得事物及其特性，使外界关于客观事物的知识及其结构内化为其内部的认知结构。

将认知主义与行为主义进行对比，我们发现认知理论的重点在引发行为的思维过程的层面上，并非行为本身。认知主义认为，在教学中必须了解学习者已有的认知结构，从而采取相应的教学方式。

事实上，认知主义学习理论与行为主义学习理论是对立关系。认知学派的学者认为，学习就是面对当前的问题情境，在内心经过积极的组织，从而形成和发展认知结构的过程，强调刺激反应之间的联系是以意识为中介的，强调认知过程的重要性。认知派学习理论家认为，学习在于内部认知的变化，注重解释学习行为的中间过程，即目的、意义等，认为这些过程才是控制学习的可变因素。下面对认知派学习理论的代表观点进行介绍。

（一）克勒的顿悟说

学习的认知理论起源于德国格式塔心理学派的完形理论。格式塔心理学的创始人是德国心理学家魏特墨（M.Wertheimer）、科夫卡（K.Koffka）和克勒（W.Kohler）。

1. 黑猩猩实验与学习的主动性

克勒认为，学习者的学习过程并非只是简单的"刺激—反应"过程的联结和不断的实验，而是主动积极有目的地对学习中所涉及的事物关系进行理解构建而实现的完形。克勒通过黑猩猩实验——黑猩猩产生顿悟，告诉人们，黑猩猩的行为基本是针对目的物，而不仅针对短棒，这就意味着黑猩猩领悟了目的物与短棒的关系，在视野中构成了目的物与短棒的完形，才发生连接短棒取香蕉的动作。所以，克勒提出，学习在于发生一种完形的组织，并非各部分间的联结。

2. 观点核心——顿悟

在克勒眼中，顿悟就是突然学会。他提出，学习是通过对整体情景的成功把握后豁然开朗，进行"突变"形成，同时也是知觉的重新组织和构造完形的过程。在这里要强调的是，这种知觉组织和构造的过程并非循序渐进式的，而是突然由不能到能的转变。经过顿悟而学会的内容是学习者在学习情境的观察中加深理解所形成的，对知识的保持度持久，也能够举一反三地应用，是对问题的真正解决，这与偶然解决具有显著差异。

综上，顿悟关注的是刺激和反应之间的组织作用，这种组织表现为知觉经验中已知的组织结构（格式塔）的突然改组或成为新结构的顿悟。基于此，两个基本观点得以出现：其一认为学习是组织一种完形；其二认为学习是通过顿悟实现的，正如克勒实验中，黑猩猩在发现自己不能够到香蕉时，突然灵机一动想到一个好办法。

格式塔学派用来证明学习过程是领悟而非试误的主要证据是：①从不能到能之间突然转变；②学到的东西能良好地保持，而不是重复出现错误。他们指出，由于桑代克所设置的问题情境不明确，盲目的尝试错误学习才会出现。

3. 顿悟说对外语教育的影响

在外语教学中，可以通过顿悟说，促使学习者学习效率得到大幅地提高。第一，掌握学习对象的本质特征是顿悟学习最为重要的内容。第二，学习者应该真正理解通过机械学得的知识内容，否则所学知识具有不可迁移性。第三，通过顿悟习得的内容，一旦掌握后，永远也不会遗忘，即顿悟的内容是进入长时记忆的。

4. 顿悟说的局限

当然，我们也需要了解顿悟说所存在的局限性。第一，过分强调顿悟，全面否定尝试错误。在解决一项复杂问题的时候，通常顿悟和尝试错误这两种活动是交替表现出来的。尝试错误主要表现于外，即表现在行为特征和操作方式上；相反，顿悟主要表现在内，即表现在心理活动上。解决问题的过程基本以尝试错误为开始，而以顿悟为终结。第二是它没有清楚揭示心理活动机制，因为顿悟是一个神秘的概念。所以，还不能说这是一个完善的理论解释。它只是强调突然灵机一动，并没有解释说明这一心理的来源，心理活动的具体步骤没有说明。第三是还缺乏对其他与学习有关问题的研究，如学习动机问题、学习方法问题，学习类型的划分问题等。

（二）托尔曼的目的论

托尔曼（Edward Chase Tolman）的目的论也是认知理论中非常重要的内容之一。目的论的学习理论有如下两大特点：①一切学习都是有目的的活动。②为达到学习目的，必须对学习条件进行认知。

托尔曼通过"符号"来代表有机体对环境的认知，他提出，学习者在实现目标的过程中，学习的是能达到目的的符号及其符号所代表的意义，是形成一定的"认知地图"。

托尔曼的学习目的和学习认知概念，主要源自格式塔学派完形说思想中的理论成果，认为有目的的整体性的行为是学习认知的结果。另外，托尔曼既研究了行为的外部表现，同时还分析探索了行为内部的大脑活动，并且提出外在强化并不是学习产生的必然因素，不强化也会出现学习。

（三）布鲁纳的认知发现说

1. 布鲁纳理论产生的社会背景

作为美国当代著名的认知心理学家，布鲁纳（Bruner）与乔治·米勒于1960年一起创建了哈佛大学认知研究中心。1957年，苏联发射世界第一颗人造卫星，美国感到震惊，当时的美国人认为本国的政治、经济、安全受到了严重的威胁。这是让美国政府开始重视教育的原因，正因教育的落后，空间竞争和科技落后于苏联。1959年，美国国家科学院召开中小学数理课程改革会议，布鲁纳成为会议主席。1960年，布鲁纳的会议总结正式公开发表，题目为《教育过程》，其中他提出了课程论思想和有关学习的理论观点。其主要思想成为当时美国中小学进行教学改革的基本思想并自此以后影响着世界很多国家的教育教学改革。

2. 布鲁纳理论与托尔曼理论

布鲁纳（Jerome Seymour Bruner）的认知学习理论基于完形说与托尔曼思想。经过深入研究，布鲁纳提出如下结论，学习是一个认知过程，是学习者主动完成认知结构的过程。

当然，布鲁纳的认知学习理论与完形说及托尔曼理论具有显著差异。其中最大的区别为完形说、托尔曼学习理论，主要基于动物实验基础上的知觉层面的认知；但布鲁纳认知学习理论则是建立在人类学习研究基础上的，所研究的认知是基于人的思维认知认识。

3. 三大认知学习理论观点

布鲁纳的认知学习理论涉及如下三方面主要内容。

（1）学习是主体主动构建起新的认知结构的过程。该认知结构包括学习者的全部观念或某一观念的全部内容。主体形成一定的认知结构是先形成一定的认识活动，依据一定的顺序排列，并不断发展构建，这个认知结构是类目与编码系统。

由此可知，主体并非被动消极地接受知识，而是从事着积极主动的认知活动。对此，布鲁纳提出，学习新知识内容是建立在已存的认知结构之上。所以无论采取何种方法，个人的学习都是把新知识内容与已存知识内容的知识结构进行联系，并实现积极建构。

布鲁纳的学习理论涉及如下三种几乎同时发生的过程：新知识的获得、知识的转化以及知识的评价。这三个过程的实质就是学习者主动去建构新知识内容的过程。

（2）学习是学习学科的主要结构。布鲁纳强调，所有的知识都具有一定的层次结构，各部分触类旁通，如此一来，即便是特殊课题，理解起来也会很容易。这对一门学科的层次以及基本结构的掌握来说特别重要。

在教学过程中，教师需要尽最大的努力去保证学习材料的高度概括性，旨在为学习者提供最好的编码系统，并尽力清晰地为学习者介绍某门学科的层次结构。在布鲁纳眼中，教师没有办法也没有精力将所有事物都事无巨细地讲授给学习者。

（3）强调在学习中主动发现并构建认知结构。布鲁纳认为，在教学过程中，只有学习者对这门学科存在兴趣，才能去有耐心地学习并且进行有可能的相关研究。学习者应学会自己探索和发现某些具体知识、原理和规律，以便更积极主动地参加到学习过程中去，独立思考并改组教材。那么学习者根据自己的知识水平去解决问题的同时，自己的水平也在不断地提高。

4. 认知发现说的实质

布鲁纳学习理论的基本观点的总结归纳如下。

（1）学习实质上是认知结构由低层次向高层依次递进发展的，也是多层次的。在布鲁纳看来，学习者的认知结构是基于其过去已有的知识经验而形成的，并在学习过程中逐渐发生变化。在整个学习过程中，布鲁纳认为学习者的学习主动性和学习动机非常重要。具体体现在学习中对已存经验加以充分利用。这是由于学习者获取新知识，需要以已有经验为基础进行具体建构。

（2）新知识获得的过程就是学习的过程，不仅是新知识和已存旧知识或已有的认知结构发生联系的过程，而且还是主体经历"同化"或"顺应"环节后，把新知识纳入已有的知识结构并主动参与新知识理解的过程。

（3）学习应当是对各门学科基本结构的掌握。换言之，教师所教的学科，都需要让学习者理解并掌握该学科的基本结构。

另外，布鲁纳还指出，"学习结构，就是学习事物是怎样相互关联的"，从这里可以看出，其结构为事物之间的相互联系或规律性，具有"普遍而强有力的适用性"。布鲁纳认为，教师在进行课程设计时要强调学习者对基本知识结构的学习。布鲁纳注重对学科知识的基本结构的学习，认为对基本原理的掌握可帮助学习者更好地理解这一学科、记忆和提取相关的学习内容，并帮助学习者增进学习中的迁移，激发他们的内在学习动机和学习兴趣。好的教学和学习材料会吸引学习者产生强烈的兴趣，勾起内在的求知欲，掌握学科的基本结构能尽可能地缩小高级阶段的知识与初级阶段的知识之间的间隙。

布鲁纳格外注重基础学科的早期学习，他认为，只要重视这门学科的基本概念或者基本原理的连续性，采取合适的方法，中小学和大学同一门学科的界限就可以被打破。

（4）布鲁纳鼓励学习者运用发现学习的学习方法，并且主张学习者独立去探索知识，掌握知识中所涉及的原理和原则，促使学习者主动去构建自己的思想，其对于学习者脱离学校教育之后独立发展极为有益。

5. 布鲁纳学习理论的局限

虽然，布鲁纳的学习理论注重学习者在学习过程中的主动性，但忽视了学习者学习的特殊性。换言之，将学习者的学习与科学家的发明创造等同是不科学的。另外，布鲁纳的观点是无法实现的，如"任何学科都可以按智育上是诚实的方式，有效地教给任何年龄的任何儿童"，这是由于这些观点缺乏有力的论证。与此同时，发现学习在时间与经费上也是不经济的，对全部的学习进行发现是有困难的，接受学习才是必需的。

（四）奥苏伯尔的认知同化论

奥苏伯尔（D.P.Ausubel）作为美国心理学领域的著名学者。其部分观点与布鲁纳的观点有相似之处。奥苏伯尔提出，"学习是认知结构的重组"，同时还深入研究了教学的诸多原理与规律。他本人既强调已存旧认知结构的作用，也重视学习材料本身的内在逻辑关系，认为学习是指学习者的新知识和已存知识相互作用，新的内在逻辑关系与旧知识内容发生同化和改组，在学习者的头脑中产生新的意义。

1. 认知同化论的基本观点

奥苏伯尔提出的认知同化论涉及如下两方面内容。

（1）有意义的学习的过程就是新意义被同化的过程。奥苏伯尔将认知方面的学习分为机械的学习与有意义的学习。其中，机械的学习是要形成文字符号的表面联系；而有意义的学习是主体得到具有一定逻辑意义的文字符号的意义。这种学习产生于两种条件：其一，学习材料本身没有任何的内在逻辑意义；其二，学习材料本身具有一定的逻辑意义，同时学习者已存的认知结构中并没有相关的知识去加以同化。

有意义的学习过程是主体从无意义到获得意义的过程。有意义学习的实现方式依赖于同化，同化是指学习者利用头脑中某种已存认知结构去吸收新的认知信息；当吸收了新的认知观念后，原来已存的旧认识观念会发生一定变化。学习者已有的认知结构中有一定的知识基础去同化新材料，这也是必要的起点；学习者在进行有意义的学习时，要积极主动地将新旧知识有效地联系起来；学习者要积极主动地使新接受的知识和已存的旧知识发生关系作用。

（2）接受学习的方式能够完成知识的同化。接受学习的方式是指学习中的主要内容基本上以定论的形式被学习者接受。其实，学习只是要求学习者把所接收的新知识内容结合进自己的认知结构之内，也就是加以内化，便于将来的使用。这里的学习不涉及主动发现。与传统意义上的教学模式的显著性差异在于，接受学习既具有意义，也是积极主动地学习。

接受学习比较注重学习动机带来的内在强化作用。在接受学习中，学习者将以定论形式呈现给自己新的学习材料，使新的学习材料与学习者的已存认知结构之间建立起实质性的学习方法。理解是意义学习的前提条件。有意义学习的条件包括外部条件和内部条件。在这里需要强调有意义学习产生的内部条件，即学习者积极进行知识的意义建构、学习者已存的旧认知结构以及所学知识的潜在意。

在奥苏伯尔眼中，影响学习的最重要的因素就是学习者的先存知识。奥苏伯尔对教育心理学领域的推动在于其对意义学习的独特理解。他提出，学习者要提高对新知识内容的掌握度，对新知识更好地理解和吸收，这一基础为要增强学习者已存认知结构中和新知识内容相关的观念。

有意义学习理论的重要内容：学习者的已存认知结构中相关的概念和知识点直接决定学习者可以获得新知识内容量的多少；意义学习的发生是通过新知识内容和学习者认知结构中已存的相关概念之间的相互作用；这种相互作用的结果也带来了新知识内容和旧已存结构之间意义的同化。教师需要重点理解非人为的联系与实质性联系这两个概念的内涵。

2．"讲解教学"

奥苏伯尔提出：对教学过程有一定指导意义的概念属于接受学习和发

现学习。也就是说，接受学习与发现学习都具有存在意义的可能，但也有为机械的可能。但奥苏伯尔更提倡有意义的接受学习法和发现学习法。在教学过程中，教师需要给学习者提供完整的、有组织的知识材料，只有这样，教学材料才是最有用的，同时也便于学习者吸收的，奥苏伯尔将这种强调接受学习的方法称为"讲解教学"。

3. 认知同化论与外语教学

有意义学习的核心内容为：运用有意义学习理论于教学中时，课堂教学一定要引导学习者展开积极、充分的思维。恰当的教学方法能够起到扩展学习者的思路的作用，对于学习者创造性思维的发挥来说，这是积极、有益的。鼓励学习者从多角度开展形式各异的思维的训练，能够提高学习者解题的灵活性与敏捷性。

依据教学相关实践数据表明，只有学习者展开思维，才能获得真知，从而实现有意义学习。在课堂教学中，教师要对学习者进行有意义学习心向的激发和培养。教师不仅需要加强对语言、动作等教学与非教学语言的配合，还要积极调控课堂气氛。可见，在课堂上，教师应该通过自己的情感因素来调动和引导学习者对学习的积极情感，激发学习者对学习的主观能动性。只有"寓情于教，以情育人"，才能积极地、有效地促进学习者的有意义学习。

4. 认知同化论的局限

显而易见，有意义学习理论具有局限性。第一点，它多用在陈述性知识的学习，但在言语技能、操作技能、行为方式等方面的学习过程是不适用的。第二点，学习者对知识的学习有两种便捷方法，即上课听教师讲述和自己阅读教材。奥苏伯尔只注重前者，而忽略了后者。第三点，奥苏伯尔的学习理论只涉及知识的学习和教学，却没有对学习者的智力开发和各种能力的培养进行具体论述。

（五）加涅的学习条件论

加涅（R.M.Gagne）也是认知学派的代表人物之一。其理论代表着现代认知派学习理论的新动向和新发展。加涅的主要著作对现代认知主义的发展起到了积极的促进作用，其代表作为《学习的条件》《教学设计原理》《知识的获得》等。1974年，加涅根据现代信息加工理论提出了学习过程的基本模式，如图2-2-2所示。

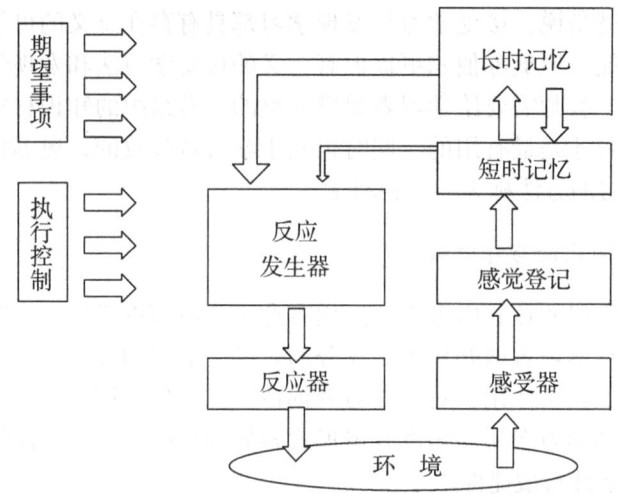

图2-2-2 加涅信息加工论学习基本模式

（据大数据时代的高等外语教育创新与实践，王鹤，2016年）

1. "执行控制"

"执行控制"，是指学习者已存的学习经验对接受新学习内容的影响，并起到一定的调节作用。"期望事项"指学习者期待达到的目标，即学习动机，学习的动机系统会对学习的进程起决定性影响。上述两部分对学习过程产生了重要的影响。

2. 学习条件论的主要内容

加涅的学习条件论将学习视为一种输出过程，在加涅眼中，学习将外部输入的新信息转换为记忆结构。学习的制约既来自外部，也源自内部。其中外部条件，是指输入刺激的结构和形式，而内部条件，则指学习者已有的相关知识技能、学习能力和动机等。依据加涅的理论观点，保证学习成功的关键为主体可以有效利用与发挥内部条件。

加涅经过深入研究，得出了如下观点：人类的学习复杂多样，简单的低级学习是复杂高级学习的前提基础。基于此，加涅提出学习主体通过"动机→领会→习得→保持→回忆→概括→操作→反馈"的有机联系的系统来完成学习行为，同时，加涅还指出每一个阶段的有机联系系统都存在各自的内部心理过程和影响它的外部因素。

在教学过程中，教师应该掌握上述过程和阶段，并遵循学习者在不同学习过程中的不同特点，设置科学、合理的外部学习条件，并且尽最大努力去激发、维持和提高学习者的学习活动。正因教师肩负着教学任务，既是教学的设计者和管理者，也是学习者学习的评价者。

加涅的学习条件论对外语教学的启发为：在教学过程中，教师要把学习者的内部条件和外部条件进行结合，为学习者创造良好的教学和学习环境和条件，从而有效提高教学质量。

3. 学习条件论与外语教学

随着现代学习论发展以及多样性特征的日益凸显，无论是学习者的"学"，还是教师的"教"都获得了一定得指导与启示。在教学过程中，要积极主动地吸取各种教学方法的合理成分。加涅的信息加工学习论格外注重学习者怎样选择认知模式，怎样在处理信息时做出应有的反应；同时加涅得学习论也强调对信息的选择、重视个人的知识过程。所以在学习方法上，信息加工学习理论主张教师应该为学习者提供最充分的指导，使学习者的学习能够按照规定的学习程序进行。

加涅将一个完整的学习过程划分为八个阶段，教师在指导学习者学习的过程中有如下四方面需要注意。

（1）帮助学习者激发学习过的相关知识与潜在的能力。在教授更高阶段的知识内容之前，应该提前了解学习者已经学习到哪种程度，能否接受新的学习高度。而进行教学的前提任务为使学习者回忆起对当前学习有用的已存知识结构和能力。

（2）促使学习者对学习保持一定的心理准备。旨在使学习者的学习达到一定的期望值，为此，教师能够通过强化等手段帮助引起学习者足够的注意力，深入挖掘学习者内在的学习动机，使其在学习的过程中对接受的刺激有充足的准备。

（3）在教学过程中提出适当的刺激。完成充分的回忆后，教师的任务，即向学习者提示要学习的内容需要执行，或者利用适当的刺激去带动学习者的学习。

（4）学习后及时完成反馈。加涅说过，"学习的每一个动作，如果要完成，就需要反馈"。因此，学习后的反馈对于促进学习的提高具有积极的促进作用。而获取反馈的方式多种多样。对于教师来说，将学习者的作业结果正确、及时地告知他们为一种积极的方式，教师对学习者的评价或者打分，在课堂上的一些细节，如点头、微笑、鼓励的眼神等，都能够起到强化学习者行为的作用。

（六）海德和韦纳的归因理论

归因理论是探讨人们行为的原因与分析因果关系的各种理论和方法的总称。著名学者海德（Fritz Heider）与韦纳（B.Weiner）一直在努力根据不同的归因与作用，分析与论述归因（Attribution theory）的各种原理。在两位学者看来，人类需要可被分为对周围世界进行理解和控制的需要两类。他们认为，通过分析可知人们行动的缘由，同时可以预言人们如何行动，上述便是人们进行行动归因的内在原因。

归因可被细分为内归因和外归因、稳定性归因和非稳定性归因。其中内归因是行为者内在的人格、情绪、意志等，而外归因是产生行为的环境因素，如工作设施、任务难度、机遇等。根据研究结论显示，人们通常作比较有倾向性的内归因或外归因，对自己的成绩常作内归因，对他人的成绩出于嫉妒可能作外归因。稳定归因是导致行为相对不变的因素，非稳定归因是相对易变的因素，如内在的情绪、外在的机遇等。

三、认知主义理论的评价

（一）认知主义理论的积极性

认知派学习理论对教育领域的贡献在于为教学论提供了理论依据，扩大了教育心理学的研究内容，同时促进了教育心理学的发展。

具体论述认知派学习理论的主要贡献，如下。

（1）极为重视人在学习活动中的主体价值，充分肯定了学习者在学习活动中的主观能动性。

（2）强调认知、意义理解、独立思考等意识活动在学习活动中的重要地位和作用。

（3）注意到了人在学习活动中的准备状态，强调个人学习效果不仅源自外部刺激和个体的主观努力，同时还源自一个人已有的知识认知水平、知识结构和非认知因素。另外，准备是任何有意义学习的前提。

（4）注重学习强化功能。由于认知学习理论将人的学习看成是一种积极主动的过程，较为关注内在的动机与学习活动本身带来的内在强化的作用与影响。

（5）积极主张学习的创造性，布鲁纳的发现学习论强调学习者学习的灵活性、主动性和发现性。同时要求学习者要进行自我观察、探索和实验，鼓励学习者开展独立思考和创造精神的探究性学习，这对学习者深入掌握知识形成创新存在积极的促进意义。

（二）认知学习理论的不足

认知学习理论的不足之处在于尚未揭示学习过程的心理结构。学习过程中的智力因素与非智力因素是学习心理的基本构成要素。其中智力因素是学习过程的心理基础，对学习起直接作用；而非智力因素是学习过程的心理条件，对学习起间接作用。可以说，只有使智力因素与非智力因素紧密结合，才能使学习达到预期的目的。

第三节 建构主义教育理论及观点

事实上，建构主义理论是属于认知学派范畴的一大重要分支，业界也被众多学者称之为结构主义。分析建构主义理论，离不开对其重要概念——图式的深入理解。图式的具体含义为：个体对世界的知觉理解与思考的具体方法，也有不少学者将其视为心理活动的基本框架，或者是组织结构。

作为认知结构的起点与重点，图式也是人类认识事物的基础。所以我们也可以将认知发展的本质理解为图式产生与发展的过程。而认知产生与发展的过程会收到如下三方面的影响：同化、顺化以及平衡。

一、建构主义学习理论概述

建构主义是一种庞杂的社会科学理论，作为人的一种认知方式或教育实践模式在当代欧美国家兴起并存在。

（一）"皮亚杰派"对传统教学的突破

提到建构主义理论，就不得不提到瑞士心理学家皮亚杰（Jean Piaget）。皮亚杰是现代建构主义的先驱之一，1966年，他创立的学派——"皮亚杰派"，被认为是认知发展领域中最有影响的学派。皮亚杰发表的《发生认识论原理》重点在于研究和讨论知识形成和发展的过程。这本书的积极性就在于提出了建构主义观点的核心，即认识的新定义——在主体已有知识和经验背景之上的主动建构，核心为从认识的发生和发展角度对儿童心理进行了进一步系统的研究。

在传统意义的教学模式中，学习者在学习知识的过程中出现了片面、僵死等不足，换言之，学习者无法在必要的时候举一反三。建构主义是针对传统教学的诸多弊端而提出的，以缩小学习与现实之间的差距，能够广泛而灵活地运用知识。

（二）建构主义与行为主义

事实上，建构主义可被视为行为主义发展的重要前提。行为主义学派认为，学习是利用不断刺激进而建立起与之发生反应的一种联结关系；教育者的任务是将客观世界的知识传递到学习者的手上，而学习者的目的是吸收理解教育者传递的知识。行为主义者的不足在于未能重视传递知识的过程中的学习者的具体心理过程。将认知主义者与行为主义者进行比较，认知主义者强调学习者内部的认知过程，重视已有知识在获得新知识过程中发挥的作用。其旨在帮助学习者把新知识及其结构内化为其内部的认知结构。

（三）建构主义与客观主义

建构主义与客观主义相对立的一面为：建构主义强调对事物的理解不是简单地由事物本身决定的，而个体的知识是利用人的主观能动性而建构的；不同的个体自身经验不同，对不同的事物会有不同的理解，甚至对同一事物也会有不同的见解。在教学的过程中，教师的任务是引导学习者积极主动建构起新的经验，并非机械地将自己的知识经验武装到学习者大脑之中，由此可见，学习是一个双向互动的过程。

二、主要代表人物的理论内容

皮亚杰与维果斯基等为业界较为认可的建构主义的重要代表人物。

（一）皮亚杰的观点

作为瑞士著名心理学家，皮亚杰是世界多个国家著名大学的名誉博士或名誉教授，皮亚杰在学术界的地位也相当之高，因其是发生认识论的创始人。

为了能够深入研究发生认识论，1955年，皮亚杰在日内瓦创建了"国际发生认识论中心"并集合各国著名的心理学家、哲学家、教育家、逻辑学家、数学家、语言学家和控制论学者一起致力于研究，对儿童各种概念及知识形成的过程与发展进行深入研究，做出了杰出的贡献。

皮亚杰较为关注个体在认知生长过程中所起到的积极作用，并且对认识的生长仅仅是经验的结果的这种说法予以反对。相比之下，学习从属于发展。决定学习的因素也是内因与外因的交流作用。皮亚杰认为，学习者只有在认真主动思考时，才可以获得有意义的建构学习，同时提出如下观点：学习者的学习水平取决于其自身的发展水平；学习者犯错误是应该的，犯错误是一个使学习者起到自我调节自我平衡的过程，学习者的错误能够让学习者更好地规整并修正自己的知识结构。

（二）维果茨基的理论

作为苏联心理学家和社会文化历史学派的创始人，维果茨基（Lev Semenovich Vygotsky）为心理学领域的发展做出重要贡献，业界也予以维果茨基"心理学中的莫扎特"的称号。

维果茨基注重社会交往在人的心理发展中的突出作用，这是由于个体学习是在一定的社会历史文化背景下进行的。与此同时，维果茨基将学习者在学习过程中现实的发展水平和潜在的发展水平进行了解释说明。其中，现实的发展水平是学习者在学习过程中所能达到的水平，而潜在的发展水平是学习者在他人的协助下达到的水平。两者之间的区域（差异）被称作"最邻近发展区"。这一区分对建构主义的发展起到了积极的作用。

另外，维果茨基的经验性学习理论还注重，教育的实质为：经验的生长与改造。因此教育应该以建立于经验为基础。学习者应该主动从自身经验发现问题解决问题，完善自己的知识结构。

维果茨基的理论不仅具有独特的理解视角，同时还有创造性地对实际问题进行研究。其研究范畴从思维与言语的关系到教学与学习者的发展的关系问题予以全面覆盖。

维果茨基注重社会文化对人类心理发展所起的促进作用。在对思维和语言等高级心理过程的进行研究的过程中，他所持的观点与方法在世界范围内均产生了重大的影响。

维果茨基的基本观点主要包括四个方面：心理发展观、文化—历史发展观、教学与发展的关系、"内化"学说理论。在心理发展观的研究中，维果茨基创立了"文化—历史发展理论"，用来解释人类不同于动物的高级心理本质。基于此，维果茨基深入研究了"发展"的实质，他提出，心理的发展，是指在社会环境和知识教育的影响下一个人从出生到成年的心理变化过程。在研究教学与发展的关系上，维果茨基提出的重要观点之一是"最邻近发展区"思想。在"内化"学说理论的理论研究方面，维果茨基是"内化"学说早期推广者之一，他始终坚信人类的精神生产工具是由不同的符号所构成的。

三、建构主义学习理论的基本观点

（一）建构主义的知识观与学习者观

建构主义（constructivism）认为知识并非教师传授可以获得的，而是学习者在一定的情境即社会文化背景下，借助其他人（包括教师和学习伙伴）的帮助，利用必要的学习资料，借助意义建构的方式所得。

建构主义者不仅反对行为主义机械的反映论，而且还对认知主义的客观经验主义所持的观点予以反对。其认为个体的知识既不是预先生成的也不是完全来自经验，而是来自于主体与客体的相互活动中。建构主义强调创设有利于学习者建构意义的情境是教学外语的关键性内容之一。

（二）建构主义的学习观

1. 什么是学习

建构主义起源于学习者认知发展理论，用以诠释人类学习过程的认知规律，研究学习发生、意义建构、概念形成及理想学习环境包含的主要因素等。建构主义思想是较为有效的认知学习理论，并在此基础上实现较理想的建构主义学习环境。建构主义学习理论的基本内容即解释了"什么是学习"和"如何进行学习"这两个基本问题。

建构主义学派的学者认为，知识并不是通过教师的传授而得到的.知识是学习者在一定的情境即社会文化背景下，借助教师、学习伙伴等他人的帮助，利用必要的学习资料.通过意义建构的方式而获取的。由于学习是在一定的情境即社会文化背景下，通过人际协作而实现的意义建构过程，因此建构主义认为"语言情境""协作""会话"和"意义建构"是学习环境的四大属性。

（1）"语言情境"。

"语言情境"，是指以教师为主导为学习者进行真实语言环境的创设。在进行教学设计的过程中，应该考虑为学习者创设合适的语言"情境"，在建构主义学习理论中占有很重要的作用。创设语言情境是意义建构的必要前提，因为学习者都是在一定的情景之下通过人与人或人与物之间的沟通协调进而实现有意义的构建。

真实具体的学习情境对于学习者建构意义的情境创设，使学习者更快更灵活地掌握理解新知识来说是有益的。建构主义学习理论提倡教与学的合作化，即在教师指导下的以学习者为中心的学习。根据教学内容与其过程的要求，需要创造形式、目的各异的情境，或是解决令人困惑的问题，或是带来一定的悬念引起学习者思考。

在教学的过程中，教师应该积极善于利用现代多媒体形象传递信息的优点，把文字信息通过影视、图像、动画、声音等动态而逼真地同时引入教学中，在一定程度上刺激学习者的感官，使场景更为引人入胜，学习者愈发有身临其境之感。促使色彩绚烂的屏幕与主体个人之间进行积极的沟通与交流。

在科技大发展的时代背景下，现代高科技媒体自然也就成为创设生活中具体真实情境最具实用性的工具。积极利用"情境"能够让学习者更好地联想，促使新知识更为便利地与旧知识进行联系，换言之，学习者应该学会利用自己的现存知识结构中已有的经验更好地理解消化新知识里的内容，使新知识与旧知识更好地融合在一起。在教学过程中，建构主义对教学设计提出了新要求，换言之，教师应当利用"情景"这一具体而实际的优势，创设出有利于学习者学习的环境，调动起学习者的热情与主动性，使其能够更积极地参与教学活动，完成主体的意义构建。

（2）协作

指以学习者为中心进行"协作"学习。其中"协作"核心为在学习过程中学习者们之间进行一定的互动交流与协作，全面收集学习资料，在此过程中完成验证，最终发现规律，从而对最终的学习成果进行评价。结合上文所述，能够看出，"协作"一直贯穿在学习过程之中。

通过多媒体教学，学习者在学习过程中充分发挥自身的主动性和创新性，而教师需要做的就是让学习者在不同的情境下都可以全面应用他们所学的知识。在教师的引导和帮助下，学主吸收新知识，学习者之间进行互相交流，培养协作精神，更好地解决问题和获取新知识。学习者获取知识的方式既是用心吸收课本上的或老师讲述的现成答案，还要用自己的知识去建筑正确理解，上述教学过程就成为每一个学习者都需要亲自参与，同时充满具体思维活动的接收和组织过程。

"会话"：是指在课堂上所进行的语言训练，也是达到知识意义建构的重要手段之一，更是协作过程中不可或缺的环节。在教学过程中，教师需要依据所教授的内容，同时结合学习者的不同情况组织学习者对所要学习的知识内容进行概念性的理解，并对基本原理、基本方法和基本过程彼此之间积极进行沟通与讨论。

教师在上述过程中发挥的重要功能为：协作，并做好引导工作，帮助学习者发挥主动性，进行主动探索和主动发现。与此同时，教师应该及时提出适当的有关新知识内容的问题使学习者进行一定的思考和讨论，在讨论的过程中，学习者作为信息加工的主体，肯定和修正自我，以便发现客观事物的规律来获取深层次的知识。也就是说学习者要学会在积极主动的思维过程中实现自我构建。在"对话"过程中，必须为学习者提供多种形式的信息资源，以便于学习者多样化学习，这里的多样化学习，包括了自主化学习、个性化学习、多元化学习等方面的培养。在多媒体教学中，一旦学习者遇到疑问与难题，教师应该主动地答疑解惑。

另外，学习者之间需要交流讨论。在沟通彼此的观点的过程中，对自身的意义构建进行分析评价。通过收集学习者的学习结果，教师分析与研究不同学习者之间的思维差异，有针对性地进行教学指导，从而达到事半功倍的效果。上述内容都要求应在课堂上建立师生平等交流的氛围，并且要求教师能够积极鼓励并引导学习者进行发言和争论，激发学习者的创新意识。

（3）会话。

指协作学习过程中不可或缺的重要活动。学习者应该通过语言交流来讨论学习任务的协作与完成，学习者要运用语言和文字向他人进行表述。在学习过程中，每个学习者的智慧成果与学习者之间的思维智慧都会得到共享。

（4）意义建构。

学习过程最终所要建构的是事物的性质、规律以及事物之间的内在联系。在学习过程中，学习者建构意义为对当下的学习内容所反映的事物性质、规律以及该事物与其他事物之间的联系达到较深刻的理解，以建构所学内容的认知结构。综上所述，获取知识量的多少取决于学习者自身建构知识意义的能力，并不取决于学习者记忆和背诵学习内容的能力。

2. 如何进行学习

建构主义学派的学者认为，当代教师作为意义建构的帮助与促进者，早已不是知识的灌输者；学习者是信息加工的主体和意义的主动建构者，并非外部刺激的被动接受和被灌输的对象。在建构主义学习者看来，以学习者为中心、在教师指导下的主动学习才是应该积极提倡的学习理论。

基于此，学习者应该完成以下学习实践：以探索发现建构知识意义；主动去搜集并分析相关信息资料，提出假设并努力验证；将当前学习所反映的事物与已知事物相联系，并认真思考，再把联系思考与协作学习结合起来，以提高意义建构效率。

建构主义认为，学习并非教师将知识简单地传递给学习者的过程，而是由学习者自己建构知识的过程。故而，学习者不应该被动地接收信息，而是主动地建构知识的意义，因此这种建构应该由自己独立完成，具体来说：学习并非被动接收信息刺激，而是结合自己的经验背景，进行外部信息的主动地选择、加工和处理的行为，并获得并建构意义。其中外部信息本身没有意义，意义是学习者通过新旧知识经验间双向作用而建构的；对于每个学习者来说，学习意义的获得是以自己原有的知识经验为前提，对新信息重新认识、编码和建构；学习不是简单的知识积累，它包含新旧知识经验的冲突，以及由此而引发的认知结构的重组。所以学习过程不是简单的信息输入、存储或提取，而是新旧知识经验之间的双向作用过程，也是学习者与学习环境之间互动的过程。

在外语教学活动中，教师应该从如下几个方面出发，充分发挥自己的教学作用：激发学习者的学习兴趣，帮助其产生学习动机；通过创设符合教学内容要求的情境以及提示新旧知识联系的线索，帮助学习者建构当前的知识意义。为了促使意义建构具备有效性，教师需要在可能的条件下组织协作学习，并引导使之朝有利于意义建构的方向发展。引导的方法，具体如下：设定恰当的问题引导学习者思考和讨论，以加深学习者对所学内容的消化理解；启发学习者发现知识规律，纠正学习中的认识错误。

与传统教学模式相比，建构主义要求学习者承担更多自我学习管理的机会，使学习者变为教学活动的积极参与者和知识的积极建构者。在复杂的真实情境中，建构主义要求学习能够积极面对认知复杂的真实世界，并且圆满完成学习任务。故而学习者应该采取新的认知策略，并产生适合自己的知识理解与建构的心理模式。

（三）建构主义的教学观

1. 怎样进行教学

通常，教学思想是以知识的认识作为基础。建构主义知识观认为，知识不可能绝对真实地表征现实，传载知识的符号系统并非问题的最终答案，通常仅仅是对客观世界的假说。并终将随着人不断发展的认识水平出现新的解释和假设。

换言之，知识并不能绝对准确地概括世界。也无法提供适应于任何问题的解决方法，而需要在具体的活动实践中针对具体问题对知识进行再创造。并虽然语言赋予知识一定的外在形式且获得了普遍的认同，但这并不等于学习者对知识会有同样的理解，只能任由学习者结合自身背景理解并建构知识。

基于上述知识观，建构主义提出，教学并非知识的传递，而是知识的处理和转换。建构主义教学较为注重引导学习者可以在学习活动中自行理解各种问题现象，结合原有的知识经验引导学习者丰富或调整自己的认识，以学习者原有的知识结构为起点，引导其增长新的知识经验。

总之，建构主义教学观提出，教师不是知识单纯的知识呈现者或知识权威象征，教师与学习者、学习者与学习者之间需要共同针对特定问题进行探索，并在探索的过程中相互交流切磋获得知识。由于经验背景差异不可避免，学习者对问题的看法和理解往往千差万别，而这些差异是一种宝贵的知识资源，这对于个体的自我发展来说相当有益。

综上所述，师生角色需要进行改变。教师应转化为学习者知识建构的忠实支持者、学习者学习的辅导者和高级伙伴或合作者。既需要开发或发现相关问题，也需要为复杂问题准备多种答案，激励学习者对问题解决的多重观点，创设一种良好创造性的学习环境，从而保证学习者在相应环境中独立探究和合作学习。

除此之外，建构主义教学观提出，教学作为一种人类获取知识信息的重要途径，其是慢慢减少外部控制、增加学习者自我控制学习的过程，教学目标包括如下内容：认知目标与情感目标。

为此，教师应该为学习者提供学习策略，从而更好地激发学习者的学习兴趣，引发和保持学习者的学习动机，培养学习者自己理解和建构知识的心理模式，成为学习者学习的积极帮助者和引导者。

依据相关观点，建构主义提出了八项教学原则，具体如下：①一切教学内容都为了使学习者能够更有效地适应社会需要；②教学目标与学习者的发展目标相符合，教师确定的问题应该使学习者感到就是他们本人的问题；③在课堂教学中需要提出更多练习外语的真实任务，布置多重内容或技能整合的活动或实践；④外语教学能够帮助学习者在学习结束后就掌握行动能力的复杂情境；⑤给予学习者解决问题的自主权，激发学习者思辨与解决问题的能力；⑥外语支持和激发学习者思维的学习环境；⑦鼓励学习者在现实社会背景中检测自己的观点；⑧支持学习者对所学内容与学习过程反思，发展学习者的自我控制和独立学习能力。

2. 建构主义教学原则的主要内容

建构主义教学理论注重以学习者为中心，认为学习者是认知的主体，也是知识意义的主动建构者；教师的作用为帮助与促进学习者的意义建构，而教师直接向学习者传授和灌输知识是一种不科学的教学模式。在建构主义学习环境下，与传统教学模式相比，教师和学习者的地位、作用发现了很大变化。建构主义的教学外语原则，具体如下：

（1）强调以学习者为中心。

明确"以学习者为中心"，建构主义认为能够从如下方面出发：①教学外语应该便于充分发挥学习者主观能动性，从而体现学习者的首创精神；②要让学习者有多种机会在不同的情境下去应用他们所学的知识；③要让学习者能根据自身行动的反馈信息来形成对客观事物的认识，进而形成解决实际问题的学习方案。结合上述三方面内容，我们将其总结归纳为：发挥首创精神、将知识外化和实现自我反馈，这也是体现以学习者为中心的三个重要要素。

（2）强调"情境"对意义建构的重要作用。

在建构主义眼中，学习通常是与一定的社会文化背景，也就是"情境"相联系的，在实际情境下进行学习，能够让学习者利用自己原有认知结构中的有关经验去同化和索引当前的新知识，赋予新知识以某种意义。在传统课堂上，由于不能提供生动丰富的实际情境，学习者对知识的意义建构困难。所以如果原有经验不能同化新知识，就要引起"顺应"过程，换言之，对原有认知结构进行改造与重组，从而通过"同化"与"顺应"达到对新知识意义的建构。

（3）强调"协作学习"对意义建构的关键作用。

建构主义的核心概念：学习者与周围环境交互对于学习内容的理解和知识意义建构起关键性作用。这一理念强调学习者应该在教师的组织引导下进行讨论和交流，共同批判考察各种理论、观点和假说，进行协商和辩论。通过上述协作学习环境，涉及教师和每位学习者在内的学习群体，以集体智慧解决问题并群体共享成果，以整个学习群体共同完成对所学知识的意义建构，并非学习者个体单独完成语言知识的意义建构。

（4）强调对学习环境的外语。

建构主义认为，学习环境需要成为学习者在其中能够完成自由探索与自主学习的场所。在该环境中，学习者能够充分利用各种工具以及信息资源，来帮助自己完成学习目标。在学习过程中，学习者既需要教师的引导和支持，还应该得到学习者之间的相互协作和支持。学习应当被促进和支持而不应受到严格的控制与支配，学习环境便成为一种便于学习的重要场所。在建构主义学习理论指导下，教学外语成为针对学习环境的外语，而非教学环境的外语。教学意味着更多的控制与支配，而学习则意味着更多的主动与自由。

（5）强调利用各种信息资源支持学习。

在学习过程中，为了支持学习者主动探索和完成意义建构，其应该为学习者提供各种信息资源。其中利用媒体和资料应该用于支持学习者的自主学习和协作式探索。在主动探索过程中，应该从教师那里提供帮助的内如下：信息资源应怎样获取、从哪里获取以及如何有效地加以利用等问题。

（6）强调学习的最终目的是完成意义建构。

在建构主义学习环境中，学习者应该是认知主体、是意义的主动建构者，因此，江学习者对知识的意义建构视为学习完整过程的最终目标。一般来说，教学外语的起点并非分析教学目标，而是从如何创设有利于学习者意义建构的情境开始。不管是学习者的独立探索、协作学习，还是教师辅导，整个教学外语过程都应该紧紧围绕"意义建构"这个中心进行。综上所述，学习过程中的所有活动都应该从属于该中心，并且应该有助于完成与深化对所学知识的意义建构。

四、合作建构的教学模式

建构主义学习理论倡导的教学模式是：以学习者为中心，教学过程中教师起组织者、指导者、帮助者和促进者的作用。利用情境、协作、会话等学习环境要素充分发挥学习者的主动性、积极性和首创精神，从而实现让学习者有效地达到对当下所学知识意义建构的效果。

在该教学模式中，教材中的知识早已不是教师在课堂上所传授的内容，它已成为学习者主动建构意义的对象；媒体的作用也不仅仅是帮助教师传授知识的手段、方法，而是用来创设情境、进行协作学习和会话交流的有效工具，具体来说，媒体已经成为学习者主动学习、协作式探索的认知工具。在该教学模式下，与传统教学模式相比，教师、学习者、教材和媒体等四要素发生了明显的变化，相互之间关系也截然不同，这一结构形式即建构主义学习环境下的教学模式。建构主义教学模式已开发成熟有支架式（Scaffolding Instruction）、抛锚式（Anchored Instruction）和随机进入式（Random Access Instruction）等教学方法。

（一）支架式教学法

支架式教学法的内容为：教学需要为学习者理解建构知识提供概念框架（conceptual framework）。这种框架中的内容旨在发展学习者对问题的深入理解所需要的，因此需要事先将复杂的学习任务进行分解，从而将学习者的理解逐步引向深入。

"支架"通过建筑业"脚手架"词义用来形象地描述教学方式，其原理为：把学习者看作建筑，而学习者的学习过程是在不断积极建构自身

（建筑）的过程；而教师教学则是围合在建筑（学习者）周围的脚手架，支持学习者不断地建构自身，不断建造新结构的能力。

支架式教学的理论基础是著名心理学家维果斯基的"最近发展区"理论。维果斯基认为，测定学习者智力发展应确定两种发展水平：①学习者现有发展水平以及潜在发展水平。两者之间的区域就是"最近发展区"。教学应从学习者潜在发展水平起始，不断创造新的"最近发展区"。教学"支架"应根据学习者"最近发展区"来建立，通过支架作用不停地将学习者智力从一个水平引导到另一个更高的水平。支架式教学涉及如下几个方面的内容。

（1）搭建脚手架：围绕当前学习主题，按"最邻近发展区"的标准建立知识概念框架。

（2）进入情境：把学习者引入设定的课程问题情境。

（3）独立探索：将学习者独立探索的内容包含确定与概念有关的各种属性，同时将各种属性依据重要性的程度不同而排列。一般来说，探索由教师启发引导，之后学习者再进行自我分析，在探索过程中，教师要适时提示，引导学习者沿概念框架逐步攀升探索。

（4）协作学习：进行小组协商讨论。讨论的结果有可能使原来确定的、与当前所学概念有关的属性增加或减少，各种属性的排列次序也可能有所调整，并使原来多种意见冲突的复杂局面开始变得清晰与统一，从而使学习者在共享集体思维成果的基础上，完成对当前所学概念较为全面和正确的理解的目的，最后达成对所学知识的意义建构的目的。

（5）效果评价：学习效果评价涉及两部分内容：学习者自我评价以及学习小组对个人的评价。而自主学习能力，对小组协作学习的贡献，所学知识意义建构的完成程度就是评价所涵盖的具体内容。

（二）抛锚式教学法

与上述支架式不同，抛锚式教学强调教学的前提应该是建立在有感染力的真实事件或真实问题。确定这类真实事件或问题被形象地比喻为"抛锚"，由于这类事件或问题被确定之后，所有教学内容与教学进程宛若轮船被锚固定一样被确定了。

建构主义认为，学习者要想完成对所学知识的意义建构，即达到对该知识所反映事物的性质、规律以及该事物与其他事物之间联系的深刻理解，最好的办法是让学习者到现实世界的真实环境中去感受和体验，获取直接经验要比间接介绍讲解更强。由于抛锚式教学要以真实事例或问题（锚）为基础，其又被称之为"实例式教学""基于问题的教学"或"情境教学"。抛锚式教学涉及如下几个方面的重要内容。

（1）创设情境：使学习可以在与现实情况类似的情境中得以发生。

（2）确定问题：在上述类似情境下，选择与当前学习主题密切相关的真实性事件或问题作为教学内容。选出的事件或问题便是"锚"，而这一环节就是"抛锚"。

（3）自主学习：教师不直接告诉学习者应当如何去解决面临的问题，教师仅向学习者提供解决该问题的相关线索，在这个过程中，尤为关注培养学习者的"自主学习"能力。

（4）协作学习：组织学习小组讨论交流，通过不同观点的交锋，完善和深化每个学习者对当前问题的理解。

（5）效果评价：因为抛锚式教学本身是探索解决问题的过程，所以该过程直接反映了学习者的学习效果。故而不需要另行独立于教学过程的专门测验，只要在学习过程中，仔细观察并记录学习者的种种表现，就可以完成效果评价。

随机进入式教学的主要含义为学习者能够随意通过不同途径，以不同的方式进入相同教学内容学习，以便获得对同一事物或同一问题的不同角度的认识与认知的教学方法。

由于语言学习本身充满复杂性，应该综合、全面地理论与掌握语言内在性质和事物之间的内在联系，并真正实现对所学语言知识全面深刻的意义建构的目标，通常从不同的文化角度考虑可能得出不同的理解。为克服这一学习困难，同一内容教学就要以不同角度、不同时间、不同情境、用不同方式全面地展现出来，通过多次"进入"同一教学内容，学习者把可以达到对该知识内容更为全面深入的掌握。这种多次进入，与传统教学中模式具有显著差异。"随机进入教学"的每次进入都要参考不同的学习目的，针对不同的问题侧重点。故而实现多次进入的结果，并非对同一知识内容的进行简单地重复与巩固，而是促使学习者在学习活动中，达到对知识全貌理解的水平提升的作用。

综上所述，本小节所重点分析论述的行为主义、认知主义和建构主义都无一例外地对外语教育发展的阶段性理论以及这些理论影响下的教学展开了深入地研究，但"教学方法的对比研究并不能证实哪一种教学方法更具优势"。

作为一个完整的系统，外语教学只有"充分调动学校、教师、学习者和管理者三方主观能动性，并在三者之间形成一个既相互支撑又相互督促的互动机制"的前提下，方能真正实现高等外语教学的变革。

第四节 人本主义教育理论及观点

人本主义由德文Anthropologismus一词意译过来的，也可称之为人本学。该词是由antropos与logos两个希腊文词源组合而成含义是人和学说。

人本主义，是指从生物学的角度解释人的一种形而上学的主流学说之一。德国与俄国著名的心理学家费尔巴哈与车尔尼雪夫斯基为人本主义学派的主要代表人物。前者拒绝唯物主义，在进行理论阐述的过程中，不再采用，甚至反对唯物主义这个传统意义上的专业术语，并将自己所提出的哲学理论与观点称为人本主义。

一、人本主义学习理论的主要观点

通常，人本主义学习理论强调学习者在学习过程中的自主性和自我发展，学习者之间互相协助学习、自主建构知识的意义。将人本主义学习理论与建构主义进行比较，我们发现两者有相似之处，人本主义偏向"以人的发展为本"，强调"情感教育"。

人本主义学习理论涉及如下五个方面的重要观点：人本主义的潜能观、人本主义的自我实现观、人本主义的创造观、情感因素观及人本主义的师生观。

（一）人本主义的潜能观

人本主义学派认为，潜能，是指以往遗留、沉淀、储备的能量。人本主义理论提出，不管是在学习，还是工作过程中，所有的学习者都具备潜在的能力（能量），但教育的任务就是试图挖掘并释放每一个学习者的潜在能力，这也是人本主义学习理论研究的重点所在。

从上述内容出发，人本主义不仅强调学习过程是以"学习者为主体"，而且还重视教师发掘学习者潜能的"引导作用"，二者之间的关系紧密，相互作用与影响。

（二）人本主义的自我实现观

自我实现观，也可以叫作自我发展观。可以说，自我发展观尤为注重学习者的个性相似或是不同的价值观。具体来说，在教学过程中，教师不应以相同的方式或是态度来面对每一位学习者，而是应该根据学习者不同的知识水平、接受能力以及学习习惯等因材施教，满足不同的个性需求，为不同的学习者创设不同的学习情境，使学习者认识到自身价值，实现自我发展。

（三）人本主义的创造观

根据创造观的相关内容，创造力不能被视为专家的特权。每一位学习者都应该具备独特的创造力，或者至少具有创造力的潜能，所以每个人应该主动发展这些潜能。这其实也指出了教学的核心问题：在知识与能力之间，应该加强学习者自我能力的培养，重视创造力。从这个层面来看，人本主义与建构主义在教育观方面具有相似之处。

（四）人本主义的学习理论

人本主义学习理论尤为注重学习过程中所灌注的情感因素，涉及了发掘学习者的潜能，鼓励学习者的创造力。对于学习者来说，在学习中的学习兴趣、学习动机以及对学习的投入程度都与情感因素有着密切的关系。在这里，学习者并非被动地接受等待刺激，而是个人主动发起的。如果想要情感因素的影响与作用可以一直持续，教师的引导作用至关重要。

与此同时，教师还需要在学习活动中对学习者进行不断鼓励，采取多种方式创设良好的学习环境，把学习者吸引到学习的情境中来，并持之以恒地坚持下去。

与之前其他学派所提出的学习理论有所不同，人本主义学习理论强调了师生的定位观。根据传统的学习理论的相关内容，师生之间的关系为教与被教，教师以威严取胜，是课堂中的主宰者，教授的知识即是权威。人本主义理论则提倡建立起亲密的师生关系，营造出一种和谐、平等、民主的学习氛围，教师既是学习者的良师，更是一位益友，教学相长，由传统的教变为导，使学习者成为主体，真正地参与到学习之中。只有教师平等地对待所有的学习者，并且相信、尊重学习者，学习者才可以真正在学习活动中实现融会贯通。

二、人本主义学习理论在教育领域产生的影响

人本主义学习理论的研究的核心为：教师如何为学习者提供一个良好的学习环境，并且从以人为本的角度重新论述了学习者的成长历程，激发学习者的已存经验，挖掘其内在潜能，让学习者可以从自身的角度出发去感知、理解世界，肯定、实现自我，所以人本主义学习理论在对教育界的

推动方面起到了积极的促进作用。下面就具体介绍一些人本主义学习理论的主要观点。

（一）马斯洛的学习理论

马斯洛曾论述过其对人性的主要看法，阐述了人性中两股潜在力量：其一为防卫的力量，主要表现在主体依恋过去、逃避现实等方面，其二为进取的力量，主要表现在敢于接受挑战、乐观积极、自我推动成长等方面。

根据马斯洛对行为主义学习理论的批评，我们可以分析出马斯洛在教育领域的理论主张。他认为，教师需要对学习者进行适当的引导，为学习者创造出良好的学习环境，而不是利用外界力量来胁迫学习者学习。同时，马斯洛认为学习者生而具有学习潜力，学习者可以对所需知识内容进行自主构建。

（二）罗杰斯的学习理论

人本主义学习理论强调人的尊严和理想，推崇自我实现和自我创造。人本义学习理论者罗杰斯（Rogers）的基本观点主要体现在如下几个方面：其一，以学习者为中心的教育理念。在对教育领域进行研究的过程中，罗杰斯始终坚持着他独属的观点，也就是把学习者当作教育的核心。这种教育主张就是学习者中心教育；其二，罗杰斯以自由为基础作为学习的基本原则。在《学习的自由》一书中，罗杰斯具体说明了以自由为基础的自由学习原则，具体如下。

（1）学习的天赋与潜能是每个人都具有的。从幼童开始，学习者就对万事万物表达好奇探索之心，都会在适当的教育方式下习得走路和说话。为学习者创立良好的外部环境对学习者学习非常重要。

（2）教材应该结合学习者的生活经验，激发学习者对学习活动本身的兴趣，同时还具有现实的意义。学习者能够直接决定教材是否具有意义。好的教材，能够使学习者信心倍增，对教材兴趣浓厚，提高自身修养，有助于实现学习者的生活目的。

（3）想要学习者开展有效的学习，则需要处在较少威胁的教育情境中。在这里，威胁是指源自外界与自身不同因素所造成的心理压力，如学习成绩不如别人、家庭环境比别人差、胆怯敏感丧失自我发展提升的机会等，上述压力都会导致学习者产生自卑心理，最终自暴自弃。这种情况是无法完全避免的，也就要求学习者能够自我积极调节，为师者也需因材施教，在理解学习者的基础上给每个学习者展现自我的机会。

（4）只要学习者全身心地投入到学习活动中，才能产生好的学习效果。有效的学习源自学习者独立、主动、自发地设置与安排，而不是教师或其他外界力量的逼迫，当然这是以自由为基础的学习原则。该原则的基础为教师可以提供学习内容范围，同时学习者可以自主地探索新知识发现新问题，并积极思考，从而培养学习者对学习内容的浓厚兴趣，并且能够开启学习者的心智，完成良性循环的教学过程。

（5）强调自评学习结果。依据该原则的相关内容，学习者能够形成独立思维能力，只有在自由的环境氛围中，学习才可以事半功倍。上述这种教育方法突破了传统教育的种种标准，此时学习者的学习活动已经不是被动地接受教师所灌输的知识内容，而是主动地改进自己和提高自己，自我评量，真正做到为自己负责。

（6）知识要符合时代特征，随着社会发展而产生变化。新时代教育应该根据时代的内容，进行改革，从而培养学习者的自我求知能力，使其能够自我吸收和更新知识与兴趣，还要使学习者多参与社会活动，培养多种爱好，加深个人与社会的关系。

罗杰斯的教育观点对外语教学的启示：明白什么是进步的教育思想以及正确的教学方法，他的理论对如今的外语教学而言依旧存在学术与实用价值。

（三）康布斯的学习理论

在人本主义心理学家中，康布斯颇负盛名。在他看来，构成信念的基础就是知觉的功能，而不同的知觉可以带来不同的信念。换言之，想要改变一个人的行为，改变他的信念是第一步。主体的行为基本上是由他对自己和周围世界的知觉而定的。

人本主义心理学的理论重点就是认为知觉是感性的，并提出了知觉是对所知觉到的对象产生的一种感受。康布斯将知觉与行为的关系进行总结、归纳，即不同的主体对同一事实产生不同信念，该事实对不同的人具备不同的意义。由此可见，想要改变一个人的行为，仅仅从行为出发是远远不够的，信念也是很重要的。

依据康布斯学习理论的相关内容，学习者的学习活动涉及如下两层具体含义：第一层，学习者通过学习活动获得新知识内容；第二层，学习者通过学习活动对已存知识产生新理解。教材涉及的知识内容并非表面所展现出来的直观，而是巧妙隐藏在深处。此时，学习者应该专注于发现问题、探索问题，进而领悟到课本教材所提供的深意。

在康布斯眼中，坚持教育旨在让学习者通过学习活动建立起健全的人格，不仅在认知，也在感情方面实现均衡发展。同时，康布斯还提倡教育应重视学习者的感情因素。从而打破传统的教育目的，即机械地教授学习者知识或谋生技能。

人本主义教育观的内容还可以让学习者学习到怎样在社会中处理人与人之间的关系，不管是自我与他人之间，还是待人接物和为人处世。高校也需要针对不同学习者的不同需求，为学习者打造一个活泼、自由、轻松的学习气氛，营造出一个具有良性挑战，也不失关怀和支持的学习情境，这样一来，学习者便能够通过学习，学会认识自我，能够自我尊重和尊重他人，适当调节个人生活中可能出现的问题。

三、人本主义学习理论的学习过程

（一）学习的基本观点与原则

人本主义学习理论强调人的尊严、兴趣和理想，主张应该从人的直接经验和内心感受出发去了解人的心理。人本主义学习理论提出，人行为的决定性力量是为自我实现而持之不懈的努力和创造。罗杰斯的"以学习者为中心"为代表的人本主义学习理论的内容具体如下。

（1）学习不是机械的刺激和被动反应，而是主动积极构建有意义的心理过程。

（2）学习者需要了解其所学的知识内容具备一定的价值，这样才能更有效积极地去接受掌握。另外，教师也应该尊重学习者的自我实现。

（3）学习可以让学习者发挥出潜在能量。教师应该积极引导学习者发挥潜能，帮助其增强对自我的理解，同时教学方法也需要以学习者为依托进行多样化处理，使学习成为有目的、可选择的主动过程。

（4）在学习过程中，学习者获得的不仅仅是知识，还需要注意掌握学习的具体方法。

人本主义学习理论在教育领域的主要见解是基于学习者的立场和意义，从而实现学习的描述，该学派认为，真正意义上的学习不只是为学习者提供刻板的材料内容，而是与学习者本身的综合发展产生密不可分的关系，学习者需要自己去感知这个世界，研究自我的发展以及自我的发展对世界的意义，同时探求自己与众不同的特征以达到自我实现。

人本主义学习理论把学习转换为有意义的个人学习，这才是真正追求的学习方式。基于此，人本主义学习理论也以为学习者创造一个良好的环境为己任，让社会客观环境与教育领域中的独特氛围完美融合，为教育理论注入新的生机。

（二）学习的方法与主动性

人本主义学习理论的核心就是以学习者为中心进行教学活动，将学习者的中心地位予以突出。在学习过程中，教师的身份发生了变化，也就是从知识的权威传授者变为学习活动的促进者。

另外，人本主义学习理论强调应该协作学习和在实际情境中进行教学。教师需要认真、细致地设计教学环境，使学习者更好地接受知识信息，并处在一个和谐、关爱的氛围中。只有这样，学习者才可以和老师建立起良好的师生关系，良好的学习环境，从而激发学习者实现自我探索。下面进行具体阐述。

（1）在有意义的学习过程中，主体不仅会增长一定新知识，还会和已存的经验融合在一起，对未来的个性发展、对待问题的态度都有可能产生很重要的影响。其中认知学习因为只涉及心智，而非感情，很大程度上对学习者是没有意义的，属于无意义学习。罗杰斯提倡的有意义学习主要关注的是学习内容与个人之间的关系。主要有四个特征，即主体的认知和情感全神贯注地投入到学习活动，主体被内在的需求和兴趣驱使自发地探索、发现知识的意义，主体的行为、态度、个人修养等全面发展，以及主体自我评估学习需求或学习目标。学习的意义主动地被学习者纳入自己的经验系统之中，主动的有意义的学习使学习者变得更加完整。

（2）人本主义学习理论是以学习者为中心的教学观。罗杰斯认为能够真正影响主体行为的知识，是自身探索并加以同化得来的，而非老师所能简单教授的。

四、人本主义学习理论的特点

人本主义学习理论认为，学习是一种活动，发起者为主体本身，并通过自主发起以及全身心投入，从而实现知识的构建。人本主义学习理论尤为强调学习者的内在思维和情感活动，这是由于主体的学习涉及了认知的方方面面。

（一）基本特点：自主性、整体性与独特性

人本主义学习理论表现为如下三方面基本特征：自主性、整体性以及独特性。其中"自主性"，是指人本主义学习理论以学习者为中心，提倡学习者的学习由个人主动发起，学习者进行自我选择和探索；"整体

性"，是指注重主体学习的整体投入性，涉及自我认知、性格和情感等方面；"独特性"，是指获取的新知识信息对认知领域和主体的情感等产生的各种影响。

人本主义学习理论关注发展学习的主体的个性特点，挖掘内在的潜能。最为重要的目标就是重视自我实现、追求健康人格。人本主义学习理论的重要代表人物罗杰斯不仅对人本主义心理学思想进行了深入研究，同时还将研究成果积极地运用在教学实验中，在教学目标上指出要注重学习者个性与创造性的发展；在课堂内容上，学习者要妥善运用自己的已存知识和直接经验；教学方法上，教师要引导学习者发挥主人公的作用，培养起自我选择和自我实现的目标。

（二）基于主要特点的教学方式——移情法

结合罗杰斯观点的内容，我们可知在教学过程中，教师第一步要做的就是不要再"戴面具"，而是真诚地向学习者表达自己的真情实感，尊重学习者的内心感受。也就是说，只有换位思考，站在学习者的角度去思考问题，才能得到学习者的认可，从而建立起良好的沟通氛围。而学习者在信任老师的前提下，才可以培养起安全感与自信心，在轻松愉悦的条件下展现出真实的自我意义，最终发挥出自身潜能，展示独特的"自我"。罗杰斯认为，教师要能够帮助学习者完成"自我实现"，这是学习者的最终需要，也是教育的最终目标和任务。

人本主义认为，教学需要人与人之间的情意，换言之，教师在传授知识的同时，还应该让课堂的气氛生动、活跃起来，为学习者创造良好的学习条件，通过移情法教学来提高学习者对学习的主观能动性。

在教学过程中，教师不仅要移情教学，还需要做好如下四个方面的具体工作：①为学习者们选择适合他们学习，同时可以引起学习兴趣和符合他们特点的教材；②在教学过程中，教师不能一味地讲解书本内容，而是要对学习者加以引导，对学习者所提出的问题仔细解读，做好辅导工作；③教师应该为学习者提供必要的学习材料；④教师应该为学习者创造有利的外部条件。

通过上文所述，我们可知，教师只是由传统教学中控制教学的权威授课者转变为帮助学习者学习的倡导者和咨询者，充分调动学习者的内在学习动机，其基本的角色特征都没有发生相关改变。但是学习者和老师的关系，二者之间的地位却发生了质的变化，也就是说教师不再是教学的主宰者，而学习者成了教学活动的主体，在教学中。师生的关系变为合作与互动。这正是人本主义所推崇的"以人为本"的新价值观：尊严、民主、平等、自由等。

人本主义教学理论要求教师需要为学习者提供和谐的教学环境，也不再只是机械地传递给学习者新知识内容，而是引导他们构建完整的知识意义，学习者的学习也有了自由性。教学活动过程以学习者为中心，学习者要主动寻求适合自己的学习方法，并自主安排学习时间，进行自我评价和自我管理。在教学过程中，教师应该帮助学习者建立并保持积极的心理状态来完成学习目标。所以学习者的主体地位和情感因素在学习中的重要性和作用是强调的重点。

在学习过程中，教师应该将学习者的主体地位作为考虑的前提，以调动其主动性、积极性和对知识内容的兴趣作为主要目标。只要学习者能够提升成就感与责任感的，才能让学习者对新知识产生更多的兴趣，并在此基础上实现良性循环，从而获得新意义构建。如今的人类社会发展尤为迅速，科学技术在教学领域实现了全面、深层次的运用，为学习者带来了更多的与学习内容相关的现象、观点、数据和资料，学习者更有时间和空间进行自我思考，完成自我提升，并逐渐形成主动学习和自主学习的习惯。

第五节 后方法语言教育理论及观点

"后方法"（post.method pedagogy），也可称之为"后教学法"。与前文所论述的四种源自心理学学术原理的教育理论及观点不同，运用在外语教学中的"后方法"语言教育观是一种对传统意义上的教学理论及观点的突破。

如今，后方法已经成为外语教育理论领域不可或缺的重要组成部分，作为一种具有灵活性、动态性以及开放性的新兴外语教学思想，后方法的进步性在于它在教师、学习者和教师教育的概念界定上具有新时代特征。

一、后方法语言教育观的思想基础与实践目标

（一）后方法外语教育观的思想基础

外语教学法演变源自如下三个主要方面：①特定历史时期政治、经济、文化和科技诸条件发展所致；②受到其他关联学科理论发展的影响；③新教学思想理论对旧理论的质疑否定的结果。

后方法语言教学思想与后现代主义思潮具有密切的关系，前者深受后

者影响，具体体现在上述三个方面。

20世纪70年代末到80年代初，在西方日益严重的社会危机和精神危机中的社会环境下，后方法语言教学观应运而生，其主要特点如下：反传统、反体系、反中心，注重过程而轻目的、重当前，轻历史和未来。

后现代主义思想的经典特点为否定绝对价值，坚持相对论、开放论和异质性的多元论。这些思想反映在外语教学中表现为强调教学法的多元性、开放性、相对性和特殊性等当代学术理论与观点。

（二）后方法外语教育观的实践目标

作为后方法教学思想的集大成者，美国著名的语言学家——B.Kumaravadivelu认为，教学法理论需要将教学实践作为基础，而不应是人为理想化地运用到远离实际的理想化教学中的固定模式，所以不存在一种现有的最佳方法能够一劳永逸地应用于教学实践，所以应该不断探索发现。

除此之外，传统语言教学的研究始终处于"以语言为中心"和"以学习者为中心"的学术争论之中，一直努力寻找一种普遍适应性（one-size-fits-all）的方法，从而能够积极、有效地指导复杂变化的语言教学实践，事实上，所有的先进语言教学方法都无法做到一劳永逸适应于不同背景的需求。[1]基于此，只有以更加开阔的视野探求时代外语教学的理念和方法，而不是因循或谋求以某种现成的方法去取代另一种方法。这种灵活和动态开放的心态，就是后方法语言教育理论的思想的最为明显的特点。

二、后方法语言教育观的理论原则

基于传统语言教学方法，后方法语言教育观对之前其他的教学方法进行了继承与完善，实现了内容的延伸与超越，重构了语言教学和教师教育概念。后方法语言教育观从教育思想的层面上，重新审视了语言教学性质，并且对教师教育理论与实践的关系进行的了全新的思考与定位。基于此，后方法语言教育观提出了实践性（practicality）、特定性（particularity）以及可能性（possibility）三大原则，这就是三大教学参数。[2]

---

[1] Kumaravadivelu, B. Beyond Methods Macrostrategies, Dr Language Teaching. New Haven: Yale University Press, 2003, p28.

[2] Kumaravadivelu, B.Understanding LanguageTeaching: From Method to Post.method.Mahwah, NJ: Lawrence Erlbaum Associates, Publishers, 2006.

（一）实践性

在后方法教育观中，实践性为首要原则。后方法教育观认为，教学方法是一种在实践中不断发展的动态过程，而不应是僵死的固定模式。但以往权威性的教学通常制订了具体化、规范化和模式化的教学方法，从而导致部分僵化和教条的教学手段的出现，其极大程度地限制了教师在教学方法和教学技巧上的能动性创新。基于此，后方法教育观提出，在教学实践中，需要教师不断提高教学洞察力，以更多的理性思考发展教学创造意识。用通俗易懂的话阐述就是：该学习理论要求教师既要能够自觉地遵守教学大纲，从而顺利完成教学任务，同时还要求其在自我反思分析和评价的基础上，从整体的角度去考虑作用以及影响教学活动的各种社会因素，努力做到自下而上地建构一种教学体系，这个体系是以教师课堂教学为基础的、并且能够迎合适应具体教学实践需要。

从广义理解后方法教育观，它的实践性是指理论与实践的相对关系；狭义上理解其实践性含义，无疑是指教师督察调整自己教学效果的技巧。既然切合具体语境的教学只产生在教师的教学之中，那么教师就一定能够将实践理论化，也能够将理论实践化。

（二）特定性

特定性，后方法教育观的重要原则之一。所有教学方法的产生与存在都具备特定的理由，Kumaravadivelu认为"任何相关的语言教学，应当关注植根于特定社会环境中的特定教学环境，以及在特定环境中追求特殊教学目标的教师和学习者"。[①]换言之，某一教学方法仅适用于特定的教学情境。

Kumaravadivelu将后殖民批判理论中的观点进行了引用，从而对传统教学方法论具有明显的殖民思想痕迹作学术批判，并且强调，语言教学需要去西方中心化，他提出，语言教育研究需要尊重本土语言教学方法的特定性。

从语言教学追求的最终目标出发，有效教学才是核心。特定性原则当然对外语教学方法的探索起到了积极的促进作用。后方法语言教育观的特定性原则与教学原则和教学方法的唯一性是相对应的关系，可见，后方法学习理论具有进步性。

[①] Kumaravadivelu·B. Toward a Postmethod Pedagogy. TESOL Quarterly, V0135 No. 4 2001, D. 537—560.

依据后方法语言教育观的相关内容，特定性的核心内容与情景理解的阐释相一致，尤其强调了教师在自主教学过程中应该深入理解师生所处宏观和微观教学环境的特定性，掌握特定教学对象和学习需要，勤于观察、反思和行动调整，应不断发展具有适应特定环境的后方法教育理念与实践方法。

一旦缺乏对特定情境的完整解读，就无法成为有意义的教学，没有对特定情境的总体特定性，自然也无法提高教学质量。[①]另外，后方法语言教育观认为，特定性是以课堂实践为基础的，如果教师不理解课堂实践，自然也就无法真正把握教学的特定性。基于此，特定性教学原则和一线教师都是决定教育成功与否的重要因素，换言之，特定性不只体现在决策教学计划和管理教学过程，它还要求教师群体在教学过程中，也必须观察自身的教学行为对特定对象的教授效果，并不失事宜地做出行为反应。

（三）可能性

可能性原则也是后方法语言教育观的重要原则，其实质为：希望以"教育"替代"教学"的可能性，Kumaravadivelu认为，后方法教育观应超越以授受方法为传统教学理念的认识狭隘性，经过长时间的深入研究，Kumaravadivelu提出，后方法教育"不仅包括课堂教学策略、教学材料、课程目标、评价方式，还广泛涉及了直接或间接影响第二语言学习的历史政治和社会文化等诸多因素。"[②]与此同时，教师与学习者一样都具有各自不同的、广泛的社会政治经济生活背景，故而不同的经验和经历因素都会被带入教育情境当中，并发挥不同的作用。

从这层意义出发，Kumaravadivelu强调，应该不断地寻求宏观社会政治因素与教师主体身份相衔接的可能性。由于第二语言教育是不同文化和语言的双向交汇，Kumaravadivelu希望参与者带进课堂的社会政治意识成为继续寻求主体性和塑造自我身份的催化剂[③]。

Kumaravadivelu同时认可实用性、特殊性和可能性三者界限之间的关系既是具有显著差异，同时存在着相互关联的内在联系。这三大理论原则是一个共生的整体系统，它们可以在整体的互动中，彼此影响、相互促使。

---

① Elliott, J. Reconstructing Teacher Education: Teacher Development. London: Falmer, 1993.

② Kumaravadivelu. B. Beyond Methods Macrostrategie8 fo,Language Teaching. New Haven: Yale University Press. 2003.

③ Kumaravadivelu. B. Beyond Methods Macrostrategie8 fo,Language Teaching. New Haven: Yale University Press. 2003.

作为一种当前主流的教育理念，后方法语言教育观尤为重视学习者、施教者和教师教育在特定环境中的共生互动关系，该教育观认可教师个体教育知识和经验的有效性，在教师和教师教育之间建立对话沟通机制。所有这一切的主要目的都是促进学习者的学习和教学的自主性，并且总结归纳了十条宏观策略，具体如下："最大化学习机会""最小化感知失配""促进协商式互动""提高学习者自主性""培养语言意识""激活直观启发""情境化语言输入""综合语言技能""确保社会关联性"和"提升文化意识"等，上述内容为教师转变教学策略提供了一个连贯生成的宏观策略框架。Kumaravadivelu强调，十条宏观策略不同于方法的规定性和绝对性，属于描写式、不受限制、开放宽泛的教学指引。

综上所述，后方法教育观的基本概念与操作原则是由特定性、实践性和可行性共同组成的，在教学中，这些操作原则体现为学习者、教师和教师教育者三个要素，也就是后方法教育观的教学指标（indicators）。Kumaravadivelu积极主张理论与方法中性，希望以操作性而非规定性的宏观策略，开发能够适应具体教学情景和特殊需求课堂教学的微观策略以及教学技巧。[①]

三、后方法教育观的教学要素

后方法教学中的教学要素涉及在外语教学中起支配作用的各个要素，其直接反映主要参与者角色的功能规律。从某种层面上来说，后方法教学要素在理念上与三大教学原则具有一致性，其具体表现为由学习者、教师和教师教育者共同参与决策的过程。同时，"学的规律是凌驾于教的规律之上的，换言之，最好的教的规律就是符合学的规律的规律。"[②]

（一）后方法学习中的学习者要素

后方法外语教学尤为注重培养学习者的自主意识，通过为学习者提供参与决策的机会，最充分地调动学习者主观能动性，实现学习者效益最大化。后方法的学习者自主理念，从狭义理解指发展学习者自主学习的能力，广义的自主概念包含使学习者学会自我实现的能力。

由此可见，狭义自主的内容为要求学习者发展对自己学习负责的能

---

① Kumaravadivelu, B. "The Post—method Condition：Emerging Strategies for Second / Foreign Language Teaching"，TESOL Quarterly Vo128 No. 1. 1994, p27—48.

② 顾曰国. 教育生态学模型与网络教育[J]. 外语电化教学，2005（4）：6.

力,如学习目标的确定、学习内容和进度安排、学习方法选择以及自我学习监督与评价等,都要求学习者自己负责和决策。学习方法和策略对语言学习成功与否至关重要,成功学习者往往能够根据具体学习任务选择相应的学习策略,使用适合学习策略的学习者,较其他学习人群更善于能动地发掘学习潜力。[1]

为了实现学习目标,学习者应该在教学活动中培养起如下几个方面的意识与能力:①能动地掌握自己的学习策略和风格;②可以正确认识自身的优缺点,同时善于汲取成功学习者经验及时调整自己的学习策略;③可以利用图书馆和互联网等一切可能扩展语言学习资源,同时还可以与他人之间进行合作,共享学习资源;④可以不失时宜地与目的语人群互动交流,达到学习目的。

广义自主学习者与狭义自主学习者的显著差异,具体如下:狭义自主将学会学习当作目的,而广义自主学习者则把学会学习作为学习目的手段,其目的则是学会自我实现;狭义自主学习能够培养出优秀的学习者,但广义自主学习则培养具有批评思维的创造者。

综上所述,只有广义自主学才可能够让学习者认识并能动克服影响学习潜能的各类障碍,使他们获得持续发展的能力。所以Kumaravadivelu[2]认为有必要采取必要的措施来促进广义自主学习,鼓励学习者学会调查研究,使他们理解语言服务于社会的方式,学会自我设计发展并形成协作学习团队,学会在团队合作中获得自我实现,从而帮助学习者获得整体素质能力的有效提高。

(二)后方法教学中的教师要素

前方法本位的教学"忽视教师从学习者时代就已储备的关于教学的经验和默示知识"[3]教学课堂一般都通过整齐划一的方法授受专业知识。为了摆脱这种束缚,教师依旧应该借助之前的知识去寻找与获得新的知识。

基于此,后方法语言教学积极鼓励教师教学自主,注重发挥教师的先前知识以及潜在知识,努力让教师专业能力得到提高,特别是鼓励教师进行自我评估教学,从而达到改变课堂教学模式,同时可以细致观察变化的

---

[1] Kumaravadivelu, B. Beyond Methods Macrostrategies for Language Teaching. New Haven: Yale University Press, 2003.

[2] Kumaravadivelu, B. "TESOL Methods: Changing Tracks. Challenging Trends". TESOL Quarterly, 2006.

[3] Freeman, D.Mistaken constructs: Re-examining the nature and assumptions of language teacher education. In J.Alatis(ed.). Georgetown University, 1991, p35.

实际效果。①

依据后方法语言教育观的相关内容，个人知识与教师认知具有显著的差异，如个人知识"不仅包括在课堂上如何表现的行为知识，还包括连接思想与行为的认知维度"②；而教师认知则是"教师的知识、信念和思想"③是促进教师自我发展的重要因素。教师认知研究偏向注重教师怎样去解释以及评估教学事件、教学行为和教学互动，关注如何利用这些解释和评估来丰富教师的知识，使他们最终成为自我主导型教师。

具体来说，教师信念的基本构成是一系列指导原则。而原则依次"从教师的潜在信念或个人理论中产生，使教师认识到教育过程和语言的本质，认识到语言学习和教学的最佳途径。"④为了促使教师自我的专业发展，后方法语言教学要求教师能够以特定性、实践性和可行性三原则为基础，达到分析研究自己的教学行动的目的，同时能够积极地从教学实际出发收集相关数据并通过数据分析得出问题的结论，从而可以采取有效的行动来解决问题。行动研究要求教师在课堂上弄清具体教学措施的有效性，针对学习者的具体问题及发生原因，采取相应的对策以实现预期教学目标。为了提高调查研究能力，教师可以从探究性研究⑤、教师研究周期⑥和批评性课堂语篇分析⑦等多方面寻求解决方法。

---

① Wallace, M.J.Training Foreign Language Teachers: A Reflective Approach. Cambridge: Cambridge University Press. 1991.

② Freeman, D. Redefining the relationship research and what teachers know. In K. Baile&D. Nunan(eds.). Voices from tike Language Ulassroe, 1996, p99.

③ Borg, S. "Teacher cognition in language teaching: A review of research on what language teachers think, know, believe, and do". Language Teaching, 2003. p81.

④ Breen·M. P. , B. Hird, M. Milton, R. Oliver&A. Thwaite. Making sense of language teaching: Teachers' principles and classroom practices 1. Applied Linguistics 2001, p. 472—473.

⑤ Allwright, R. L. "Inregrating 'research' and pedagogy: Appropriate criteria and practical problems". In J. Edge&K. Richards(eds.). Teachers Develop Teachers Research. London: Yieinemann. 1993.

⑥ Freeman. D. Doing Teacher Research. Boston. MA: Heinle&Heinle, 1998.

⑦ Kumaravadivelu. B. "Maximizing learning potential in the communicative classroom". ELT journal, 1993 p. 47.

(三)后方法语言教育的教师教育

现有管理者向教师预置知识体系的模式下,教师教育旨在为教师设计课堂教学、提供教学方法、示范教学行为,同时能够通过最终的教学实习来评估教师对教学行为的理解和掌握程度。上述传授型的教师教育模式无法培养起后方法教学所需要的自我主导、自我决定型教师。这是由于后方法教育观的教师教育要求,通过创造条件让教师可以得到自信和自主,让教师可以在教学实践中形成自己的知识经验,同时让自己的知识成为特定的需要服务。

后方法语言教育观鼓励对话型教师教育,主张教师教育既需要传授知识体系,还需要在参与者之间开展批评性对话,借助参与者之间的互动交流,帮助教师与学习者之间产生一条顺畅的交流渠道。教师教育要使学习者掌握自如利用语言和文化教学资源,并引导教师将自己的价值信念和知识融入教学过程。

从实践的角度出发,后方法语言教育的教师教育应该在如下几个方面积极发挥作用[1],具体如下:帮助教师正确了解目前教育的不正常现象,也就是说,将教育者视为知识的生产者,而将学习者视为知识的消费者。其实,在教育过程中,教师应该允许学习者在学习活动中自由地表达自己的思想和经验,互动分享语言学习与教学的个人理念和知识,积极鼓励学习者进行批判性思维,客观评估专业知识用以产生个人实践知识的效用,站在高层次的角度去理解课堂输入和互动的本质,实行教育与学习者共同探讨机制,指导学习者正确认知外语教育与社会意识的关系,全面探索将思想置于语言教学的各种可能性,帮助教师教育机制从信息传授型向探究共建型转变。

---

[1] Kumaravadivelu. B. Understanding LanguageTeaching: From Method to Post-method. Mahwah, NJ: Lawrence Erlbaum Associates. Publishers. 2006.

第三章　外语教学的主要手段与模式

《国家中长期教育改革和发展规划纲要（2010—2020年）》指出："中国未来发展、中华民族伟大复兴，关键靠人才，根本在教育……要树立以提高质量为核心的教育发展观，注重教育内涵发展，把教育资源配置和学校工作重点集中到强化教学环节、提高教育质量上来。"要落实《国家中长期教育改革和发展规划纲要（2010—2020年）》提出的目标，实现我国21世纪人才培养的宏大愿景，必须重视教学工作。

近年来，国内大学英语教学改革也在不断推进，进一步深化着大学英语教学改革，以提高教学质量为目标。而互联网时代背景下，现代信息技术又成为现代外语教学不可或缺的一种教学手段。优化教学过程，改革和完善新型教学模式，培养非英语专业学生的自主学习能力，也成为大学英语教学研究的重要课题。

第一节　外语教学的主要手段

教学手段是构成教学系统的要素之一，是为了实现预期的教学目的，教师与学生用来进行教学活动、作用于教学对象的信息的、精神的、物质的和形态的总和[1]。《大学英语课程教学要求》指出，大学英语教学应尽可能地为学生创设自主式学习环境，体现个性化教学，将多样化和立体化引入传统的英语课堂。这些要求对大学英语教学提出了新的挑战。

在此背景下，现代信息技术的应用和普及尤其是多媒体技术和网络技术的结合，为外语教学提供了强大的技术手段。其中利用多媒体手段进行大学英语教学成为各高校英语改革的主要方向。传统的英语教学模式主要是面对面的单向式课堂教学，以教师的课堂讲授为主，主要教学手段是"教材+黑板+录音机"，难以营造出培养学生语言交际能力的真实生动

---

[1] 刘克兰.现代教学论[M].重庆：重庆出版社，1993.

的语言环境,因而难以激发学生的学习热情;而多媒体网络教学以其形象性、生动性、先进性、高效性等特点弥补了传统教学中的不足,成为现代化教学的一种重要手段并广泛采用。下面,先介绍现代化教学手段的优势与存在的缺陷,后对传统教学手段以及现代化教学手段的实际运用予以阐述。

一、现代化教学手段的优势与存在的缺陷

由前文可知:现代信息技术,尤其是多媒体技术和网络技术的结合,为外语教学提供了强大的技术手段,其中利用多媒体手段进行大学英语教学成为各高校英语改革的主要方向。基于此,从多媒体手段入手介绍现代化教学手段及其优势与存在的缺陷也具有非常重要的意义。

(一)现代化多媒体教学手段的优势

现代化的多媒体教学手段集声音、图像、视频和文字等媒体为一体,具有形象性、多样性、新颖性、趣味性、直观性、丰富性等特点,可改善教学气氛,为语言学习者提供一个良好的视觉、听觉交互式语言环境,产生其他教学手段无法比拟的教学效果。[①]与传统的教学手段相比,多媒体辅助教学有着明显的优势,经归纳总结,主要包括以下三点。

1. 现代化多媒体教学手段可帮助创设情景,激发学生的学习兴趣

外语教学的最终目的是把学习者培养成成功的语言交际者和跨文化交际者,而英语语言交际能力和技能的获得必须通过大量的、反复的语言实践,因此,创设真实的情景进行外语教学是十分必要的。

多媒体是集图、画、视频、音频与文本于一体的教学手段。教师在多媒体教室使用现有的多媒体软件,通过动态过程的演示和模拟情景,将知识以图文并茂的形式展示出来,通过形象逼真、色彩鲜艳的画面、生动有趣的形式充分刺激学生的多种感官,使单调的书本知识形象化、具体化,极大地激发学生学习的兴趣,为学生参与听、说训练创造良好的气氛和环境。

2. 现代化多媒体教学手段可以增大课堂信息容量,提高授课效率

传统课堂教学需要教师写板书、学生记笔记,教师与学生劳动强度都

---

① 秦艳. 多媒体教学手段对大学英语传统教学模式的影响[J]. 重庆文理学院学报(社会科学版),2008(2):109—103.

较大，而且讲授不连贯。计算机多媒体技术的发展为教学提供了强大的技术支持，课堂教学中引入多媒体课件，教师可以运用计算机事先准备好授课内容，制作汇集大量的文本、图形、图像、视频、音频资料的课件，就能充分利用课堂时间；这样也能增加课堂信息量，大幅度降低教师的劳动强度，提高课堂效率。

同时可以知道，多媒体教学相比于传统教学而言，在同样的时间里可以呈现更多的信息的主要原因在于：多媒体课件包含的信息量大，以其信息和数据表达的多样性，调动学生多种感觉器官参与学习，更增强了学习的趣味性，从而使授课效率也得以提高。

3. 现代化多媒体教学手段有利于文化导入，提高学生文化修养

在传统的授课模式中，老师很难在不借助任何辅助工具的情况下，将与文章相关的背景文化知识全面传递给学生，但是通过多媒体这一容纳大量信息的科技手段，教师可以有效完成很多传统授课中无法实现的教学目标。

（1）教师可以充分利用多媒体网络信息资源为学生提供视觉、听觉的新感受，为学生了解英语系国家的历史、文化及社会知识提供新途径。

（2）教师可以围绕学习主题组织播放各类相关英语电影或贴近时代气息、反映英美人现实生活的介绍片等音像材料来了解英语国家的政治、经济、史地、文学及当代社会概况。

（3）教师可以在课前给学生布置关于文化背景知识的内容作为预习作业，让学生自己通过网络找寻相关的文化信息，并且制作成PPT课件在课堂上展示。

这样一来，学生不仅在课堂上接受了更多的文化导入，课后也完成了相关自主学习，从单一知识灌输的对象转变成积极主动的学习者，很好地发挥主观能动性，对于提高文化修养大有益处。

（二）现代化多媒体教学手段存在的缺陷

现代化教学手段虽然是一种先进的教学手段，但是目前它还不能完全代替传统教学活动，因为多媒体教学手段在英语课堂教学中主要起辅助作用，不能本末倒置。在具体的教学实践中，现代化多媒体教学手段存在的缺陷逐渐被人们所认知。

1. 多媒体课件过于注重形式，忽略教学内容

在多媒体网络教学中，教学课件起着重要的作用，它的优劣直接影响

教学效果。但部分教师在备课制作课件过程中过分注重形式，加入过多的图像、动画，结果出现主次不分、杂乱无章的现象，可能导致学生上课时一味欣赏课件中的图案和动画效果而忽略了老师的讲解和重要的知识点①。

2. 多媒体的使用取决于学习者的积极性，难以保证教学质量

多媒体和网络的使用给大多数学生提供了自主学习的机会，与传统教学中教师"监控"学生，学生跟着教师完成学习任务有很大的不同之处。虽然可以锻炼他们的创造性和主动性，然而在这一过程中，由于缺乏教师监督，学习效果的好坏在很大程度上将会取决于学习者的积极性，没有办法很好地保证教学质量。

3. 多媒体课件内容繁多，影响学习者的自主检索式学习

多媒体课件上的学习内容繁多，学生往往分不清学习的主次和先后顺次，又缺少有效的监督和管理，无法检索自己所需的资源而影响学生的学习。因此，鉴于我国外语教育的师资配备、教学配套设施的建设和完善程度，单纯凭借现代教学手段是无法保证大学外语教学的顺利开展。

综上来看，为了提高大学英语的教学质量，在教学中就要将多媒体教学与传统教学相结合，各取所长，充分发挥传统教学手段和现代化教学手段的优势，这样才能取得满意的教学效果。

二、传统教学手段以及现代化教学手段的实际运用

教学手段是教育者通过教学内容联系教育对象的桥梁，是教学主体与客体交流教育信息的物质基础。教学手段的运用直接影响师生之间信息传递的质量与效果，进而影响教育对象的思维发展。随着现代科学技术的发展，教学实践条件发生了变化，多媒体教学受到越来越多的重视和应用，互联网的普及使得学生获得信息的渠道大大扩展，现代教学手段正在不断压缩传统教学手段的影响力。虽然传统的教学手段在课堂上传授的知识量有限，授课形式较为单一，趣味性不强，但是传统教学手段在大学英语教学中表现出的优势对提高整个大学英语教学水平无疑是有积极促进作用的。因此，针对传统教学手段和多媒体教学手段各自的特点，教师在教学过程中应重新审视如何合理运用传统教学手段和现代化教学手段，做好两

---

① 唐俊芳，顾勤. 多媒体及网络技术在大学英语教学中的应用[J]. 中国成人教育，2005（7）：91-92.

种教学手段的整合，以提高大学英语教学的质量。

（一）传统教学手段的实际运用

传统教学手段主要是借助文字教科书、挂图、教师的大脑等记录、储存教育信息，靠教师口头语言和黑板书面语言等自然声光传输、调节教育信息的教学手段。具体来看，它有以下三个特点。

（1）传统的手写教案不依赖于计算机等多媒体设备而独立存在，只要有粉笔和黑板，教学即可正常进行。

（2）在教学中一直遵循以教师为主的原则，教师备课认真，讲课内容丰富，讲课有条理。

（3）通过面对面的口授、板书以及师生间眼神的交流，教师容易把握学生的领会程度和课程进度，教师可根据学生的反应随时调整授课方式和内容。学生通过观察教师的表情、动作等形体语言，可以领会老师的用意，从而有助于对知识的消化和吸收，在课堂上师生交互的机会较多。

与现代教学手段相比，以"粉笔+黑板"为标志的传统教学手段虽然过于费时、形式比较单一，但却是长期教学实践中保留下来的一种传播知识文化的方式。它在加强师生之间的互动关系、调动学生积极思考、通过教师的肢体语言传达给学生直观感受等方面发挥着巨大作用，其特有的教学效果是现代教育技术不可替代的。

（二）现代教学手段的实际运用

现代教学手段以信息处理的高速度、高容量、多媒体和交互性，极大地提高了教学效率，这就从根本上改善了大学英语教学的环境，可以极大地丰富传统教学手段，二者互相补充、扬长避短就可实现教学手段的优化整合，为英语教学提供新思路，从根本上改善传统教育中存在的问题。

从本质上看，教学的现代化不应该仅仅指教学条件和手段的现代化，还要实现教学观念的更新。这需要从以下几点进行理解。

（1）"以学生为主体，以教师为主导"是大学英语教学对师生角色的全新界定，在这种情况下，现代英语教学师生之间关系的和谐以及教学过程中师生的共同参与和互动非常强调。

（2）多媒体教学强调要充分发挥学生的主体作用，但这并不否定教师的主导作用。教师与学生各自拥有独特的优势并担负着不同的职责，要平衡地发挥好教师的主导作用和学生的主体地位，不能偏重一方。学生是学习的主体，教师必须为学生全身心学习创造条件。

（三）关于传统教学手段以及现代化教学手段运用的思考

在具体的教学实践中，教师应合理结合传统教学手段与现代化教学手段的优势，积极建构学生知识体系，并且使学生的眼、耳、口、手等感官都活跃起来，调动学生的学习积极性，激发创造性思维，提高课堂参与度。无论是传统教学手段还是多媒体教学手段都应注重师生之间的互动交流，在沟通中帮助学生掌握知识、培养能力。

1. 课堂互动需传统教学手段与多媒体教学手段相结合，以提高教学质量

在多媒体介入的教学过程中，教师有时会用多媒体屏幕代替黑板板书，用现成的软件和网络下载的内容代替教案，固定在一个屏幕前控制着鼠标播放课件或多媒体资料，而缺乏跟学生直接交流的机会。在这种情况下，教师可以把抽象、单调的学习内容转化成有趣、形象、生动、视听性强的网络课件，通过灵活利用课堂的教授方式，加强师生间的互动沟通。

比如，讲解关键语言点或遇到学生易犯的错误时，教师可以通过板书形式，采用边写边读边解释的传统教学方法，突出重点，帮助学生加深印象；或者在条件允许的情况下，以课堂提问、小组讨论、让学生上台试讲某个知识点的方式加强师生互动，促进学生对知识的理解和掌握。

教师通过课堂互动给予学生的思维启发、对教学的重点把握、难点释疑是多媒体无法替代的，因此在教学中要将传统教学手段与多媒体所拥有的生动性、丰富性有机结合，从而更高效地提高教学质量。

2. 传统教学手段与多媒体教学手段的结合可助于教学进度的把控

在教学中，教师应该在帮助学生掌握知识的基础上灵活掌握教学进度。教师应该正确运用多媒体教学，多媒体辅助教学屏幕交换快，可在短时间内向学生展示大量的教学资料，省去了写板书和擦黑板的时间，教学节奏明显加快，教学内容容量加大，可能会忽视重点与难点的突破。教师站在讲台上，不是为了完成课堂教学任务，而是"传道、授业、解惑"。但是教师为了保证完成本节教学任务，不能在课堂上花过多时间突出重点，讲透难点，因而影响了教学效果。

事实上多媒体辅助教学作为一种现代化的教学手段，是用来提高课堂教学的效率、突破重难点，解决一些传统教学不易解决的问题。

3. 学生的课堂反应在某种程度上影响教学手段的选择

无论是传统教学还是多媒体教学,都需要通过学生的课堂反应来了解学生对课堂知识的掌握程度,并且进行必要的重复和举例分析。教师应该正确运用多媒体教学手段,用生动又易于理解的方式完成对于知识难点的讲解,这样既帮助了学生理解、掌握知识点,又提高了课堂学习效率。教师应充分发挥其主导作用,遵循学生的认知规律,掌握好教学节拍,帮助学生消化、理解所讲知识。

4. 多媒体教学手段无法完全代替传统教学手段

多媒体教学作为重要的现代化教学手段在大学英语教学中受到重视并得到较为广泛的应用,但是过分夸大计算机辅助教学的功能,以计算机来完全代替传统教学的教学手段是不现实的,因为多媒体辅助教学手段仅是构成教学环境的一个重要方面,不可取代教学过程中的所有环节。

综上所述,在传统教学手段以及现代化教学手段的实际运用过程中,一定要根据教学目标、教学内容以及教学对象的特点,有针对性地设计和选取教学手段,将多媒体教学手段与传统的教学手段有机结合,实现优势互补,才能提高大学英语的教学效果和质量,提高高校大学生的英语综合运用能力,为我国的社会发展和经济建设输送高素质的外语人才。

第二节 外语教学的主要方法

长期以来,外语教学界一直都在关注着外语教学法,因为"在其他条件等同的情况下,不同的教学方法会导致完全不同的教学效果"[①]。随着时代的发展,外部整体的学习环境发生了很大变化,教学模式也做出了相应改革。同时,在高新技术迅速发展的今天,社会对于外语人才的要求越来越高。为了顺应变化的学习环境和教学模式,满足新形势下外语人才的培养需要,我国大学英语教学的当务之急就是改革某些陈旧的教学方法,创造新的教学方法。

任何教学法都有其产生的特定背景,并不能服务于所有教学目的,也不能适用于各种学习阶段,能达到好的教学效果的方法就是好的教学法。各种外语教学法也各有所长,可利用现有资源,并能够适合自己。因此,

---

① 束定芳,庄智象. 现代外语教学——理论、实践与方法[M]. 上海:上海外语教育出版社,2004.

各高校在选择教学法的时候,要充分考虑各种客观因素(如学校教学环境、设备建设、学生整体水平以及师资力量等),结合多种教学基本成分(教学目的与任务、教学内容、教学组织形式等),对现有的外语教学法实现重新组合搭配。

一、几种基本的外语教学方法

外语教学法是一定历史背景和社会环境的产物,是根据不同教学阶段以及教学要求决定的。不同的外语教学法产生于改革外语教育的实践,受制于外语教育的目的,不同的外语教学法并非相互对立,而是长期相互依存的[①]。各类教学法在见解方面相互借鉴,理论内容互相融合。

语言教学史上,曾先后出现过语法翻译法(Grammartranslation Method)、自觉对比法(Conscious—comparative Method)、认知法(Cognitive Approach)、直接法(Direct Method)、听说法(Audio-lingual Method)、情境法(Situational Language Teaching Approach)、视听法(Audio-Visual Approach)和交际法(Communicative Approach)等体现不同教学理念的教学法。我国大学英语教学中正在使用的、有代表性的三种方法有:语法翻译法、情境教学法、交际教学法、任务教学法以及直接教学法,下面主要解释前四种教学方法,即语法翻译法、情境教学法、交际教学法和任务教学法。

(一)语法翻译法

语法翻译法具体指的是对语法翻译法概念和语法翻译法主要内容的介绍。

1. 语法翻译法概念

语法翻译法始于18—19世纪,是随着现代语言作为外语进入学校课程而形成的第一个有影响的外语教学方法体系,也是我国早期大学英语教学主要采用的方法。

语法翻译教学法强调学生母语在教学过程中的重要作用,强调母语和英语的共同使用,认为将母语与英语的异同挖掘出来有助于学生更加明确地理解英语[②]。

---
① 张正东. 外语教育学[M]. 北京:科学出版社,1999.
② 常朝霞. 大学英语教学法的比较及综合应用[J]. 长治学院学报,2011(2):109—112.

2. 语法翻译法主要内容

（1）语法翻译法的理念

现代语法教学法主张以语法为语言的核心，是外语学习的主要内容，教师只需具备外语语法基础知识和母语外语互译能力就可在语法理论的指导下开展教学。

（2）语法翻译法的课堂教学

课堂教学以教师讲解为主，学生被动接受。教师用母语组织教学，充分利用本族语，以翻译为主要学习活动形式进行讲解，使语法为阅读教学服务；学生主要通过本族语和外语的互译来巩固所学的词汇和规则。语法翻译法把口语和书面语分离开来，把阅读能力的培养当作首要的或唯一的目标①。因此，语言知识的提高、词汇的理解、语法的变化成了课堂的教学重点。

（3）语法翻译法的注意事项

在教学中，翻译既是手段又是教学目的，对语法学习的强调，对理性知识的重视，虽然加深了学生对目标语言的理解，对阅读、翻译、写作等方面的培养行之有效，可是围绕着语法规则的记忆与机械操练，不能保证学生在实际的生活环境中正确使用语言，学生运用英语进行口头、书面交际的能力仍然比较薄弱。

（二）情景教学法

介绍完语法翻译法，接下来对情景教学法进行说明，涉及情景教学法概念和情景教学法的主要内容。

1. 情景教学法概念

情境教学法也叫视听法，主要针对听说法脱离语境、孤立地练习句型、影响学生有效使用语言能力培养的问题②。20世纪50年代在法国产生了情境法。情景教学法是教师根据课文所描绘的情景，创设出形象鲜明的投影图画片，辅之生动的文学语言，并借助音乐的艺术感染力，再现课文所描绘的情景表象，师生就在此情此景之中进行的一种情景交融的教学活动③。

---

① 冯宗祥，王鹏. 英语教学法与大学英语教学的现状和未来[J]. 陕西师范大学学报（哲学社会科学版），1999（增）：16—19页.

② 杨兆维. 大学英语教学法的流派及特点[J]. 吉林工程技术师范学院学报，2010（5）：69—70页.

③ 田慧芳. 如何运用英语教学法在大学英语课堂上实施有效教学[J]. 黑龙江科技信息，2011（7）：177.

2. 情景教学法主要内容

（1）情境教学法的理念

在情境教学法中，语言被看作是与现实世界的目标和情景有关的有目的的活动①。

这种教学法对视觉辅助物依赖性很强，教师利用多媒体创造情景，新的语言点通过情景进行教学和操练，这样的教学法往往会让学生产生一种身临其境的感觉，同时还会激发学生学习英语的积极性和热情，帮助学生更为准确和牢固地完成对于英语知识点的记忆。

（2）情境教学法的利弊

在外语教学中，良好的语言环境往往对于英语的感知起到很大的促进作用②。情境的创设能够加速外语与事物的联系，有助于理解所学语言；重视整体结构的对话教学，使课堂变得生动活泼，学生学得自然，表达准确。

但是情境法的不足之处是在运用过程中，强调通过情景操练句型，在教学中只允许使用目的语而完全排除母语，这不利于对语言材料的彻底理解；教师若过分强调整体结构感知，就无法保证学生对语言项目的清楚认识。

（三）交际教学法

介绍完情景教学法，接下来对交际教学法进行说明，涉及交际教学法概念和交际教学法的理念。

1. 交际教学法概念

交际教学法也叫"功能法"（Functional Approach）或"意念—功能交际法"（Notional-Approach Approach），是由威尔金斯提出的，其历史可以追溯到20世纪60年代，威尔金斯指出交际能力不仅仅包含语言知识，还应包括语言运用的能力，尤其应该注意语言运用的得体性，它包括对交际时间、交际场合、交际话题、交际方式等诸多因素的灵活把握和运用。

2. 交际教学法的理念

交际教学法使语言教学观发生了革命性的变化，在外语教学中发挥了

---

① 束定芳, 庄智象. 现代外语教学——理论、实践与方法[M]. 上海：上海外语教育出版社, 2004.

② 李薇. 浅析大学英语教学方法改革及创新[J]. 海外英语, 2011（2）：77—78页.

巨大的作用。它提倡以语言功能项目为纲，强调在语言运用中学习语言，从而实现培养交际能力的教学目的。

交际教学法在师生共建的课堂互动模式中给学生提供更多使用语言的机会，在继承传统教学法合理成分的基础上，将学生能够运用英语语言能力作为学习的目的。它强调交际的过程，认为有没有一个具体的目标和明确的结果并不重要。

交际教学法认为语言是实现交际目的的手段，但是仅仅具有听、说、读、写能力并不一定就能准确表达意念和理解思想，因为语言的交际功能受制于语言活动的社会因素，教学过程就必须交际化。这就意味着要尽可能避免机械操练，而应该让学生到真实的或接近真实的交际场合进行练习，感受情景、意念、态度、情感和文化修养等因素如何影响语言形式的选择和语言功能的发挥。

因此，老师应该借助课堂或者多媒体教学多为学生创造、提供交际情景和场合。在真正意义上实现"用语言去学"和"学会用语言"，而不是单纯的"学语言"，更不是"学习关于语言的知识"。

（四）任务教学法

对任务教学法进行介绍，具体内容包括任务教学法的理念与任务教学法的课堂教学活动。

1. 任务教学法的理念

任务教学法是在20世纪80年代产生的。它综合了多种教学法的优点，和其他教学法互相补充、相互完善。通过完成多样化的任务活动，学生的学习兴趣被激发，语言技能和语言知识得到了发展，对培养学生的语言综合能力大有裨益。

这与传统的语言操练完全不同，可以说，任务型教学法充分体现了以学生为中心、以实现语言运用为目的的教学理念。

2. 任务教学法的课堂教学活动

任务型教学法是通过教师引导学习者在课堂上完成语言任务来进行教学的方法，强调"在做中学"，是交际教学法的延伸和发展，教育的重心从教科书和教师转到学生，教师引导学生在各种语言任务中学习。

（1）任务教学法课堂教学中对教师的要求

在课堂教学活动中，教师围绕特定的交际项目，创设出目标明确、可操作的任务，学生通过表达、交涉、解释、沟通、询问等多种活动形式完成任务，达到掌握语言的目的。

（2）任务教学法课堂教学中对学生的要求

任务教学法要求学习者积极主动地参加整个语言习得过程，要按照计划按时做好、做完上课前的各项准备工作，包括预习课程、查找资料、写报告、提前排练表演、背诵、记忆教材内容等；课堂上要积极参与各项学习、讨论、陈述、讲解等学习活动。

二、目前大学英语教学法存在的问题

通过对我国外语教学现状的调查发现，虽然各种教学法流派对传统教学法产生了很大冲击，但以语法翻译法为代表的传统教学法影响力依旧较大。语法翻译法在中国语言教学中存在的基础虽然具各一定的合理性、可行性和有效性，但这并不意味着它是最好的、最合适的，因为过分强调语言知识的传授，忽视语言技能的培养，导致语音、语法、词汇与课文的阅读教学脱节，并且教学方式往往比较单一，课堂教学不活跃，不易引起学生的兴趣，也不利于学生综合外语能力的培养；而情境教学法在教学中未能恰当地发挥母语在外语教学中的积极作用，对母语完全排除，过分强调目的语的使用，这不利于对语言知识点的彻底理解；任务教学法通过完成各种各样的学习任务来激发学生的学习兴趣，将知识与技能结合，有助于培养学生综合的语言运用能力，但是课堂的组织和任务的设计过分依赖教师的能力和教学水平，而且在大班教学中难以保证任务的完成，课堂效率就会偏低，并且无法有效监督学生的个体表现。

在英语教学中，任何一种方法都有其优点和缺点，因为它们都是某一个时代的产物，反映某一时期的英语教学需要。随着社会的发展，人们对英语的学习多样化，现在仅靠一种方法是达不到目的的，因此，大学英语教学法的选择应借鉴当今较有影响的几种外语教学法，博采众长，在充分吸取教育学、心理学、语言学、第二语言习得等领域的研究成果的基础上，充分考虑外语学习的特殊性、师资水平等，针对学生学习外语的特点、目标和环境，探讨和设计出符合不同水平层次学习者需求的教学方法[①]，各种教学法的优化融合可能会成为未来中国大学英语教学的趋势。

---

① 索定芳. 呼唤具有中国特色的外语教学理论[J]. 外语界，2005（6）：2-7，60.

三、大学英语教学活动中多种教学法的综合运用

（一）多种教学法的应用具有必要性

（1）大学英语教学在方法上越来越趋于多样化、折中化、本土化、学生中心化和学习自主化，这些变化促进了中国的大学英语教学改革。

（2）外语教学作为一门实践性极强的课程，它需要一定的知识传授，但更需要活泼、较为真实的课堂教学氛围以及作为语言学习主体的学习者的积极参与和大量的交际实践。对于英语知识点的单纯讲解方式已经不再是开展教学工作的唯一方式，新的教学法在英语教学中发挥着越来越重要的作用。

（3）英语教学法要帮助学生构建扎实的语言知识体系。《大学英语课程教学要求》指出，大学英语的教学目标是培养学生的英语综合应用能力以及用英语进行交际的能力①。

（二）教师在教学法运用中应该如何去做

教师对教学法进行选择时应注意兼顾的两大原则：任务的多样性；情境的真实化。

1. 教学中教师应该确保学习任务的多样性

（1）教师在设置任务的时候要以激发学生学习兴趣和成就感为出发点，围绕特定的交际和语言项目，设计出具体的、可操作的任务，让学生在任务的驱动下学习语言知识并进行技能训练，在感知、认知知识的过程中达到学习和掌握语言的目的。

例如，上课之前让学生利用课余时间通过图书馆、网络等媒介查阅相关资料，了解本单元的中心主题；建立学习小组，成员之间互相检查背诵、记忆教材内容或者根据课程内容提前安排小组排练表演并进行课堂展示等；在课堂上鼓励学生积极参与到各项学习、讨论、陈述中。由于学习任务包含有待实现的目标和需要解决的问题，因此会激发学习者对新知识、新信息的渴求。

---

① 交际能力由两个方面组成：语言知识和交际知识。语言知识的积累可以提高交际能力，交际实践可以巩固学到的语言知识，并进一步促进交际能力的提高。在这两者的关系中，语言知识的学习是基础，也是最终为语言交际服务的。因此，语言教学以交际为中心，但又不忽视语言形式的学习。

这样，学生通过实施任务和参与活动，就能促进自身知识的重组与构建，摄入新信息并与学习者已有的认知图式进行互动、连接、交融与整合[1]。

2. 在教学中教师应通过模拟真实情境来拓宽教育空间

在教学中教师应通过模拟真实情境来拓宽教育空间，增强学生的感受性，强化参与意识，从而有效地提高教学效果。传统的课堂教学被局限在教室中，现代信息技术的广泛应用使教育空间的拓展成为可能。教师可以在课堂教学中借助多媒体教学设置，为学生创设真实的语言环境或模拟情境，在模拟的情境中完成语言知识的学习和操练，在实践中提升交际能力。

例如，教师可以鼓励学生在课后使用视听设备和语言实验室来放映英语电影，收听英语广播、收看电视节目，通过情景、视听教学，让学生把握地道的语音、语调和了解西方的文化背景。情境教学法既能突破传统外语课堂教学的狭隘性、封闭性，拓宽教学空间，又能引起学生的兴趣，唤起学生的参与意识，提高教学质量，对外语课堂教学来说是一种切实可行的教学法[2]。

由此可以看出，每种英语教学法自有它产生和存在的条件，在实际教学中教师应该仔细研究各种教学法的特点，熟悉并掌握其中的技巧，不能盲目地推崇某一种教学方法而否定另一种教学方法，应根据教学活动的具体情况综合使用各种教学法。因而，教师在教学中必须秉着客观、实事求是的态度，结合教学特点、学生的实际情况以及现有的教学资源，选择合理的教学法，从而有效地开展大学英语教学。

第三节　外语教学的主要模式

在前两节中，我们分别探讨了外语教学的主要手段和主要方法，接下来主要论述外语教学的主要模式。本节主要围绕外语教学的主要模式展开具体论述，内容包括外语教学模式的概念界定、外语教学模式改革的理论基础、以"普适计算"为基础的外语教育模式和以云计算为核心的外语教育模式。

---

[1] 郑秀梅. 在大学英语课堂上运用任务型教学法[J]. 河北理工大学学报（社会科学版），2007（4）：168-171.

[2] 王海霞，曹宇坤. 浅谈英语教学中的情境教学法[J]. 中国市场，2009（1）：146-147.

一、外语教学模式的概念界定

在国外，乔伊斯和威尔关于教学模式的定义是较有影响力的。他们认为，教学模式可以用来设置课程、设计教学教材、指导课堂或改进其他场合教学的计划或类型。关于教学模式的内涵有多种不同表述方式[①]。

在国内，有学者将教学模式等同于教学结构，认为它是在一定的教学思想指导下建立的比较典型和比较稳定的教学程式；也有学者认为，教学模式就是教学过程的模式，或是一种有关教学程序的策略体系、教学式样，即根据客观的教学规律和一定的教学指导思想而形成的整个教学过程中必须遵循的比较稳定的教学程序及其实施方法的策略体系[②]。戴炜栋等学者在结合外语教学特点的基础上提出："教学模式是指在一定的教育思想、教学理论和学习理论指导下，在某种环境中展开的教学活动过程的稳定结构形式。"[③] 人们对教学模式概念认识的分歧，说明对教学模式的实质和定位等基本理论问题有待进一步深入研究。尽管许多学者对教学模式的观点不尽相同，但无外乎从不同视角对教学模式的以下三个基本属性进行研讨。

（1）教学模式是在一定的教育思想、教学理论和学习理论指导下，按照一定的教学任务、目标与要求建立起来的。

（2）教学模式是指为实现某种教学任务、目标和要求所展开的具体教学活动。

（3）教学模式是指它所涉及的教师、学生、教材、教学媒体等要素在教学活动过程中呈现的一种稳定结构形式[④]。

自从1958年美国沃斯顿研究中心设计了世界上第一个计算机教学系统以来，计算机技术应用于教育的历史已有四十多年，随着以数字化音频和全球性网络为标志的信息时代的开始，多媒体网络技术发展迅猛，其应用

---

① 丁证霖．赵中建等编译当代西方教学模式[M]．太原：山西教育出版社，1991．

② 郝志军，徐继存．教学模式研究20年：历程、问题与方向[J]．教育理论与实践，2003（12）：51—55．

③ 戴炜栋，刘春燕．学习理论的新发展与外语教学模式的嬗变[J]．外国语，2004（2）：10—17．

④ 高丙梁．论大学英语新教学模式的构建和实施[J]．西安外国语学院学报，2006（2）：70—73．

遍及各个领域，外语教学同其他领域一样也受益匪浅[①]。与2004年之前的大学英语教学大纲相比，《大学英语课程教学要求》对于教学模式有了系统性的要求和规定，因为网络环境下大学英语课程教学中的学习者、教师、学习内容等核心要素呈现出全新特征，被赋予了新的内涵，因此传统的以教师为中心的知识传授教学正逐步转向新的以学生为中心的综合应用能力教学模式。2007年，《大学英语课程教学要求》指出，教学模式改革的目的之一是"促进学生个性化学习方法的形成和学生自主学习能力的发展。新教学模式应能使学生选择适合自己需要的材料和方法进行学习，获得学习策略的指导，逐步提高其自主学习的能力"[②]。从我国各版本大学英语教学大纲中对教学模式的表述，就可以看出我国外语教学模式改革的发展历程和全新走向。

（一）大学外语教学模式的发展演变

1986年《大学英语教学大纲（文理科本科用）》和1999年《大学英语教学大纲（修订本）》中并没有对教学模式进行专门性表述，而是在大学英语教学中需要注意的几个问题中提到现代化教学手段在外语教学中的应用。到2004年推行的《大学英语课程教学要求（试行）》中才开始对大学英语教学模式做出具有针对性和系统性的表述。

由表3-3-1可以看出，随着高新技术的发展，网络工具庞大的信息资源和可接近性使信息流更直接地指向学生，这就使得以教师为中心的知识传授教学转向以学生为中心的综合应用能力教学模式成为信息技术飞速发展的必然结果。1986年《大学英语教学大纲（文理科本科用）》中虽然认识到现代科技的发展对于英语教学的贡献，指出现代教学手段是保证教学质量、弥补师资力量不足的有效手段，但是在教学实践中仍然采取以教师讲授为主的教学模式。由于长期受到以"读"为中心、以语言知识讲授为主的传统教学模式的影响，综合英语课程在某种程度上制约了学生将语言知识转化为语言交际能力，限制了学生综合语言能力的提升。在教学中采取以教师为中心的教学模式，强调理论知识的讲授，忽视实践体验的重要性，教学方式比较单一，较少考虑学生个体差异和需求，尤其缺乏对学生学习过程的及时评估与反馈。1999年的大纲在教学模式方面是对之前大纲的继承和延续，对于现代教学手段的重要性依然没有充分认识，只是将其作为辅助功能，要求各高校加以充分、合理的应用。

---

① 文军. 大学英语传统视听说教学模式和网络交互式视听说模式的对比研究[J]. 外语与外语教学，2005（11）：32—35.

② 参见2007年版《大学英语课程教学要求》。

表3-3-1 大学英语教学大纲中关于教学模式的内容[①]

	大纲名称	关于教学模式的表述
1986年	《大学英语教学大纲》（文理科本科用）	录音、录像、电视、电影、计算机等现代化教学手段不仅能显著提高英语教学质量，而且还能部分弥补当前师资的不足，应大力推广，充分利用，进一步开展电教设备、计算机辅助英语教学的研究和实验，加强各种教学软件的开发和建设
1999年	《大学英语课程教学大纲（修订本）》	现代化的教学手段，如录音、录像、电影、电视、网络以及多媒体课件的使用有助于提高大学英语教学质量，各校应采取积极措施大力推广、合理使用这些教学手段
2004年	《大学英语课程教学要求（试行）》	充分利用多媒体、网络技术发展带来的契机，采用新的教学模式改进原来的以教师讲授为主的单一课堂教学模式。新的教学模式应以现代信息技术特别是网络技术为支撑，使英语教学朝着个性化学习、不受时间和地点限制的学习、主动式学习方向发展。新的教学模式应体现英语教学实用性、文化性和趣味性融合的原则，应能充分调动教师和学生的积极性，尤其要确立学生在教学过程中的主体地位。新教学模式在技术上应体现交互性、可实现性和易于操作性。另外，新教学模式在充分利用现代信息技术的同时，也要充分考虑和合理继承现有教学模式中的优秀部分
2007年	《大学英语课程教学要求》	各高等学校应充分利用现代信息技术，采用基于计算机和课堂的英语教学模式，改进以教师讲授为主的单一教学模式。新的教学模式应以现代信息技术特别是网络技术为支撑，使英语的教与学可以在一定程度上不受时间和地点的限制，朝着个性化和自主学习的方向发展。新的教学模式应体现英语教学实用性、知识性和趣味性相结合的原则，有利于调动教师和学生两个方面的积极性，尤其要体现学生在教学过程中的主体地位和教师在教学过程中的主导作用。在充分利用现代信息技术的同时，要合理继承传统教学模式中的优秀部分，发挥传统课堂教学的优势

① 参见1986年版《大学英语教学大纲（文理科本科用)》、1999年版《大学英语教学大纲（修订本)》、2004年版《大学英语课程教学要求（试行)》、2007年版《大学英语课程教学要求》、2017年版《大学英语教学指南》。

续表

	大纲名称	关于教学模式的表述
2017年	《大学英语教学指南》	各高校大学英语课程设置要兼顾课堂教学与自主学习环节，建立与不同课程类型和不同需求级别相适应的教学模式。新的教学模式应鼓励大学英语教师开展教学研究，努力做到教学实践与教学研究的紧密结合，以突出教学研究在教学改革、课程建设等方面的引领作用，深入研究人才培养的实际需求、学生的认知特征和学习风格、教学理论和教学方法，积极推进网络环境下教学模式的创新和教学方法的改革，探索创建具有中国特色的大学英语教学理论和方法。

随着多媒体网络技术被引进大学英语教学，传统的教学模式面临极大的冲击。2003年，教育部正式启动了大学英语教学改革工程，该项目的核心是改革传统的大学英语教学模式，建立基于网络的多媒体教学的新模式[1]。2004年《大学英语课程教学要求（试行）》和2007年《大学英语课程教学要求》都注重调动教师和学生双方的积极性，特别是确立学生的主体地位。新的教学模式中要处理好学生与教师的关系，学生是教学过程的主体，一切教学活动要围绕学生如何学而展开，教师要做好课程的设计者、任务的设计者、任务实施的组织者等。互联网已经凸显出重要作用，改变了人们获取知识的手段，以其不受时空限制的显著特征，对学校教育产生着十分巨大的影响。2017年最新版本的《大学英语教学指南》指出，各高校应充分利用信息技术，积极创建多元的教学与学习环境。鼓励教师建设和使用微课、慕课，利用网上优质教育资源改造和拓展教学内容，实施基于课堂和在线网上课程的翻转课堂等混合式教学模式，使学生朝着主动学习、自主学习和个性化学习方向发展。通过建立网上交互学习平台，为师生提供涵盖教学设计、课堂互动、教师辅导、学生练习、作业反馈、学习评估等环节的完整教学体系。教学系统应具有人机交互、人人交互功能，体现其易操作性、可移动性和可监控性等特性，允许学生随时随地选择适合自己水平和需求的材料进行学习，能记录和监测学生的学习过程，并及时提供反馈信息，此时互联网已经深入师生的日常课堂学习了。[2]

---

[1] 蔡基刚，武世兴. 引进多媒体网络技术，改革传统的教学模式[J]. 外语界，2003（6）：2—7.

[2] http://wyx.hacz.edu.cn/s/17/t/85/d4/55/info54357.htm

此番改革强调引入多媒体与网络，倡导学校重新整合计算机硬件设备，形成一个以校园网为基本教学环境的教学网络体系，实现多地点、个性化、自主式教学，保证教学内容的实用性、文化性和趣味性。可将原来教师讲授的内容设计为一个个学习任务，由学生在多媒体的网络环境下主动、积极地去进行人机交互式学习，在完成这些任务的过程中习得语言、熟谙技能，特别是"听"和句型操练层次"说"的训练。换言之，教学要从原来的重点研究教师如何"教"转到研究学生如何利用网络学习系统自主"学"上来[1]。因此，计算机技术日新月异的进步使其功能有了跨越式的发展，在外语教学方面，已远远超出了其辅助功能，逐步走向主导[2]。

（二）传统外语教学模式的不足

大学英语课堂教学的一般特点与模式仍然是"知识中心"和"讲授中心"，换言之，教师是知识的传授者，学生是知识的接受者。这种以教师为中心的传统教学模式存在着诸多弊端。

（1）传统课堂教学模式无法有效激发学生的学习兴趣和创造性等非智力因素。由于大学英语教学的环境、条件和现状，"教师中心"的教学模式依然在不同学段存在，且严重影响了学习者的学习成效。

（2）传统课堂教学模式扼杀了学生的学习自主性。进入21世纪以来，人们越来越关注的是"信息技术迅速发展背景下教育的发展和变革"[3]。如何将现代媒体技术应用于教育教学领域，把握现代媒体和外语教学的关系，使现代媒体技术服务于教学成为教育界关注的重点。现代教育技术的发展为学生提供了更为丰富的学习资源，为实现个性化自主学习创造了条件，同时也对学生的学习策略能力提出了新的挑战。然而，一些院校仍延续传统的课堂教学模式，这种模式以教师为中心、应试为导向，无法满足学生获得足够的语言输入和交际活动的需求[4]。传统的以教师为中心、以传授知识为主的外语教学，是一种求同的、强化顺从性质的教学。学生的学习主动权在教师手中，学生只能被动地按照教师所编制好的学习程序学习。这一传统教学方式不但不能培养学生的学习自主性，而且在无形和有

---

[1] 贾国栋. 新模式，新要求，新发展——学习《大学英语课程教学要求（试行）》中教学模式部分[J]. 外语界，2004（5）：18—24.

[2] 陈坚林. 从辅助走向主导——计算机外语教学发展的新趋势[J]. 外语电化教学，2005（4）：9—12, 49.

[3] 袁振国. 教育新理念[M]. 北京：教育科学出版社，2002.

[4] 王莉梅. 大学英语学习策略探究及对传统课堂教学模式改革的启示[J]. 中国高教研究，2008（1）：92—93.

形中会扼杀和泯灭学生原有的自主性①。

另外，新技术网络工具的介入使大学英语课程的发展和教学出现了不同于传统大学英语教学模式的新特征。计算机网络与外语课程的整合打破了教材为知识的唯一来源这一局限，教师也不再是学生获得知识的唯一连接点。在网络环境下，大学英语课程教学中的学习内容、教师、学生等主要方面都被赋予了新的内涵。如何在大学英语教学中实现"从教到学"的转变，并且协调好多媒体环境下的教师、学生与教材的关系都是教学模式改革的重点。因此，构建新的大学英语教学模式成为当下大学英语课程教学改革研究的必然②。

二、外语教学模式改革的理论基础

教学模式的改革主要体现在教学理念、教学方法和手段等方面的转变③。一般认为，建构主义思想是大学英语教学模式改革实践的重要理论基础。建构主义（Constructivism）是学习理论中行为主义到认知主义（Cognitivism）的进一步发展，其基本观点是强调学习者基于与世界的相互作用的经验及意义，积极建构自己的知识。基于建构主义的教学模式重视四种学习方式——自主式学习、探索式学习、情境式学习和合作式学习④，突出强调学生对知识的主动探索、主动发现和对所学知识意义的主动建构。

传统教学模式把学生看作是对外部刺激做出被动反应也就是作为知识灌输的对象，这些传统教学模式因违背了学生的认知规律而大大限制了学生的主动性和创造性。建构主义的理论则顺应了外语学习者的认知规律，学生学习过程是在教师创设的情境下，借助已有的知识和经验，主动探索，积极交流，从而建立新的认知结构的过程。该理论除了强调以学为基础设计教学，明确教师与学生在教学中的意义，阐明学生在教学实践中的主体地位，是语义的主动建构者而不是语义的被动接受者；教师是教学实践的组织者，是语义建构的帮助者，而不是语义的灌输者。从而使学习的

---

① 黄和斌.外语教学珲论与实践[M].北京：译林出版社，2001.
② 高治东：《大学英语教学核心要素的特征及教学模式的转变》，载《外语电化教学》2009年第3期，第49—53页。
③ 袁平华：《大学英语教学改革与以学科内容为依托的语言教学模式》，载《外语界》2010年第3期，第7—13页。
④ 郝涂根：《鄢洪峰大学英语课堂教学模式现状、弊端及对策分析》，载《安徽农业大学学报（社会科学版）》2005年第1期，第127—133页。

目的通过个性化方法达到满足自身需求外,还强调学习过程的真实性和社会性,指出学习是一种目标的指引、意义的建构和信息的积累[①]。建构主义除了重新整合教师与学生在教学中的定位之外,还指明了教材以及媒体的功用。教材所提供的知识不再是教师传授的内容,而是学生主动建构意义的对象;媒体也不再是帮助教师传授知识的手段、方法,而是用来创设情境、进行协作学习和会话交流,即作为学生主动学习、协作式探索的认知工具。教师、学生、教材和媒体这四要素与其在传统教学中的内涵相比,虽然有完全不同的作用,但是在教学活动进程中却形成了另外一种稳定的结构形式,即建构主义学习环境下的教学模式中[②]。

(一)大学外语多媒体教学模式的建构

建构主义理论为多媒体网络教学实践提供了强大的理论支持,而多媒体网络教学则是贯彻建构主义学习思想较为先进的教学模式。计算机网络的迅猛发展以及随之而来的信息化手段的广泛应用使教学活动可利用的时间及空间得到了极大拓展,加上全球互联网所提供的取之不尽的教学资源也使英语教学新模式的构建平添了多种可能。如何基于建构主义的教学理念而有效发挥计算机网络教学的优势,处理好课堂教学与计算机网络教学之间的相互联系成为外语教学的核心问题。

有学者指出,为了顺应这种变化,在多媒体教学模式中,英语教学应分为课堂教学和计算机网上自学两种相互补充的方式[③]。多媒体教学不是提高教学效果的唯一途径和手段,教师不能一味地追求现代化的教学手段而完全放弃传统的教学方法[④]。

目前,在我国大学英语教学中,全面推广基于计算机网络自主学习模式的条件尚不成熟,单纯凭借这种新教学模式很难解决当前大学英语教学中的突出问题和矛盾,无法马上承负起大学英语教学改革赋予的历史重任;此外,基于计算机网络教学模式下的自主学习注定是一个长期、渐进的过程,这就要求教学活动的开展需要结合实际需要,保留吸收传统教学

---

① 俞秀红. 建构主义理论和大学英语多媒体教学模式探讨[J]. 外语界,2006(增):56—60.

② 金成星,李新国. 大学英语多媒体网络教学模式的应用研究[J]. 外语电化教学,2010(2):64—68.

③ 肖礼全. 对中国英语教学宏观模式的思考[J]. 外语教学,2005(5):35—41.

④ 张时英. 多媒体教学手段与大学英语教学的协调性问题[J]. 广西教育学院学报,2006(5):70—73.

模式中的优良部分，充分发挥传统课堂教学和多媒体两种教学模式的优势，结合大学英语课程设置，对大学英语课程进行科学合理的整合，确保大学英语教学质量得到逐步提高。

（二）建构主义理论与网络、多媒体技术的有机结合

在建构主义者看来，知识是人们永无止境的探索，而不是一成不变的真理。建构主义对现代教学论的冲击在于它动摇了客观主义的知识观。教师不能把现成的知识教给学生，只能引导学生主动探究，让学习者掌握学习和解决问题的方法，成为一个自主的学习者和知识的创造者。大学英语教师不仅要传授语言知识，还要承担帮助学生掌握英语学习方法和学习策略的重任。

在大学英语教学中要确立以学生为中心的理念，培养学生的自主学习能力和终身学习能力，发挥他们的英语学习主动性，在使用英语完成各种交际任务过程中建构英语语言知识，提升英语应用能力。

此外，大学英语教师不仅要传授语言知识，还要承担帮助学生掌握英语学习方法和学习策略的重任。教师在英语教学中应采用各种方法和手段，帮助学生培养对语言的认识，提供一切机会让他们学习和使用英语，使英语教学不仅在课堂中进行，而且延伸到课外，为在大学英语教学环境中实现从"学习英语"到"用英语学习"的课程转换创造条件[①]。

（三）外语教学模式与多媒体、网络技术的有机结合

建构主义理论的核心是以学生为中心，强调学生对知识的主动探索、主动发现和对所学知识意义的主动建构。在网络环境和教师组织、指导下，学生在教学过程中的主体位置应能够通过教学活动的安排体现出来，其学习的主动性、积极性也能得到充分调动，其智力、创造力、独立获取知识的能力也能得到开发与培养。教学过程应是教师与学生交流与互动的过程，是教师与学生、学生与学生、学生与社会的互动过程[②]。以现代教育信息技术为基本手段和途径，新的大学英语教学模式包括学生、教师、教学信息、学习环境四个要素，这四个要素相互作用、相互联系形成稳定的网络多媒体教学模式。

---

① 袁平华. 大学英语教学改革与以学科内容为依托的语言教学模式[J]. 外语界，2010（3）：7—13.

② 贾国栋. 现代网络技术与大学英语教学模式改革——基于校园网的教学模式设计与试验研究[J]. 外语界，2003（6）：22—29.

(四) 外语自主学习与多媒体网络技术

1. 多媒体网络技术突破了传统课堂教学的时空限制，创造了现代教学环境

多媒体网络技术影响下的教学模式突破了传统课堂教学的时空限制，创造了现代教学环境，构建了一个无限开放的教学空间，淡化了"教"，强调了在现实环境中的"学"。

教师宏观规定学习任务，学生自主掌握学习进度和选择语言项目。建构主义学习理论强调学生不是简单、被动地接受老师输出的或书本的知识信息，而是靠自己主动建构知识意义[①]。学生通过自主学习，查漏补缺，将旧知识与新知识联系起来，在原有旧知识基础上增加、积累新的知识。

那么，在多媒体网络自主学习的环境下，学生就可以在任何地点、任何时候开展学习。例如，学生可以有针对性地重点学习词汇用法、学习篇章结构和背景知识，或选择反复训练听力和发音。教师可以在校园网上建立有关英语学习的网页，为学生提供英语新闻、英语论坛等栏目，学生可以根据自己的语言水平、兴趣和学习风格自行选择学习内容[②]。

2. 多媒体网络技术调动了学习者的积极性，挖掘了学习者的潜能

网络课程的最大特点是利用现代化技术，通过为学习者创造优化的网络自主学习环境来注重学习者的个性差异，充分调动学习者自身的积极性，大面积挖掘学习者自身的学习潜能，最大限度地开发学习主体的主观能动性。网络环境中学生进行的是个别化的自主学习和协同学习，学生可以按自己的知识结构和需要选择相关的知识内容进行学习；学生还可以在很大程度上支配自己的学习时间、过程和空间，设定学习目标，不断做出调整，决定学习进度；可以按自己的水平和需要自由选择不同级别和水平的学习材料，或侧重词汇语法，或侧重听说训练，从而达到强化自己所学知识和所掌握技能的目的。

3. 多媒体网络技术对探索式学习具有激发性

语言学习是积极体验的过程，它要求学生去探索和建构语言的意义，

---

① 袁平华. 大学英语教学改革与以学科内容为依托的语言教学模式[J]. 外语界. 2010（3）：7—13.

② 俞秀红. 建构主义理论和大学英语多媒体教学模式探讨[J]. 外语界，2006（增）：56—60.

因此语言学习应该是一种非程序式的、非事先设定的活动①。建构主义侧重以学习者为中心,实行发现式学习和探索式学习,让学生在某一特定的语言环境中自行体会和发现,使学习成为一种自然的行为活动。

4. 多媒体网络技术有助于情境式学习

在真实的语言环境中学习,学生感知的语言才会更加具有完整性和意义,孤立于外界环境的抽象的语言训练对于外语教学的效果是不利的。多媒体教学集声、像、图、文于一体,通过声音、图像、文字、动画一体化界面加大了对学生的感官刺激,使得教学变得形象化、立体化、生动化,多角度地提供大量形象生动的语言素材,全方位展现较真实的语言环境和文化环境,使情境式学习成为可能。

这些丰富的语言学习素材一方面因丰富多彩而大大激发学生的兴趣,吸引学生积极主动参与学习,引导学生在网上"畅游"世界,利用计算机教学软件自主视听或观看原版英语电影,以亲身的探索经历构建坚实的图式基础,在网络创置的语言情境下建构自己的目标语知识,达到语言学习的目的;另一方面,学生可以通过网络,随时下载有利于创造情境的资源,丰富大学英语的课堂教学,还可以引导学生通过网络培养阅读、听说、写作等技能,强化批判性和创造性等高级语言思维能力,将全球的知识信息连接起来,提供一个巨大的教学资源库,把娱乐性、参与性强的网站引入教学内容之中,充分调动学生的各种感官。

此外,英语电视、英语新闻和各类国际活动的英语直播,特别是越来越多的大学建立卫星电视英语中心,等等,都为语言学习创造了极好的语言情境,保证在较真实的英语环境中全面培养学生各项英语语言技能,在现实的语言体验中内化语言知识,形成并不断提高综合语言应用能力②。

5. 多媒体网络技术有助于合作式学习

在网络环境下,以计算机为核心的现代教育技术、教师、学生应构成一个生态化的大学英语教学环境,使三者在整合的教学情境中相互作用、相互补充、相互转换③。

---

① 庄智象,黄卫. 试论大学英语教材立体化建设的理论与实践[J]. 外语界,2003(6):8—14.

② 高治东. 大学英语教学核心要素的特征及教学模式的转变[J]. 外语电化教学,2009(3):49—53.

③ 陈坚林. 关于"中心"的辨析——兼谈"基于计算机和课堂英语多媒体教学模式"中的"学生中心论"[J]. 外语电化教学,2005(5):3—8.

建构主义认为知识是在行为活动或经验中建构的,是逐步显现的、情境化的,学习就是知识建构、解释世界和建构意义,是经验的和重视过程的[①]。语言教学过程不是一种单纯的认识和传递知识过程,而是通过语言建立师生之间的合作关系、对话关系。在对话过程中,师生各自凭借自己的经验,用自己独特的精神表现方式,通过心灵的沟通、意见的交换、思想的碰撞,实现知识的共同拥有与个性的全面发展。课堂不再是教师唱独角戏的舞台,不再是学生等待灌输的知识接受站,而是师生之间的双向互动[②]。

随着多媒体网络技术的介入,教学中的对话已不限于师生之间、生生之间言语的应答,师生互动课堂、生生互动"社区"、生机互动"在线"等教学环境的创建应运而生。在课堂、学生课外活动场所、网络虚拟空间三维环境中,所进行的师生、生生、生机间的英语互动活动中,教师的作用是引导、促进、协调,而学生作为活动的主体,通过探索、实践与合作,在做中学、探中学,逐渐完成对语言使用规则的认知和外化[③]。在课堂上,教师可以让学生分组完成专题的准备和讨论,所有学生均被要求参与某一专题的准备和陈述,并设置自由提问环节,一教师在整个讨论过程中起引导作用;同时可以开展课外丰富的第二课堂活动作为教与学的延伸,解决现行大学英语教学模式中最为缺乏的课堂互动。

多媒体网络教学环境为师生、学生之间提供了多种形式的语言交互途径,网络教学中的协作学习、小组讨论、在线交流等学习模式也使师生之间、学生之间通过交流信息实现互动合作,从而实现真正意义上的人机、人人互动。

5. 实现和推广多媒体网络技术引发了教学理念的一场变革

实现和推广基于网络的多媒体立体化教学模式具有非常深刻的意义。这样的教学模式转变不仅采用了多媒体技术而引起的教学手段的转变,而更重要的是它引发了教学理念的一场变革。与传统课堂模式相比,多媒体教学优化了外语教学资源的环境,提高了个人学习效率和教学效果,因而显示出广阔的发展前景。多媒体教学模式不仅仅运用先进技术手段提高了教学效率,更重要的是改变了以教师为中心的传统教学模式,形成了以学

---

① 钟志贤.大学教学模式革新:教学设计视域[M]. 北京:教育科学出版社,2008.

② 段作章.课程改革与教学模式转变[J]. 教育研究,2004(6):67—71.

③ 司显柱.多元互动大学英语教学模式建构——建构主义视域[J]. 外语学刊,2011(1):110—112.

生为中心的个性化学习方式。这种改变师生角色，更注重"学"而不是"教"的全新教学模式对于发展和培养我国学生迫切需要的外语综合应用能力和独立自主学习能力有深远意义①。

三、以"普适计算"为基础的外语教育模式

普适计算（Pervasive Computing）是20世纪数字计算技术的又一成果，普适计算即可以经由网络传输而无所不在、随时随地的计算技术，它方便人们即时通过某种终端设备访问到所需的信息并采取行动。普适计算"无处不在"和"以人为本"的理念，不仅更加完善了外语教育领域虚拟现实语境的信息传递质量，还使外语教学不受时空限制的个性化自主学习成为可能。

（一）"普适计算"的功能特性

普适计算又叫普及计算，这一概念于1999年由IBM提出。所谓普适计算，指的是无所不在的、随时随地可以进行计算的一种方式；无论何时何地，只要需要，就可以通过某种设备访问到所需的信息。普适计算技术覆盖十分广泛，所涉及的技术包括移动通信技术、小型计算设备制造技术、小型计算设备上的操作系统技术及软件技术等。普适计算技术在软件技术中占据的位置日益重要，其主要应用对象除了笔记本电脑和台式电脑外，其他具有CPU能进行一定数据计算的如手机、MP3等都是嵌入式技术产品，适用于包括3G、ADSL等网络连接技术和基于Web的软件服务构架，即通过传统的B/S构架，提供各种服务。

在信息时代，普适计算可以降低设备使用的复杂程度，使数字设备应用更加轻松高效。普适计算是网络计算的自然延伸，它不仅使得个人电脑，而且使得其他小巧的智能设备也可以连接到网络中，从而方便人们即时获得信息并采取行动。IBM将普适计算确定为电子商务之后的又一重大发展战略。IBM认为，实现普适计算的基本条件是计算设备越来越小，方便人们随时随地佩带和使用。在计算设备无时不在、无所不在的条件下，普适计算才有可能实现并具有意义。经过不懈努力，当下"普适计算"研究已经臻于成熟，全球网络化和电子产品智能化进入了加速发展的阶段。

---

① 蔡基刚，武世兴. 引进多媒体网络技术，改革传统的教学模式[J]. 外语界，2003（6）：2—7.

（二）外语教学的认知模式特征

语言产生意义的载体包括概念、人际和语篇三种意义模式。其中人际意义模式即话语者运用语言参与交际活动的功能，不仅借助于称呼语、人称代词以及帮助实现表达目的的动词、名词、形容词和副词等具体词汇来体现意义，还常常需要通过语气和情态系统来显露言语之外的含义。概念、人际和语篇意义模式存在于各种语言单位之中，包括词、短语、语句和语篇。因此，在话语主体、语篇与读者以及语篇之间交互的对话过程中定位意义，更有利于实现话语的人际功效。就外语学习而言，依据个体学习目标自主网络交互学习，是当前实现这种互动对话过程的最佳选择，它可能直接接触目的语人群，便于学习者克服地理时差在恰当的时间里实现交际。因此，这样的学习模式，具有最大程度优化话语人际功能的作用与意义。

特定的认知模式决定了外语学习的人际交互特征。Mctear将课堂语言教学的现实状况概括为四种类型：机械型，会话无交际意义；信息缺失型，上下文会话有意义但缺失信息传递；伪交际型，话语方式非自然交际真实；交际型，话语方式具备自然交际真实，会话自然而有意义。正是由于课堂中交际型教学制约颇多，以致迄今为止所有的教学研究都质疑教师提问、学生回答的传统模式，认为这样的教学不仅难以使教师与学生产生有意义的互动，而且这种缺失信息传递的伪交际型语言交际，还将严重影响学生今后实际交际能力。因此，需要利用普适计算技术条件，探索基于网络而具有实质信息传递、不受课堂时空限制、随时随地的教学手段和个性化的自主学习模式，以弥补现行课堂教学的不足。

（三）基于普适计算的外语教学模式探究

1. 国内外研究状态

迄今为止，国内外尚鲜有基于普适计算的外语教学研究成果发表，仅有部分相关研究可为本书研究提供一定的借鉴。雷钠特·N.凯恩和杰弗里·凯恩的研究认为普适计算技术可模拟出真实的或无法再现的场景，如视频游戏一样使学习者进入到既熟悉又陌生的探索活动中，成为其中的一个角色，使其获得沉浸感，能够在复杂而具有挑战性的环境中重构信息。普适技术可模拟出真实场景使学习者获得沉浸感，从而在鲜活的语境中实现语言信息重构。当前国外已有哈佛大学HDUL、日本德岛大学JAMlO—LAS等多家机构在学习环境的创设实例。

近年国内亦有将普适计算应用于学习领域的研究，但尚未见涉及外语学习领域的成果发表。如周雪、任友群从广义上研究了普适计算技术下的教学环境；滁光、陶霖密、史元春、张翔研究了普适计算模式下的人机交互，指出"普适计算使以往显性交互转变为隐性交互"。国内还有学者对普适计算条件下的学习方式、教学资源建设和技术支持等方面做出了相应的研究，这在学习的环境建构一度成为研究的热点。陈凯泉、张凯认为"大学校园应科学地配置和整合已有的数字化学习环境"，主张"从技术设施、学习资源和学习共同三个方面为大学生构建支撑学习的技术文化环境"。但以上研究存在相对局限性，较多的研究仅关注于技术领域的讨论，而少有知识工程与应用语言学理论结合的探索。另外，研究局限于远程教学、校园资源的有限整合利用或泛指的学习环境研究，而鲜有针对学科教学的研究，均未涉及校园之外学习资源的整合利用，尤其未有涉及基于国际视野的国际校际间协作学习和学习资源协作利用的研究。实际上，全球具有强烈时效性和生动鲜活信息内容的国际性学习资源，更有益于提高知识的接受兴趣与理解程度。当前，数字信息和网络技术高速发展，在数字处理、网络传输、现代通信、多媒体传播等技术领域下实现了跨学科高度融合，任何国际校际间协作学习和学习资源交互利用都将成为可能。

普适计算技术在我国远程教育中已有应用，如清华大学的Smart Classroom系统由教室和两个等同墙面积的投影屏幕的电脑系统组成。前面的屏幕Media Board是对触摸敏感的Smart Board，教学中可使用数字笔和橡皮擦书写或涂擦，远程学生能够实时看到所显示的教学材料和所发生的一切；侧面的Student Board用来显示远程学生图像以及电脑驱动的虚拟助手。教师可以用激光笔选中侧面图像中任何一个远程学生，对方能够实时感知并做出反应与教师交互。教师的教学动作和课堂的学习情境由设在双边教室的摄像头准确捕捉，并实时传送图像。教师与学生随身佩带的麦克风捕捉到的交互话语亦实时传送对方，以实现与当下课堂完全一致的教学情形。实现这样的信息技术教学，"由于计算机的功能与学生的能力相匹配，计算机就可以成为学生能力的延伸，而且效率会更高。这就有可能节省时间和精力去发现、创造新的有意义的知识构建，进行创新学习"。[①]

然而，我国更多高校的常态外语教学远不能与学生的学习期待相匹配，外语教学课堂迄今为止仍较多地沉浸于"多模态话语"策略，基本停留在使用实物投影、影像和部分网络视频资源等分类话语模态形式的多种

---

① 陈坚林. 大学英语教学新模式下计算机网络与外语课程的有机整合——对计算机"辅助"外语教学概念的生态学考察[J]. 外语电化教学，2006（6）：9.

组合上。这些"多模态话语"虽然也构成了融合声音、文字、形象等多种信息交流模态的话语语篇,但由于其只是多种话语功能的有限叠加,必然不可能创造出有机的实时协作交互语境效果。

2. 基于普适计算的外语教学模式

外语学习需要"运用听觉、视觉、触觉等多种感觉,通过语言、图像、声音、动作等多种手段和符号资源进行交际"[①]而当前基于新一代高速互联网和空前的计算能力的普适计算技术,已经能够通过网络和计算机系统,随时克服地理和时空的差距,以语音、视觉、触觉、嗅觉等多模态的方式实现全球性的人际协作交互。新一代的信息系统是一种支持多用户以多媒体实现交互的系统集成,能够满足上述多模态的外语教学需求。

教学模式是指在一定的教育思想和学习理论的指导下,为完成特定教学目标而构建的教学程序与操作方法,其中包括教学评价。通常情况下,教学模式需要特定条件的支持,需要设计并建构教学活动进程各要素间关系的稳定结构框架,这里所探讨的正是基于普适计算条件支持的外语教学模式。为实现基于普适计算技术的动态开放的学习环境,应探究可能适用于外语学习的具体模式,使这一模式方便学习者与目的语参与者之间、学习者之间、学习者与外语教师之间实时交互沟通,进行多方协作的语言交际。实现这样一种打破文本时代线形叙事的信息方式,就需要建构知识信息全球立体表达、同步传递的交互平台,通过计算机网络技术实现双方或多方的信息即时交互,形成与前述外语教学特征相对应的综合性教学模式。基于普适计算的外语教学模式较之前述的外语网络交互模式,在模态的开放性、交互性和沉浸性方面都有了很大程度的进步与发展。

(1)全方位的开放性

外语的听说能力尤其需要在与目的语人群的真实交互中习得和得到检验,否则难以取得理想的学习成效。为了达到这样的学习效果,除了需要建立目的语国家间校际合作的国际资源平台,进行课程教学和评价引导之外,还需要广泛利用开放共享的网络学习资源。也就是说,基于普适计算的网络自主学习模式需要实现学习环境、学习过程和学习评价全方位的开放,使学习环境最大限度地接近社会现实交际的真实语境。

(2)多方位的交互性

现实生活中的语言交际往往呈现为多方参与互动的言语活动,因此,

---

① 张德禄. 多模态话语理论与媒体技术在外语教学中的应用[J]. 外语教学, 2009(4).

实现双方或多方互动是外语自主学习的必然前提。基于普适计算的外语教学模式，它的交互性是指教学过程中，学习协作双方或多方现实空间的参与者，能动参与实时语言互动的学习体验。区别于被动接受的音像视听等"多模态"教学，普适计算的外语教学模式不仅要求学习者之间方便语言交流和知识信息交换，还要求方便教师实时介入指导以便有效地控制和促进教学效果，它也可以方便在全球范围内寻访学习伙伴，通过校际合作的国际资源平台得到目的语协作方教师的具体指导。

（3）实时交际的沉浸性

传统外语教学的角色模拟与情景创建法，需要学生强迫自己的想象力方能产生"语境"，势必难以使学生获得真实的交际语境感。而普适计算技术和交互设备创设的认知体验过程，是由网络交互的双方或多方真实人际对话，以及相关场景和活动实时同步传输构成的，足以使学习者全方位地沉浸于这样的交际之中。学生可以根据既定的学习任务和自己的学习兴趣进入相关的学习空间，通过相应的搜索获得开放的外语学习资源，寻求到适合自己的学习伙伴或相应的目的语学习协作者，在实时交际中实现自主学习与体验。由于在网络空间里能够直接感受到目的语国家的真实场景与民族文化，能够面对面地与目的语人群实现对话，这样的状态容易淡化交互者认知与感觉的界限，从而产生移情效应，使学习者沉浸于学习之中。

（4）普适计算的外语教学模式的技术支持

由普适计算技术营造出的高度开放的动态交互环境，可以通过手势、语言、肢体动作等对交互做出响应。这方面科技成果颇多，如可穿戴计算系统（Wearable Computing System）这一全新的计算技术更使虚拟交互得心应手。与传统的计算技术相区别，可穿戴计算以穿戴的方式使人和计算机更加紧密地结合在一起，提高了人的整体感知和PC的计算能力，穿戴计算机具有非限制性、非独占性、可觉察性、可控性、环境感知性与交流性六大特性。非限制性是指穿戴计算系统不仅能计算，而且是智慧性的，它能够有效地增强人对外部环境的感知能力；非独占性体现在穿戴计算机不仅不限制用户行动，还解放了用户的双手，使用它时仍然可以做其他的事情；可觉察性是随时接受操作指令并报告结果，能够有效提醒用户相关事项；可控性是指人对机器可直接控制，即可切断穿戴计算机的自动控制而实现人工干预；环境感知性则指穿戴计算机具有环境觉察的现实感，可延伸人大脑和四肢感官的准确感知；交流性是指穿戴计算机具有通信能力，用户可以与其他穿戴计算机以及电子设备、网络随时通信。当前可穿戴计算已广泛应用于日常生活，"谷歌眼镜"就是最好的实例。就外语学习而言，利用穿戴计算机可以随时随地完成课后作业和进行自主学习，例如随时搜索包括网络课程、网络课件、词汇解释、难点例句、背景知识等开放性外语学习资源。穿戴计算机还可以成为网络学习外语的音频工具，用以听音乐、语音对话、课文朗读以及背景资料链接；其他如学习笔记、课件练习、单元测试等也可以用穿戴计算机来完成。

总之，人类知识学习是一种情境濡染熏陶和能动性适应的自然习得过程。然而，关于外语学习的研究，仍较多地局限于诸如课堂教学法等既定课程、教材的课堂学习方式讨论，仍赋予教师"传道授业"的传统作用地位。而实际课堂教学既不是唯一的学习方法，也不是最佳的学习途径。当前基于普适计算的自主学习理念代表了人类情境濡染学习本源精神，这一意识反应，将引起整体外语教学观念和学习方式的根本性改变，基于普适计算的泛在教学探索，终将成为当代实现能动性学习信息聚合结构中的有机驱动力。

四、以云计算为核心的外语教育模式

（一）云计算的发展历程

1983年，太阳电脑（Sun Microsystems）提出"网络是电脑"（"The Network is the Computer"），2006年3月，亚马逊（Amazon）推出弹性计算云（Elastic Compute Cloud；EC2）服务，同年8月，Google公司首席执行官埃里克·施密特（Eric Schmidt）在搜索引擎大会（SES San Jose 2006）首次提出"云计算"（Cloud Computing）的概念。自此之后，Google一举成为了全世界最大的云计算技术使用者。Google搜索引擎的强大搜索能力便是基于这种技术。

2007年，IBM推出了被业界称为"改变游戏规则"的"Blue Cloud"计算平台。这种平台具有即买即用的特点，包含一系列虚拟云计算软件，这些软件具有自我修复、自我管理等自动化功能。全球的用户都可以访问其大型分布式服务器，使数据在类似于互联网的框架下进行运算。IBM正在进行一项名为RESERVOIR的云计算项目。项目口号为"便利的资源和虚拟化的服务"。项目参与者包括IBM在内的17个欧洲组织，欧盟也为此项目提供了1.7亿欧元的项目资金。

2008年8月，IBM投资4亿美元用以改造其在日本和北卡罗来纳州的云计算中心，并计划在10个国家再建设13个云计算中心，总共耗资约3亿美元。微软紧随IBM的步伐，在2008年10月推出了全新的操作系统Windows Azure（蓝天）。这款操作系统是微软继Windows取代Dos之后，在操作系统领域引发的又一次变革。通过在全球数亿的Windows用户基础，微软将其连接到以互联网为架构建设的云计算平台Azure上，使得Windows真正延伸到了"云端"。Azure由微软的基础服务系统构成其底部基础，核心部分为分布于全世界的第四代数据中心。目前，微软已经配置了220个集装箱式数据中心，包括44万台服务器。

在我国，云计算发展也非常迅猛。国内云计算的大面积崛起始于2008年，IBM在北京与无锡分别成立了云计算中心以强化其全球云计算服务。同年，中国移动通信研究院建立了全新的实验中心，实验中心具有超过1000个CPU以支持云计算实验。上海世纪互联数据有限公司推出了首个以云计算技术为基础的CloudEx服务，主要包括完整的互联网主机服务（Computing Servrice）以及虚拟化的在线存储服务（Storage Service）等。中国人民解放军理工大学自主研发了MassCloud云存储系统，它可以用于支持基于3G的移动视频监控系统和数字地球原型系统。云安全技术是云计算技术的一个重要应用。通过统计分析大量参与的客户端和服务器端提供的数据，云安全技术可以有效地识别各种木马和病毒。这一技术已经被大多数安全防护公司所采用，卡巴斯基、江民、金山、赛门铁克、Panda、瑞星、360、McAfee等公司都推出了各自的云安全整体解决方案。同样在2008年，中国电子学会成立了"中国电子学会云计算专家委员会"。2009年5月，中国首届云计算大会由中国电子学会在北京中国大饭店举办。与会者包括2位部长，3位院士，40多位专家学者，1200多位来宾参与研讨，盛况空前。同年11月，中国互联网大会召开期间特别举行了"网络技术创新应用论坛暨2009云计算产业峰会"。12月，中国电子学会在北京举办了第一届云计算国际学术会议。2010年5月，中国第二届云计算大会召开。

（二）云计算的特点优势

1. 云计算定义

云计算（Cloud Computing）将计算任务分布在资源池中进行计算。资源池通常由大量的计算机构成，具有强大的计算能力，能够满足各种应用系统对于计算力、存储空间和各种软件服务的需求。它是一种全新的商业计算模型（图3-3-1）。

图3-3-1　云计算示意图

（据大数据时代的高等外语教育创新与实践，王鹤，2016年）

云计算是分布计算（Distributed Computing）、网格计算（Grid Computing）以及平行计算（Parallel Computing）的延续与革新，从商业角度来说云计算是一种成功商业化的计算机概念。云计算是实用计算（Utility Computing）、虚拟化（Virtualization）、SaaS（软件服务）、PaaS（平台服务）、IaaS（基础设施服务）等概念相互交织演变并不断发展后的产物。

云计算是一种IT资源相互交换和使用的模式，通过网络（包括互联网Internet和企业内部网Intranet）按需求扩展的方式获取用户所需的软件、硬件以及应用与开发平台等多种资源。广义上来说，云计算不仅仅是单纯的一种产品或一种应用技术，它还是一种可以根据需求进行动态分配、提供或取消服务供应的存储与计算平台，也可以说是应用服务领域的一种全新类型。总的来说，云计算具有弹性扩展、自助服务、按需消费等特点。从服务模式上可以将其分为IaaS（设施服务）、AaaS（应用服务）、DaaS（存储服务）、SaaS（软件服务）、PaaS（平台服务）等。目前，云计算已经被视为信息技术的第三次革命，对于现有的工作方式与商业模式将产生颠覆性的改变。

第一，"云"技术与概念对于当代信息技术的冲击相当于20世纪初动力能源领域的革命。

第二，"云"使得集体智能概念成为了可能，打破了原有的"图灵机"模型，改变了传统应用模式：原有的"桌面"式计算机应用被转移至

"网络"。

因此,"云"将改变原有的个人、组织及社会的基本属性,将信息化更多地融入其中,引领新的经济模式。也正是由于云计算这种信息技术资源的交付和使用模式的本质特征,使得它可以应用到所有涉及信息技术交付与使用的领域。例如,所有行业的信息执行机构可利用云计算概念重新塑造信息技术系统,以得到更为灵活的基础信息交互平台;中小企业可以利用软件级服务获取客户关系管理(CRM)与企业资源计划(ERP)等多种信息化系统;私人用户可以随时访问服务供应商提供的云端存储服务,及时享受更大规模的网络存储空间。

2. 云计算特点

(1) 超大规模

"云"的组成规模庞大。例如,Google的云计算就是由100多万台服务器所组成,而支持IBM、Microsoft、Yahoo等公司云的服务器也达到了几十万台,即使普通企业的云也具有几百至几千台服务器。由此可见,云可以提供的计算能力是史无前例的。

(2) 可靠性高

"云"采用了多种措施以保障并提高其服务的可靠性,例如计算节点同构可互换、数据多副本容错等。这使得云的可靠性甚至高于本地计算机。

(3) 可扩展性

"云"的组成结构可以通过改变接入"云"的服务器数量进行调节,满足不断变化的实际需求。

(4) 虚拟化

云计算对于操作用户接入的时间、地点以及接入方式都没有严格限制,用户获取服务的方式相当自由。由于资源存储于云端,而非传统意义上的实体存储,因此用户只需要一个简单的操作终端,比如一台电脑,一部智能手机,便可以通过互联网络实现各种请求,甚至包括超级计算。

(5) 按需服务

"云"作为一个资源仓库,所提供的服务的规模极其庞大。用户可以根据自身的需要购买其中的某一部分,并根据其使用量进行计费。

(6) 高通用性

云计算的应用范围不局限于某一个或一类应用,利用其自身资源,"云"可以形成多种应用,并且多种应用可以同时在云中运行。

(7) 廉价

特殊的容错措施确保了构成"云"节点的价格低廉。"云"的集中式自动化管理则可以降低企业在数据中心管理方面的成本消耗。"云"相对于传统系统在资源利用效率上具有大幅度的提升，这主要是基于"云"的通用性。因此，当用户采用"云"技术时，在享受低廉的运行成本时，还可以获得较之以往更快的运行服务。从前需要数万元和数以月计的时间才能实现的任务，现在只需要几百元和几天的时间。

（三）基于云计算的高校网络教育平台优势

云计算高校网络教育平台，也被称为"基于云计算的高校网络教育平台"，是指将云计算提供的服务应用到高校教育的所有领域以辅助完成高校的教学活动。以云计算辅助教学活动是近年来提出的一个全新的概念，它跨越了计算机和教育学两门学科，属于交叉学科领域。它主要研究云计算对于传统教学活动的各种影响因素，探索云计算在教育领域的应用范围与方法，尝试将其与传统教学理论相结合，设计并管理原有的教学资源，以达到教育资源利用的最大化。平台具备以下优势。

1. 成本优势

2008年，华盛顿大学由于IT员工数量的减少而节省了1000万美元。这些员工看起来似乎很可怜，甚至可以把它看作大学管理部门的失败。但事实上，华盛顿大学解雇近百名IT人员主要是因为华盛顿大学意识到它不需要这些员工。首先，现在有很多在线提供的SaaS相关服务，它们价格低廉而且同样可靠。其次，它要花费很多保留主要骨干，特别是在面对着激烈的竞争和迫在眉睫的全球金融危机时。

华盛顿大学的具体行动实际上只是一个基本的例子，它证明云计算应用模式可以为使用者节省成本，也预示着云计算将成为当今信息浪潮下的必然趋势。

2. 资源优势

云计算的另一重要特性就是协同工作和资源共享，虚拟组织之间通过协作共同解决某一问题和使用资源，以满足用户的新需求。云计算是一个整合的计算机环境，只要用户接入了"云"中，就能够使用相同的工作环境，而不管其何时接入以及在哪里接入，用户可以在任何时间和地点，以自己习惯的形式访问和使用各种资源。

云计算的这些特点使得它可以调度不同位置的众多计算机、应用程序、信息资源等，使用户能够实现自主性、合作式或研究性学习，开展广泛的协作学习。

云资源的极大整合，使当前精品课访问难、更新难、兼容难、互动难的四难问题得到了很好的解决。同时也为我国高等教育院校"校校通"工作奠定了良好的技术支持。

3. 效率优势

（1）集中化管理效率

云平台将存在着各种差异的物理资源集中管理、统一调配。网络管理员仅通过一个界面就能够对云平台环境中的每一台电脑的性能、使用状态等方面进行监视管理控制。对于信息发布、软件系统升级等操作可以实现批处理运行，瞬间完成操作，而不需要在每台机器上单独进行。

（2）系统部署和维护效率

在云计算平台中，应用的上线、资源变更和物理设备切换等过程简单高效。无论服务器的使用是否达到峰值，用户都可以登录到云平台中。服务器永远不会因为使用人数过多而产生超负荷运行或宕机的情况。从形式上看，所有用户似乎都登录到一个云计算平台上，而实际上一个云计算平台背后代表了一个强大的、高效的、易拓展的服务器集群。

（3）用户使用操作效率

SaaS在教育领域最重要的优势是，它能为教师和学生提供一个学习机会，一个无限的世界。因为云计算通常将学校与全世界的资源连接起来，学习者能以更快的速度学习，而且非常可靠。作为学习工具，这个系统另外一个重要的功能是，学习者可以根据自己的学习进度、偶尔的突发奇想来选择学习的资源。

4. 安全优势

云计算发展的几年中，云计算安全是最具争议的话题，虽然云计算可提高业务灵活性、可扩展性和效率，但同时也会带来新的安全风险和隐患。云端用户将面临前所未有的新挑战，不仅涉及技术方面的问题，而且还需要对流程进行重大更改。然而基于云计算的高校教育平台在排除了传统的网络教育中常见的安全问题以外，也无须考虑当前常见的云计算方面的安全顾虑。一方面因为云计算教育平台使用群体比较单一，在云平台中易于对用户实施监管控制。另一方面，云平台的架构和设计中也充分考虑了安全策略等相关问题。另外，云平台采用对于用户的验证和访问来控制XaaS各层的安全隐患。

最后，由于国内外主流的杀毒软件厂商都已入主云查杀领域，这意味着与传统杀毒方式相比，云查杀无论从杀毒速度、病毒库特征、突发事件的处理等方面都远远优于传统的杀毒方式。

（四）基于云计算的高校网络教育体系创新

1. 高校网络教育"云"计划的提出

构建高校网络教育云平台有两种实现策略，一种是整合国内高校网络教育资源，另一种则是寻找成熟的云平台提供商把自己的业务逐步托管和部署到公共云平台上去。

以高校为单位打造高校自己的私有云平台即是选择了第一种自给自足、自我创新的实现策略。然而基于云计算的高校网络教育平台的实现，将迅速整合现有的网络教育教学等资源，并且其教师与学生群体也将迅速成倍递增，因此，高校网络教育"云"计划也将应运而生，旨在将高校私有教育云平台由中间件连接，从私有网络教育云模式转换成公有云或者混合网络教育云模式，真正实现高校之间信息、资源共享，打破学生在过去网络教育中遇到的客观屏障，降低了进入名校学习的门槛，带动了师师、师生和生生间的协作、促进作用，极大限度地整合了国内先进的教育资源和理念（图3-3-2）。另外，云平台的构建也将成为我国教育部门管理和发展教育"云"的重要衡量标准和手段，为寻找适应未来更好的教育模式起到抛砖引玉的试探效果。

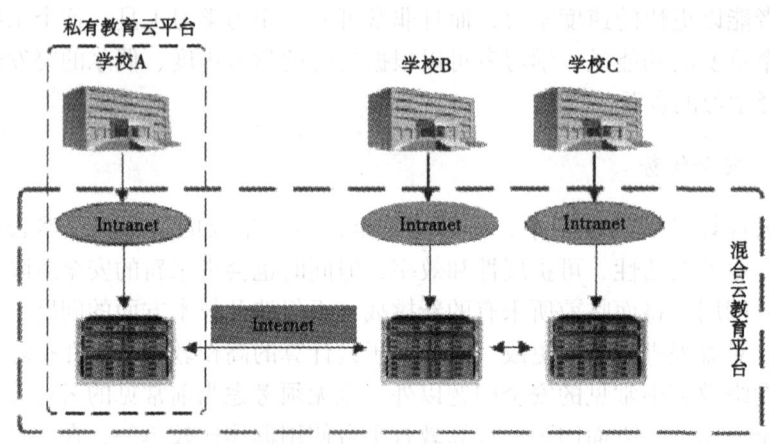

图3-3-2 高校网络教育"云"计划示意图

（据大数据时代的高等外语教育创新与实践，王鹤，2016年）

基于云计算的高校网络教育"云"计划从师者、学者、学习媒介三个维度进行探究。

2. 教师"云"

各高等院校、职业院校和培训机构都相对独立，它们之间的教师流动性小，优质的教师资源集中在一部分学校。另外，企业的技术人员与高等院校、职业院校的教师之间的流动也只是代表了院校与企业的合作，主要表现为"点"的形式，并不能以"面"的状态全面展开。云计算对于职业教育的师资建设具有极大的借鉴作用，可以将具有丰富知识和实践经验的师资力量构建成师资"云"。这种"云"资源的构建可以加强企业与高等院校、培训机构之间人员的流动性，实现优质教师资源的共享，推进职业师资队伍人员组成的多元化，推动企业界与教育界之间的交流与合作。

教师在云端能做什么？从教师自身来讲，没有什么比丰富的课件资源、教学案例更能打动人心。另外，教师群体通过"云"平台可以轻松达到相互沟通、相互学习的效果。不仅有利于教师综合能力的提高，也加强了高校师资队伍的整体建设水平。

教师在云平台下的教学活动有以下特点。

（1）虚实性，在网络课堂教学中，教师同时可利用网络的虚拟化特点和课堂教学的实时性特点，充分发挥教师在教学以及生活中的主导作用，引导学生的身心向积极健康的方向发展。

（2）交互性，在教师的"授予"和学生的"学习"之间、学生与计算机、学生相互之间得到足够的交流。

（3）开放性，网络教育具有开放、灵活的交流方式。

（4）自主性，网络教育中，学生独立学习，充分发挥学生的主观能动性。

（5）创造性，开发学生的创造力，锻炼学习中的思维能力。

（6）共享性，教学的大量信息通过网络被共享。

因此网络教育的全新模式为传统的教育观念与教学方式的改变与提高提供了良好的客观环境。

3. 学生"云"

自主制定学习计划和学习进度，学生通过利用学校提供的远程教育资源，如多媒体学习资料以及各种学习服务自己进行相关课程学习，而这一过程是在学生所处的工作以及生活环境中进行的，由学生自主控制学习进度，不同于传统的校园式教学。远程教育相对于普通高校在教学模式上有很多不同，远程教育充分利用了学生的自主能动性，充分尊重学生在不同时期的学习意愿，通过将不断进步的信息技术与传统教育方式相结合，为学生提供丰富的多媒体教学资源和形式各异的教学活动，并辅助以多种相关的学习支持服务。学生需要充分利用相关文字和音像教材等教育资源，享受远程教育提供的相关课程学习。学校教师则通过网络提供直播课堂、辅导答疑等学习支持服务。

综上所述，网络教育的教学和学习方式最为典型的特点就是学生的个性化自主学习。因此在网络教育中，培养学生的自主学习能力至关重要。良好的学习能力能够使学习者具有正确的学习方法与技巧，同时还能确保学习者顺利完成各个阶段的学习任务。

4. 教学资源"云"

（1）图书馆

首先要将以前分散独立的高校网络教育平台资源整合到新的云平台中，将分散的教学资源化零为整。通过迁移服务器中的数据到云教育平台中，或将学校现有的服务器加入云计划的方法，建立教学资源共享平台，平台中拥有丰富的图书资源、教师资源，依附强大的学习资源，学生及其他学习群体都可以根据个人特长来选择所修学科，在虚拟图书馆中查询相关学科书籍、线上精品课程资源、搜索所学科目直播或历史视频。

（2）在线课程资源

传统的教学方式极其容易受到教学者与学生所处客观条件的限制。一所学校的教育资源通常只向本校学生开放，也就是说一名学生所享受的教育服务仅限于自己所报考的学校，没有机会利用其他学校的资源与相关支持服务。这一方面是因为学生可自主利用的时间有限，另一方面则是因为地域空间上的限制。

学校的教育资源不能被有需求的学生所利用，就是资源的一种浪费，而应用基于云计算的现代远程教育可以大大降低这种浪费。所有学校将自己的教学资源存储于云端，学生可以在任意时间、地点，通过简单的一部终端，例如一台电脑、一部手机等，连接至云端，随时获得自己需要的资源。而学生在学习过程中也可以享受更多的自主性，不再受客观条件的限制。在线课程资源摆脱了传统教育中对时间与空间的限制，充分将学习的主动权交还给学生。

另外，教学资源的使用不再局限于一所学校内的师生，更多有需求的学生可以利用在线的课程资源，大大提高教育资源的利用效率。

（3）解惑专题资源

学生在学习过程中不可避免地会遇到各种困难疑惑。传统的教学方式中，学生的困难、疑问主要依赖教师的面对面讲授与解惑，部分依靠同学之间的交流与沟通进行解决。这样的解惑方式明显有很多局限性，学生不得不更多地依赖他人的帮助，而解惑者的自身条件很大程度上决定了最终学生对于困难的理解。当采用基于云计算的远程教育方式时，教学机构可以通过云计算将学生在学习中可能遇到的困难进行汇总并存储于云端，作为一种资源与所有学生共享。

学生遇到困难时，可以首先通过远程教育的解惑专题资源对自己的问题进行检索，主动解决自身的问题。而当学生在云端仍然无法获得解决问题的方法时，还可以利用现代远程教育特有的时间容错性，即时在线对教师提出疑问，而教师也将不再被限制于教室中，节省了更多的人力资源。

解惑专题资源的存在不仅为学生提供了全新的答疑解惑渠道，充分发挥了学生学习的自主灵活性，培养了学生自己解决问题的能力，还解决了专家、教师解答费时费力的问题，节省了更多的教育资源。

第四章　大数据时代背景下外语教育的实现途径

本章内容主要以大数据时代背景下外语教育的实现途径为重点进行介绍，下面从四个部分对其进行具体介绍。

第一节　大数据对外语教育的促进作用

由于外语教育需要跨文化、跨地域的语言习得语境，因此需要在这种语言应用中获得语言能力。因此，基于全球网络高速实时传输的技术特征和"大数据"超大规模的计算和分析能力，为外语教育改革打下坚实的技术基础。综上所述，"大数据"的以下功能可以成为外语教学改革的有力支撑。

一、大数据信息的高速聚合和高度智能进化功能

"大数据"具有强大的组织功能，具有高速聚合、持续智能增长和进化适应性。在"大数据"技术的背景下，数据生成不仅限于收集整理部门，也不仅仅存在于具有特定结构的数据系统中。数据产生于社会的各行各业，也用于各行各业。特别是近年来，环境的变化，社会和历史背景的认识和应用态势感知系统的智能技术获得了进一步进化，自web2.0之后，新的网络传输和计算技术不仅可以为广大学习者提供方便的信息，传统的信息用户同时也可以成为信息提供者。也就是说，每个人都可以通过互联网获取自己需要的信息，并发布自己认为有价值的知识信息与他人分享，从而使外语教学所需要的学习资源得以进化和智能成长。由于相似的信息资源数量庞大，信息数据处理速度快，信息内容聚合速度快，进化适应能力强，外语学习可以获得丰富多彩的渐进式学习资源。当然方便外语教师

构建新资源的外语学习,在任何时候,通过网络教学平台开放"外语视频聊天室","基于4G手机的外语翻译在线支持系统"等相关教学模式,构成英语学习文体聚合模型及内容、练习、评价、活动、生成性信息、多元格式等应用程序,为学生提供多样个性化的实时交互指导。

二、无所不包的数据信息聚合能力

语言生成也适用于各种语境,外语教学需要各种语境信息。过去,外语教学往往只有单向的主流意识信息,许多词汇和短语变得抽象空洞,难以理解。在"大数据"时代,数据摄取与数据生产者的意愿和意识没有直接关系。一切都可以是数据,所有数据都需要由社会群体和个人共享。人们的消费行为数据是企业分析的需要;国家和地区安全需求;道路交通记录数据是交通管理的需要;网络用户的浏览跟踪数据是互联网智能化管理的需要。搜索引擎等互联网系统根据用户浏览的内容来判断用户的意图和兴趣,并相应地推送发送到用户邮箱的个性化商业广告。由于数据与数据生产者的意志和意识无关,"大数据"中包含的信息数据是包罗万象的。"大数据"的功能特征正好符合教育资源、社会、文化、认知、信息的综合需求,能够有效解决教育语言教学的瓶颈。

三、学习信息与资源的高度专业化链接

"大数据"技术可以把微内容拆分至最小单位,从而实现微小的语义信息和内容之间的联系,智能搜索提供基于语义检索和匹配,帮助实现专业化学习资源和学习者之间的联系,不仅相关信息的聚合,也促进了专业人士之间的连接。因此,开放合作学习成为当今世界学习行为的第一学科。互联网在连接世界各地人们的同时,也连接着分散在不同地方的信息,形成了合作产生数据的良性循环,合作产生更多的数据信息。因此,来自不同地区的学习者可以很容易地整合在同一个平台上学习和思考,激发创造的冲动,触动创新的火花,从而产生越来越多的数据价值,服务于人们的专业学习过程。这种学习方式也改变了人们的竞争意识,人们不再沉溺于狭窄的游戏竞争削减现有的蛋糕,但是希望在数据挖掘中发现更多的潜在需求,并创造新的市场,争取合作竞争,实现双赢的局面。对于外语学习来说,在这个时代的概念下,有必要建立双边和多边合作学习,从而使学习效果和学习水平得到实质性的提高。目前有许多学院和大学与出版商合作,在数据挖掘中发现更多潜在的学习需要,将各种形式的教学资

源上传互联网，网络课程的形成，对于外语学习提供有针对性的学习资源，实现了多边合作互赢。

四、对教育观念与形式的解构与重构

"大数据"给21世纪带来了新的认知观念和行为模式，也对教育观念和教育形式进行了解构和重构。网络技术极大地改变了人们生活中的时间和空间概念，尤其是在"大数据"时代。MOOCs在教育领域的出现，使全世界成千上万的学习者在线学习同一门课程。在线学习系统还可以在任何时间和地点提交作业、提问、从老师或同学那里得到相关问题的答案，或者连接到任何其他相关的在线资源。同时解构传统的课程教学，并重构了基于web的新的教学过程，催生了"颠倒"教学流程的"翻转课堂"和"碎片化"解读知识的"微课"课程等革命性的教学创新。

五、大数据的数据深入挖掘和信息分析评测

传统的信息形式与读者是分离的。信息发布由专家权威生产或鉴定信息，仅通过有限的主流媒体发布或获取的，读者反馈经常被忽略。在"大数据"时代，信息的生产主体和传播渠道发生了根本性的变化。任何人都可以在任何时候公开发布任何信息。同时，人们在第一时间获得第一手信息也越来越方便。在这种情况下，信息用户的识别比以往任何时候都重要，读者的选择和反馈本身也成为数据。在反映个人兴趣和偏好的同时，读者往往会反映他们所阅读的信息的数据价值。互联网时代人们阅读信息时做的三件事："点赞""评论"和"分享"。它既体现了信息对用户的价值，又对信息主体分类进行了定性分析。这些定性的信息数据有利于外语教学的优胜劣汰，也有利于发展和纠正决策教育的不足。"大数据"帮助预测提供建议。依靠"大数据"，我们不仅可以发现事物的现有规律，还可以根据这些规律预测发展趋势，从而为目标的实现提供行动建议。通过大数据的这一功能，可以利用当前的教育信息管理与分析，建立外语学习者行为的相关模型，分析学习者现有的学习行为，对学习者未来的学习趋势做出科学的预测。大数据的当前教育领域应用主要体现在两个方面的教育和学习数据挖掘分析，教育和学习的目的的分析和研究，通过研究数据挖掘是学习者的学习行为模型，根据学习探索和预测未来发展趋势，根据不同学习者的能力水平和实际需求，引导他们选择适当的形式的学习。

综上所述，我们看到"大数据"不仅带来了新的便捷的技术功能和使

用，而且带来了新的认知概念。"大数据"悄然引发的这些变化，都是对外语教学改革的有力支撑。

第二节 信息技术与外语结合的学科教学体系建构

21世纪，信息和网络技术以其灵活、方便的信息优势强烈影响传统外语教学系统主题，悄然改变了传统的教学和学习方式的想法，传统的经典学习理论指导下的外语教学体系难以应对目前的教学和学习活动，特别是随着当前外语教学实践由单一的CALL向网络信息技术和外语专业课程的双向融合深度发展，教学实践和理论研究迫切需要相应的创新教学体系。

一、学科教学体系建构的理论基础

纵观外语教学研究的发展历程，任何阶段的教育实践都离不开一定的理论指导。行为主义学习理论在20世纪上半叶受到自然机械哲学的影响，认为学习是一种机械的刺激和反应，形成了一种机械的学习因果理论。20世纪下半叶盛行的认知学习理论高度重视学科知识结构，从而产生了教学内容设计和教学过程组织策略，为传统课堂教学提供了理论支撑。20世纪末，建构主义以心理学研究为基础，提出应为学习者的内在需求创造外部条件，促进协同学习，通过创造计算机、互联网等多媒体教学环境，改革传统教学。

然而，时代学习理论总是与时俱进的。随着信息与网络技术的迅猛发展，上述行为主义、认知主义和建构主义的经典学习理论必然无法诠释当前已经变化了的教学与学习活动，尤其难以完整指导外语学科开展教学与学习的当代变革，外语教育教学的实践和理论研究都迫切呼唤与之相应的新理论诞生。21世纪初关联主义定位于数字时代的学习特性，完成了对网络时代信息化学习方式的理论诠释，顺应知识骤增速衰高效更新和全社会终身学习的需要，在信息技术发展的节点时刻应运而生。关联主义得到网络结构的启迪，将人的知识结构类比于互联网信息结构，系统地解读了互联网时代知识信息发生与发展的内在规律性。关联主义以网络结构为比拟形象地指出，随着web3.0技术的实现，互联网学习者既是信息的获取者又是信息的创建者，每一个学习者都可能成为信息网络的中心节点。由此可见，互联网正是关联主义倡导学习知识生态网络构建的根本基础与实现条件。乔治·西蒙斯的关联主义将人与社会及其知识体系均类比为网络，将学习主体与学习资源看作是社会与信息网络的节点，认为学习是主体与信息节点的连接过程。关联主义学习理论在诠释网络学习的同时，也提出了操作层面的个人知识管理的学习策略，为网络时代的学习提供了划时代的具体指导，对外语教学与学习方式的变革产生了重大的促进作用。

西蒙斯的关联主义观点认为，网络时代知识海量，主体心智无法承载全部知识信息，更多的知识呈现为碎片化分散存在于个体、网络、图书和各种人工载体之中。关联主义学习观的基本原理是：学习是连接专门节点与信息资源的过程；能够连接不同领域和不同思想观念的技能，是获得知识的核心能力；善于建立和维护各种有效连接而形成知识流，比掌握单纯的知识概念可能获得更大的回报。学习是一种不断创造知识的过程而不仅仅是汲取知识的过程，学习活动的宗旨是精确关注知识的现时性和流动生成性。因此，连接并不完全熟悉的领域和并不十分了解的观点，或者关联截然不同的思维方式，才能产生实质性的创新。按照西蒙斯的认识观，网络学习是连接的起始和基础，节点与节点的连接构成了网络；网络信息系统包括数据、信息、知识和意义等内容；网络元素包括内容、互动、静态与动态节点、自动更新节点等因素；除网络以外，形成连接的因素还受动机、情绪和节点的关联性等方面的影响；网络学习与网络形成过程互相影响；网络中的知识意义建构，是通过连接的形成和节点编码而产生的；学习网络的特征包括网络化学习概念生成的生态系统，教育应该是创造和培育学习者迅速有效强化现有学习的生态系统。

二、外语学科教育特点及其发展困境

外语学科由于其多学科的交叉跨越性特点以及学科属性与学科地位的复杂性，导致其在理论研究和学科环境建设等方面，仍处于不断探索和搭建的阶段，面临着种种发展过程中的具体困境。

（一）应用型学科——理论研究滞后

外语学习是一门应用型学科，是基础学科在社会生产生活中的应用。它以直接效用为导向，具有明显的经济效益和社会效益。因此，多年来国内各类学校一直专注于外语教育的传播和推广。外语研究的理论研究不够，外语学习主要是停留在直接经验的描述和归纳，缺乏系统分析和科学验证以及教育理论的广度和深度，所以发表研究文章是困难的。长期以来，外语理论建设严重滞后于教学实践的发展。外语学科也是一门复杂的学科。由于外语学科的人才培养目标非常复杂，它融合了"语言知识技能、文化交际能力和人文素质"。因此,外语必须注重跨学科知识的结合、整合和渗透。

(二)复合型学科——学科资源分散

外语学科的学科资源涵盖了语言学、经济学、法学、管理学等众多学科的知识,处于不断创新、更新、扩散、消亡的状态。学科资源的分散使学科之间的交流、整合和认识变得困难,外语学科的发展也可能陷入困境。关系学习理论的出现和发展为外语学科体系的建立提供了新的研究视角。

三、深度融合教学体系的目标内涵与基本形态

20世纪下半叶以来,信息技术日益深入地融入日常教学之中,使得外语教学与学习方式都发生了很大程度的变化。然而,几乎所有的相关研究都认为,信息技术在教育教学中尚未产生它应有的效应。库班(Cuban)探究了技术没能成功支持学习的原因,Soloway、Guzdial及Hay等研究者提出信息技术应用未能有效支持学习者实现个性需求目标,因此需要以学习者为中心构建知识整合环境,帮助学习者构建新的理解。美国教育信息化处于国际领先水平,解读《美国2010国家教育技术计划》(NETP)和美国教育信息化进程可以发现,教学结构变革是教育改革的根本体现,而信息技术与学科教学融合是实现教育结构性变革的出发点与最终归宿。

在外语学科教学中,教师、学生、教学内容和教学媒体四个要素互相作用构成教学结构,教学结构的变革并不抽象空洞,它表现为教学结构四要素作用与关系的改变;外语学科教学涉及教师、学生、网络资源、教学平台等要素,教学结构就是这四要素的相互联系、相互作用的具体体现。所谓信息技术与外语学科教学深度融合,就是以先进的教育思想、教学观念为指导,充分利用教学单位网络与信息技术平台,建构全方位支撑集群用户访问,支持连接"云"教学与学习资源的外语学科教育环境,通过课堂面授、利用网络资源自主学习、远程支持服务相结合的新型教与学模式,真正把技术与教学实践的融合落实到师生的日常教学活动与学习活动之中,以人才培养模式变革促进师生全面发展和学习者知识能力的创新建构,最终实现外语学科教育系统的结构性变革。

就具体操作层面而言,信息技术与外语专业教学深度融合需要完成以下三个方面的基本工作:首先需要以信息技术创设新的学习环境;其次需要产生与之对应的新教学方式;最后需要据此变革乃至颠覆传统的教学

结构，进而建构全新的教学体系，最终实现外语教育系统的重大结构性变革。显然创设新的学习环境是为了实现基于信息技术的新型教学方式，而变革传统教学结构也正是为了实现人才培养模式变革，完成培养创新人才的教学目标。因此，实现"融合"必然需要解构传统的教学结构而重新建构，倘若不改变以教师、课程、教材、课堂的传统教学体系结构，就无法实现基于双向融合的外语教学阵制。双向深度融合研究的任务正是在于揭示外语教学改革的方向和趋势，与时俱进地把握外语教学的发展规律，促进外语教学模式和学习方式的改革与创新。美国等发达国家教育信息化进程证明，只有将教育信息技术有效地融于外语教学过程中，才可能根本性地变革传统以教师为中心的课堂教学结构，实现既发挥教师主导作用，又充分满足学生自主学习需要的教学方式，从而将外语教学培养时代创新精神与实际应用能力的教学目标落到实处。

四、能动关联双向融合的外语学科体系建构

信息技术与外语专业课程融合的学科体系构建，需要在关联主义理论指导下对学习过程和学习资源实现融合性重构，涉及教学过程和学习资源的设计、开发、利用、管理和评价等系统的研究内容。深度融合教学体系的终极目标是提高外语教学与学习质量，因此，融合着重需要解决教育和教学的具体操作过程与操作方法，关注的焦点是现代信息技术运用于外语教学过程的教育与教学规律。为此，信息技术与外语专业课程融合的学科体系构建，需要涉及以下研究内容。

（一）外语教学体系建构的途径与方法

信息技术与外语专业课程融合的学科教学体系建构，第一，需要探讨深度融合的本质、价值、目的和意义，并设计和描述出深度融合的教学目标及愿景；第二，深度融合需要重点研究信息技术应用于外语专业教学活动的内在关系和一般性规律；第三，深度融合研究需要探索在实践层面解决具体专业教学问题、创新适应时代需要的教学方法，并且关注探索能够在同类教学情境中普遍解决问题的方法，实现深度融合成果的多适应性；第四，外语专业教学结构是学科体系构建的根本，它包含教师、学生、教材与教学媒介等的关系问题，也包括专业教育与社会经济结构之间即学生未来职业应用的协调关系因素。因此，深度融合研究必然需要研究外语学科教育体系结构性变革的途径与方法。

关联主义理论充分诠释了数字时代外语学习应秉持的理念与原则，

关联主义视域下的个人知识管理学习理念，为学习者获取信息和组织扩展个人知识建构提供了方法与策略，"云"计算技术和资源又为实现这些学习理念与策略奠定了坚实的基础保证。由此，在新一代高速互联网迅猛发展、数字计算能力日益成熟的今天，网络技术已经可以克服地理与时空的距离，以语音、视觉、触觉等全方位的感知系统实现全球性的人际交互。鉴于这样的时代特征，创建基于关联理论与"云"资源技术条件下的教师主导—学生主体有机互动的教学模式，将有效地落实"学教并重"的教学理念，促进信息技术与外语学科的深度融合。在这样的教学模式中，由于教学模式由传统课堂教学转变为促进学生自主的个性化学习方式，教学资源相应由依赖教材转变为以教材为知识脉络，以开放性资源库等教育云资源为连接的知识网络，教师由课堂教授更多地转向网络教学资源的组织建构，由知识的传授者转而成为学习的组织者和专业知识关联建构的引导者；与此同步，学生亦依据个体需要自主确定学习目标，学习知识由外部刺激被动接受，转变为信息加工、情感体验状态下的自觉知识建构。因此，由于教学媒体要素的改变，促使教师教授、学生学习与教学内容等整体外语教育系统发生重大的结构性改变。

（二）教学环境与资源平台

外语教学与学习的基本元素包括教师、学生、学习材料、扩展信息资源、学习工具和学习环境。基于关联主义的理论视野，上述外语教学与学习中的基本要素都是连接知识的节点。关联主义理论认为，知识网络由节点和连接组成，学习就是这一网络的连接过程，只有形成知识网络，知识才可能流通。因而，在不断提升"以教育信息化带动教育现代化"和促进信息技术与外语学科教学深度融合认识的基础上，创设有效支撑信息技术与外语专业教学深度融合的全新数字化学习环境，需要在校园网络的基础上，为学习者进一步建立面向全球共享开放的"教育云"的资源平台链接，以形成外语学习的节点和连接。由此，教学环境可由传统教室向网络条件下一切适宜学习的空间转移；教学资源由教师、教材、图书资源向网络共享开放链接资源、相关数据库等"云"教育资源转变。这些基于"云"技术的开放性非正式教育资源，将为创新信息技术与外语学科深度融合学习环境，提供无限的可能性。

当前，全球共享非正式资源学习模式下的开放性学习资源，已得到广泛开发与使用。除前述美国OER Commons专为学习者提供高质量开放性共享教育资源的知识库之外，当前，全球共享非正式资源学习模式下的开放性学习资源，已得到广泛开发与使用。中国、法国、英国等诸多国家的许多大学与教育组织,纷纷实施类似的开放课程行动把各自最新的成果公布于世,不仅提供免费的学术资料,还提供免费的工具,帮助教授、学者创建课程资源并开展协作主动,全球共享正式和非正式学习的教育资源数量增长十分快速。开放教育资源共建共享的另外一种形式是对已有开放式课件的翻译与应用,诸如国际大学联盟、中国开放教育资源共享协会等机构组织都开展了对现有课程的翻译与应用推广工作。这些公开课视频来自哈佛大学、牛津大学、耶鲁大学等世界知名学府,内容涵盖人文、社会等几乎所有领域。用户可以在线免费观看来自哈佛大学等世界级名校以及国内名校的公开课课程。到2012年,新浪、腾讯、百度、搜狐、豆瓣、土豆、人人网、淘宝大学、燕山大讲堂等企业和组织纷纷突出了其推出的世界名校公开课的特色。这些教育资源包含大量学习链接并提供最新开放学习项目,学习者可就此获取自己所需要的学习材料,也可上传自己掌握的资源与他人分享。开放学习资源的可接触性和易获取特性,补充了外语教学与学习常态资源的缺口,"有效地克服了既往E—Learning学习资源由于静态封闭而内容更新滞后的缺点,能够实现用户个性化编辑,使信息资源使用过程中大量生成的文本注释、讨论答疑及新学习内容等,实现动态生成和不断进化发展,并使生成性信息实现信息资源的持续链接共享"。

(三)多元动态的教学评价

教学评价是对课程教学和学习效果的评判标准,开展信息技术与外语专业融合的教学评价,首先必须建构形成性的多元动态评价体系,由传统的标准化、终结性评价转变为诊断性、形成性、终结性相结合,注重学习策略、学习过程及学习结果的过程性评价。尤其需要制订结构化评价工具,重视评价的客观性和关联性,注重评价学生利用信息技能解决学习问题的实践能力。

传统的教学和学习评价往往以行为目标作为判断依据,而行为目标的结果性取向往往导致重视学习成绩而忽略了学习过程,即容易忽视不同动机取向和努力程度,放弃对学习者内在情意目标的培养。因此,教学评价需要由诊断性评价、形成性评价和终结性评价有机结合,方能实现评价对学习的促进作用。外语专业教学评价首先应对学生现有知识认知水平做出客观鉴定,即进行诊断性评价;其次应在学生学习过程中随时跟进评价,包括教师对学生的评价以及学生的自我评价,这些评价便于随时发现学生的学习方法与学习态度、教师教学方法与教学态度等方面的问题,随时加以改进,这便是形成性评价;最后,在学习阶段性结束节点对学生的学习效果做出终结性评价,以鉴定阶段性的学习成效。只有通过这些评价方式的有机结合，才能准确、有效地保证评价结果的可靠性和有效性，进而调动学生学习的积极性和教师教学的积极性。教育部《教育信息化十年发展规划（2011—2020年）》提出大力"推进技术与教育双向融合"的发展要求，有力推动了各学科教学改革的发展。由于外语学习知识的全球性特征，网络信息技术首先猛烈地冲击了传统外语学科的教学体系，悄然改变了传统的教学方式与学习理念，大大加速了利用教育技术促进外语教学变革的探索进程。与此同时，数字时代的学习理论——关联主义又为外语学科体系的构建打开了一个全新的视角。在迅猛发展的网络信息技术基础上，以外语学科的交叉性特点，连接、整合和优化相关学科的理论与方法，实现信息技术与外语专业深度融合的学科体系构建，已经刻不容缓。

第三节 大数据学习数据分析与外语教学

美国新媒体联盟（NMC）与美国高校教育信息化协会（EDUCAUSE）发布的《2013年地平线报告（高教版）》预测，学习分析技术将在未来的两到三年内成为主流技术，得到广泛的应用。我国也不例外，教育领域应用大数据分析已经成为必然的发展现实。以数据处理技术分析教学与学习，将使传统教育教学模式发生革命性的改变。

一、大数据学习分析的作用

学习分析是教育技术领域里的一项最新技术，应用学习分析，是教学实践从关注宏观群体走向关注微观个体，实现现代教育个性化服务的根本条件，其作用是通过学习数据分析为教育系统的相关决策提供依据。

首届"学习分析和知识国际会议"将其定义为：学习分析技术是测量、收集、分析和报告有关学生及其学习环境的数据，以理解和优化学习及其发生情景。《2012NMC地平线报告（高教版）》也给出了近似的定义，即认为学习分析技术是对学生生成的海量数据的解释和分析，以评估学生的学术进展，预测未来的表现，并发现潜在的问题。从这些定义中可以看出，学习分析的对象是学生及其学习环境，学习分析的目的是评估学生学习、发现潜在问题、理解和优化学习，学习分析的基础是海量的数据。也就是说，学习分析的实质，就是通过对数据的提取、归类、分析与总结，对学生学习状态和教学成效实现统计、测评和判断。

对外语教学来说，学习分析技术的直接效用在于，它能够针对学习者群体与教学资源之间的互动状态进行相关数据分析，评价现行教学计划的可行性与有效性，以便更好地完善教学目标与教学方法，为学习者提供更具针对性的优质学习资源和个性化指导。国内外研究实践论证，学习分析技术对于学习者、施教者、管理人员、研究人员和技术开发人员均具有重要意义。首先，学习分析可以帮助学习者了解自己学习行为和学习过程的发生机制用来优化学习，基于学习行为数据的分析还可以为学习者推荐新的学习途径，开展更具适应性的自我导向学习。也就是说，学习分析由学习支持服务系统所获取的数据分析，为学生提供学习状态的客观反馈，以利于他们纠正学习方法，提高学习效率和学习成绩；教师可经过学习分析技术对课程和机构的分析评估，改善教学和考核方式，为学生提供更有针对性的教学干预。教学管理部门则通过分析学生学习的具体数据，剖析教学过程与教学效果，获取关于学生对教学的客观反馈；对于研究人员而言，学习分析技术又是研究学习者个性化学习的工具，便于其深入研究应用数字技术学习的过程和效用；而技术开发人员则借助学习分析技术，检验学习管理系统模块的使用频次和使用路径等信息，来优化学习管理系统的界面设计。同时，依据学习分析的需要，针对性地优化学习管理系统日志功能等。

总之，就外语教学而言，学习分析技术的主要功能是以深入的数据分析，评估课程教学、教学程序和教学机构，改善现有教学考核方式，为学生提供更有针对性的教学指导。也就是说，学习分析技术不仅可以帮助教师从学习行为角度解析学习动力和学习过程的发生机制，还可以基于学习行为数据分析，优化教学手段并为学习者推荐更有针对性的知识渠道开展自主学习。在教学过程中，学习分析主要有以下几个方面的具体应用。

（一）帮助教师优化教学

在外语教学实践中，教师可通过学习分析技术及相关分析工具，获得学生学习过程、学习环境以及学习绩效等相关信息，为教师改进教学提供依据。教师从网络学习技术系统可以获取学习者行为数据，包括访问的网页、登录的时间、课程学习时间、完成课程作业情况，以及在课程网站的交互痕迹等。教师依据这些学习分析数据，掌握学生的学习风格和学习进展情况，通过学习分析数据，制定结构化评价工具并对学生进行动态化的形成性评估，获悉学生潜在的学习需求，从而调整和制定能够满足当前学生学习需求的教学方案。

（二）为学生自主学习提供分析指引

当前的网络学习系统已具有聚合和存储大量以学习行为为主的信息数据的功能，通过学习数据统计分析与数据可视化呈现，学习者可获得揭示学习行为模式的学习报告，预测学习趋势和其他可能发生的教学与学习状态。

学习分析作为学生学习需求的技术工具，除了用以诊断学生学习需求之外，它还能够有效地帮助学生诊断和缩小学习差距。通过学习分析技术，数据分析将可视化的学习绩效结果反馈给学生，学生据此自我评价，充分了解到自己的学习优势和不足，有望使学生成为利用数据规划自我发展，实现自我发展的主动学习者。相关学习分析报告可使学生从中获得自己所有课程的学习情况，知晓每一门课程得分和总体学习水平以及在班级横向比较中的学习程度等。系统还会对某门参与程度不高的课程标出警示，提示学生可以获取哪些方面的帮助而取得成功。可以说，学习分析技术能够有效提高学生的学习成效。

既往困扰个性化自主学习的一个重要问题是针对差异化学习成效的评估与指导不足，因为对于不同学能、不同定位、不同知识基础的学习，采用整齐划一的终极性评价方法是难以得出科学结论的。应用分析技术则以分析软件为每个学生建立详细档案，记录其在校期间完整的信息日程、学习经历以及其他个人信息。分析软件对这些信息进行分析，提出对时间管理、课程选择的相关建议，分析其他有助于学生在学业上获得成功的要素。由此可为每个不同定位学生提供各自个性化的评鉴与指导。

此外，以往教学中学习者必须等到教师将作业批改完毕，才可能得到相应的提示。而应用学习分析技术，当部分学生学习投入不足时，系统分析结果就会自动给出提示督促学生加强相关学习。当学习分析技术生成使用信息后，教师也能够通过信息追踪和分析判断自己授课的效果，进而通过相应的调整来提高教学成效，为每个学生量身定制个性化的学习课程和评价指导。

学习分析是围绕与学习者学习信息的相关数据处理，实际运用中将以不同的分析方法和数据模型来解释这些数据。教学管理者可以根据数据分析的结果来探究学习者的学习过程与情境，发现学生的学习效果和学习规律。或者根据数据阐释学习者的学习表现，为其提供相应反馈从而促进更加有效的学习。可以说，学习分析技术使教师和学校可以根据每一个学生的需求和能力，实现个性化学习提供具体指导的理想状况得到落实。

二、大数据学习分析类别

学习分析有多种分析方法，就应用层面而言，学习分析技术在传统数据分析技术的基础上，充分吸收了社会网络分析法、话语分析法和内容分析法等"大数据"背景下其他领域的先进技术，使得学习分析数据更加科学化和智能化。

（一）社会网络分析法（Social Network Analysis）

网络分析法本是社会学研究中对社会网络关系结构及其属性分析的规范方法，现已广泛运用于教育领域。当以学习者个体作为研究对象时，通过社会网络分析法我们可以轻易判断，学习者个体曾向哪些伙伴寻求过学习帮助，曾经在哪些方面产生过学习认知困难，又有哪些具体情境因素影响了学习者个体的学习过程等。当以整个网络作为研究对象时，社会网络分析法能够分析在线学习过程中的信息分布和个体学习进展情况等。也就是说，学习分析的网络分析法可以方便了解学习过程中学习者的关联角色以及相关网络形成的过程与特点，让他们在学习中建立并维持连接，进而为自己获取学习支持的方法。运用网络分析法研究学习者个体对象，可以判别其产生认知的困难所在，也可分析出影响其学习过程的情境因素，包括学习者个体之间的相互影响情况等。当用社会网络分析法研究整个网络时，主要关注分析网络中学习信息的分布及学习进展状况。通常运用可以发现高网络活跃程度用户的社会性媒体交互分析工具Mzinga来确定学习者在网络学习中的参与程度；利用开源网络分析工具Gephi对数据进行交互式可视化处理，而SNAPP（Social Networks Adapting Pedagogical Practice）则用来将网络讨论内容转化为图表形式的分析与呈现。

（二）话语分析法（Discourse Analysis）

话语分析法则原本就是一种语言学研究方法，是建立在课堂对话基础上的口语分析方法，可直接在课堂教学的实践中发挥较好的效应。在"大数据"教学环境里，外语话语分析的对象不仅仅是教学过程中面对面的对话内容，它还更多地涉及网络课程资源及其他网络交互形式中所产生的文本内容等。通过话语分析技术，我们可以对网上学习交流过程中的话语文本含义有更深入的解读，从而对整个学习过程的知识建构状况获得全面清晰的系统认识。

话语分析法也是针对学习交流过程的分析方法。其分析对象包括学习交流过程的对话内容、网络课程或会议文本内容和网络异步交流等所有相关内容。运用话语分析技术，不仅便于掌握网络学习交流中话语的文本性含义，还有助于探究知识的建构过程，使教学研究者获得对学习发生过程的清晰认识。当前可用以分析话语文本的工具有the Digital Research Tools Wiki等；Wordle and Tag Crowd是文本可视化分析工具；NVivo可用于文本内容定性分析；WMatrix则可对文本内容实现定量研究；Cohereis用以对网络交流内容结构化处理；Open Mentor工具则具有对学习反馈信息进行分析比较和可视化的功能。

（三）内容分析法（Content Analysis）

内容分析法是一种对传播内容进行客观和系统定量描述的研究方法。实质上是一种渐次推理的过程，是对所传播内容信息含量及其变化的具体分析，即由表征意义的词句推断出准确意义的过程。在外语教育中运用内容分析法不仅可对学习者学习过程数据进行定量分析，鉴别学习者的行为模式并对其做出定性分析，还可运用所积累的大量经验预测当前的学习行为，向学习者提供合适的个性化学习资源服务。

内容分析法不仅用以对清晰掌握学习者行为模式而对学习过程数据进行定量分析，还可对其实现定性分析。内容分析法是为预测学习者行为，提供个性化学习资源服务的。内容分析法与相关工具软件，不仅能够保证文本内容分析，同时也可以轻松应对多媒体内容的数据分析。内容分析法的搜索功能能够实现对多媒体图片、影视视频等一切文件格式教育资源的多元搜索，并对学习过程中运用的文本和多媒体信息进行标注和数据分析。内容分析法方便教师了解学习和交互的发生规律，也便于掌握学习支持资源的分布情况。国外多运用内容分析法解析学习者与学习对象、学习活动、学习结果之间的相互作用关系，也运用学习分析法了解语义网络之间的关系和网络教学课程的内容质量，其目的是以其分析数据来决策教学指导和督导教学质量。外语教学与学习是教师与学生、学生与学习内容、学习环境、学习伙伴之间的复杂交互过程。要掌控教学质量，就需要有从不同角度研究学习过程方法的研究技术，内容分析法正是这样一种不可或缺的研究技术。

（四）学习分析基本模型

为实现上述目的，实际应用中尚须构建以下学习分析基本模型。

首先，学习分析需要大量数据作为支撑，仅仅依靠结构化数据是远远不够的，必须同时收集不同系统中的非结构化数据，以保障分析结果的科学与完整。教育信息系统中已经积累了大量学生信息、课程信息和教师信息等，这些档案类信息都是学习分析的重要数据来源。课程管理系统（CMS）和学习管理系统（LMS）中也蕴藏着大量有待挖掘的信息，包括课程中师生间及学生间的交互信息、学生作业完成情况等学习表现和行为信息以及基于教师经验、教师观察和教师直觉的课程指导方针等，所有这些都是形成决策分析必须采集的信息。

其次，是数据处理。鉴于结构化数据考量尚难认定学生课堂知识的准确吸收量，所以需要通过对其在系统中上网、登录频率、错误概率、单一科目停留时间等行为反应，将学习分析基本模型转化为可量化的数据来分析其学习过程，以便对学生的学习行为有更多微观深入的了解。

再次，是软件分析。学习分析软件按照专业程度来分，可分为"专用工具"和"通用工具"两种。"专用工具"是专门针对某一项目具体要求开发设计的核心分析工具，在分析过程中运用该工具搜集和分析学习者数据，进而指导教学，典型的专用工具有Socrato、SNAPP和LOCO—Analyst等。而"通用工具"则是已应用于互联网的可用性设计等其他领域用来分析学习者如何使用教学系统的工具，主要有Mixpanel Analytics、Userfly、Gephi等。

最后，是行为干预。学习分析结果用来评估学生学习表现和学习效果，需要及时向学习者反馈学习成绩与指导意见，同时还需根据学生的学习效果，有针对性地指导学生调整学习内容和方法，为学生提供具体帮助，以提高学生的学习兴趣与学习能力。

三、发展中的学习分析技术

学习分析作为"大数据"时代运用数字分析技术促进学习的新兴教育技术工具，它在延承既有技术的基础上，更加关注在线教育数据的深层挖掘和理解，并且随着网络学习系统和数据挖掘技术的不断进步，学习分析技术也在不断的拓展和进化之中。

学习分析技术纵向延续了计算机管理教学（Computer—Managed Instruction，CMI）与基于数据的决策（Data—Driven Decision Making，DDDM），横向综合了网络分析（Web Analytics）与学术分析（Academic Analytics）技术而发展。也就是说，本来从商业领域发展起来的网络分析技术，转而向教育领域扩展后催生了学术分析技术，最终又转向教育应用，专注于教学领域中的学习行为分析。当前，发展中的学习分析技术正多向吸纳其他关键技术，来应对日趋复杂的学习过程研究。学习分析技术当前拥有可用于学习分析的关键成熟技术，主要包括网络分析法、话语分析法和内容分析法。学习分析利用数据挖掘工具测量、收集和分析学生在正式和非正式学习过程中所产生的信息数据，进而对这些信息和数据进行深度分析，并以可视化方式解读数据结果，以便指导之后的教学工作。学习分析具有以下技术特征。

第一，数据采集的复合性。学习分析不仅用于学习管理系统（LMS）、网络课程、学习论坛等课程管理系统（CMS）和学生档案系统等数据库的数据，也采用学生在传统学习环境中留下的作业、作品等学习资料和学生个人主页、博客、微博等非正式知识管理系统中的数据。复合采集的信息数据十分庞大，仅学习管理系统就积累了大量学生网络学习行为、学习伙伴间互动、与教学人员交互以及访问教学信息系统等信息数据。这些不同来源的海量数据，为提供自动化的学习支持和针对性的学习服务提供了可能性，但同时也为如何整合这些不同来源的多样性数据增加了复杂性。这一分析工作需要采用第三方分析软件，并将这些多来源的数据导入同一个分析框架中进行分析和计算，最终提供关于学生学习情况的可视化分析结果。

第二，数据采集需要多重角度的技术分析。大数据时代的学习网络、学习者关系和学习内容都处在动态变化之中，使得网络学习的研究过程变得相对复杂。所以，要进行有效分析，必须使用多重研究方法和多种技术工具。学习分析技术延续了CMI与DDDM基于数据的决策思路，将数据分析结果聚焦于学习过程，并为优化学习提供针对性服务，能够有效支持多重角度和多重研究方法的数据分析。也就是说，学习分析技术不仅具有关注数据挖掘、聚合和分析技术在教育领域中应用的能力，也具备定性与定量研究的能力，它能够通过教育分析数据对外语教育过程进行合理的解释，为学生之后的各类外语学习任务提供针对性的服务支持。

第三，学习分析技术能够提供可视化的分析结果。外语学习分析技术的主要服务对象是学生和教师，因此所用工具和技术都降低了技术门槛，它的分析结果都以可视化形象和直观的数据呈现。例如，可以分析学生个人、学习小组、教师和计算机之间信息交互关系的SNA（Social Network Analysis），就是以直观数据和可视化的呈现，方便教师和学生解读自己的学习程度和努力方向。学习分析的这一技术特点，大大方便了不具备统计和分析知识基础的学生和教师，使他们能够通过直观的分析结果判断自己学习或教学的状况。

第四，学习分析技术能够实现微观化的服务层次。领域驱动数据挖掘

（Domain—Driven Data Mining）是数据挖掘中的新方法，用于挖掘用户感兴趣、可行动的知识。与传统的数据挖掘过程CRISP—DM相比，DDDM是基于约束、人机结合、往复循环、不断逼近目标、深层次的知识发现过程，它相对涉及较为宏观的教育决策，较适合为教育决策者服务。学习分析则主要面向微观层面的教师和学生，它以对学习过程、行为和学习网络的跟踪分析，对学习者的自主学习提供建议，为教师的教学干预提供依据。

第五，学习分析技术基于多元化的理论基础。学习分析技术的理论基础包括分析理论和实践知识两个部分。首先是贝叶斯网络、关联规则挖掘、聚类、基于知识的建议和协同过滤算法理论等分析技术方法。然后是与学习理论指导下的教学实践、知识共同体构建，涉及学习动机等非智力因素相关领域。

第四节　"慕课""翻转课堂"及"微课程"

本节内容主要对慕课、翻转课堂以及微课程三个方面进行具体介绍分析。

一、"慕课"与外语教育

"慕课"是以21世纪关联主义学习理论和网络化开放教育理念为基础的大规模在线课程形式，它发端于学习资源发布、学习管理系统以及将学习管理系统与更多开放网络资源综合的课程开发模式，大数据时代的慕课课程不是知识信息的简单聚集，而是一种将分布于世界各地的授课者和学习者通过某一共同主题联系起来的知识呈现方式。

（一）"慕课"的性质与发展

"慕课"的名称来源于Massive Open Online Course的首字母缩写MOOC，它的大规模（Massive）表现为与传统课程只有几十个或几百个学生不同，一门慕课课程动辄上万人，多达十几万人在线听课；它的开放性（Open）体现在学习者以兴趣为导向，无论何种国籍、身处何地、怎样的年龄段，愿意学习的所有人都可以加入学习，只需一个E—mail即可注册参与；它在线即在网上完成学习，无须旅行，也不受时空限制；它的课程是按学年计划的，课程秩序井然。通俗地说，慕课是为了增强知识传播而由具有分享和协作精神的个人或组织，发布于互联网的大规模网络开放课程。

慕课显著的特征首先是它的规模浩大，只有那些具有大型规模的网络开放课程，才是典型的"慕课"；同时它是开放性的，慕课必须尊崇创用共享（CC）协议，也就是只有课程是开放的才可以称为"慕课"。其次，它是在线的而不是面对面的课程，这些课程发布在互联网上，人们上课地点不受局限。无论你身在何处，只需要一台电脑和网络连接即可以最少的支出，享受全球名牌大学的一流课程授课。

慕课只有短暂的历史，慕课掀起大规模在线课程风暴始于2011年秋，为全球各个地区的学习者所响应，2012年这种响应程度到达一个高峰，由此美国《纽约时报》命名2012年为"慕课元年"。其实慕课并不是从天而降的神器，它经历了一个相当长的孕育发展历程。准确地说，慕课的起因应该追溯到1962年，美国发明家和知识创新者Douglas Engelbart提出来一项研究计划，题目叫"增进人类智慧：斯坦福研究院的一个概念框架"，在这个研究计划中Douglas Engelbart强调了将计算机作为一种增进智慧的协作工具来加以应用的可能性。也正是在这个研究计划中，Engelbart提倡个人计算机的广泛传播，并解释了如何将个人计算机与"互联的计算机网络"结合起来，进而形成一种大规模世界性信息分享的巨大效应。自那时起，许多热衷计算机教育的变革者们，发表了大量的学术期刊文章、白皮书和研究报告，他们都极力推进教育过程开放，号召人们将计算机技术作为一种改革"破碎的教育系统"的手段，应用于教学和学习过程中。

"慕课"这个术语是2008年由加拿大爱德华王子岛大学网络传播与创新主任大卫·柯米尔与国家人文教育技术应用研究院高级研究员布莱恩·亚历山大，在由阿萨巴斯卡大学技术增强知识研究所副主任乔治·西蒙斯，与国家研究委员会高级研究员Stephen Downes共同设计和领导的一门在线课程《连通注意与连通知识》中联合提出来的。《连通注意与连通知识》课程，有25位来自曼尼托巴大学的付费学生，还有2300多位来自世界各地的免费学生，他们都在线参与了这门课程的学习。所有的课程内容都可以通过站点间共享聚合交换规范RSS feed订阅，学习者可以用他们自己选择的工具来参与学习：用MOODLE软件包参加在线论坛讨论，发表博客文章和参加同步在线会议等。

MOOCs中最有影响力的是Coursera、edX和Udacity"三巨头"。Coursera是目前规模最大的慕课平台，拥有将近500门来自世界各地大学的课程，虽然良莠不齐但已门类齐全；edX是哈佛大学与MIT共同出资组建的非营利性组织，与全球顶级高校结盟，其系统源代码开放，课程形式设计自由灵活；Udacity是创立最早的慕课平台，以计算机类课程为主，课程数量不多却极为精致，它以具有许多专为在线授课设计的细节而著称。与此同时，其他慕课平台也纷纷突起，Stanford Online是斯坦福大学官方的在线课程平台，与"学堂在线"相同，也是基于Open edX开发的，课程制作可圈可点；Novo ED由斯坦福大学教师发起，以经济管理及创业类课程为主，重视实践环节教学；Future Learn由英国12所高校联合发起，聚合了全英许多优秀大学课程等待大批量上线；Open2Study是澳洲最大慕课平台，课程丰富并在设计和制作上狠下功夫；Iversity是来自德国的慕课平台，课程尚且不多，不过在课程的设计和制作上思路很开阔；WEPS由美国与芬兰多所高校合作开发，开设多门数学课程，授课对象包括开设院校的在校学生，课程内容符合教学大纲要求，考试合格者可获得开设院校所认可的该课程学分。

国内慕课平台Ewant由两岸五所交通大学，即上海交通大学、西安交通大学、西南交通大学、北京交通大学、台湾交通大学共同组建；慕课网是由北京慕课科技中心创立，目前设有前端开发、PHP开发两门课程，其中课程包含初、中、高三个阶段，是一个超酷的互联网和IT技术免费学习平台，专门服务于互联网工程师。当前，上海交通大学微博宣布加盟MOOCs三大平台之一的全球最大在线课程联盟Coursera，成为加入Coursera的第一所中国内地高校，将和耶鲁、MIT、斯坦福等世界一流大学一起，共建共享全球最大在线课程网络。复旦大学也与Coursera达成一致，向Coursera免费提供中文或英文教学的在线课程。

（二）"慕课"的覆盖范围与教学形式

慕课是以关联主义学习理论和网络化学习的开放教育学为基础的课程形式。课程的范围不仅覆盖了数学、统计、计算机科学、自然科学和工程学等广泛的科技学科，也正在逐步涵括社会科学和人文科学课程。慕课课程并不提供学分，也不包含在本科或研究生学位教育体系之中。但这些课程跟传统大学课程一样循序渐进地形成结构体系展开，培养学生逐层提高知识层级，最终成长为高级人才。通常情况下参与慕课课程学习是免费的，但如果学习者需要获得某种认证的话，则有些大规模网络开放课程会收取一定的费用。尽管这些课程通常对学习者并没有特别的要求，但是所有的慕课课程都会提供一种大体的时间表，以定期专题的形式对课程知识展开讨论。即使最小的课程结构，通常也会安排每周一次的讲授、问题研讨以及提供阅读建议等。

每门慕课课程都有频繁的小测验，也有期中和期末考试。考试通常由同学评分，如一门试卷由同班的五位同学评分，取平均分为最后得分。慕课课程鼓励学生成立网上学习小组,也推荐与附近同学组成面对面学习小组的学习方式。这样的"个性化教学,不同层次、不同能力、不同兴趣爱好的学生都可以在其中找到自己的位置,得到相应的教育"。

(三)基于"慕课"现象的外语教育思考

"慕课"诞生至今仅短短数年,就已在全球教育领域引发了一场"数字海啸",这与"慕课"所秉持的"将世界上最优质的教育资源,送达地球最偏远角落"的教育信念有关,也因此受到全球每一个角落人们的普遍欢迎。在创新教学理念、先进网络技术和社会现实需求的共同推力之下,"慕课"宛如一股巨浪开始席卷全球,已引起国内外教育界的普遍关注。值得我们透过慕课现象反观它的教育挑战,进而以慕课教学理念思考和把握外语教育的未来发展。

当前,大规模在线开放的慕课课程(MOOCs),将逐步演化出在线开放的研究型课程(MOORs)。但基于内容的MOOCs向基于问题求解的MOORs转变,并不等于当前慕课模式的最后终结。MOOCs基于知识复制传播而诞生,MOORs则更多侧重于问题求解与知识建构;在一定的时间段里,它们将成为两种亲缘形态,各自服务于各种不同的教学目的、教学层次和教学对象。

1. 慕课给外语教育带来的挑战

慕课给外语教育带来的挑战之一是促进了外语教学资源优胜劣汰重新分化组合,出现强者愈强,弱者愈弱的局面。弱势教学将承受各方面的制约,甚至面临生存危机。慕课在为教育资源整合创造了前提条件的同时,也会使本来弱势的外语教学机构沦为一流大学慕课教学的辅助系统。

挑战之二是教育成本和教育质量问题。慕课打破了时空的限制,一门课程注册上课的学生可能达到上万甚至上百万,使提供慕课和学习慕课课程双方的投入成本均无限制缩小。同时慕课除提供传统标准课程之外,还提供适合个性化市场需求的创新型教学,可能达成教育成本降低和教育质量提升的高度统一。为此,各类大学都需要利用当前网络技术抓住机遇迎接挑战,提供更广泛深入和更令人兴奋的外语教学的课程新形式,以赢得学习者而避免淘汰出局。

挑战之三是慕课的到来,较以往任何时候都更清晰地凸显了教学改革的必要性和可行性,慕课虽然不可能彻底颠覆现行的教育体制,但在它巨大的冲击力下,当下的教育模式必然产生革命性的改变,慕课模式终将重构教学与学习的新型关系。

总体来说，慕课在给外语教育带来挑战的同时，它本身也面临着巨大的挑战。教育的核心是育人，是让学生成为快乐、智慧和对社会有用的人，因此慕课课程不仅开设学科课程内容，还需要有包括德育课程内容在内的一整套相对完备的课程体系，需要强调"课程育人"的重要性，要通过这样的教育理念使教学回归教育原点再出发，从课堂教学走向课程育人。要打造让教育走进学生心灵的慕课，就要倡导教师成为教育的研究者，而不仅仅是教学的思考者和执行者。并且，执行这样的理念需要有专业的团队进行长期的研究及切实的引领和实践。为此，慕课课程不仅需要研究和实践，还需要专业化的管理和研究。

慕谋课程需要注重教与学的关系，我们需要反思传统课堂究竟缺少什么。传统课堂并不缺少知识，也不缺少方法，更不缺少责任。其实，传统课堂最缺的是激情、活力和趣味，最缺的是学生生机盎然的学习的精、气、神。慕课课堂的教学变革就应该从这些方面开始，它应该避免像传统课堂那样，把直接灌输知识当作教学追求的最终目标，它需要以尊重人的生命发展需要为出发点，目的是为学生的学习注入动力，是为了激发学生的学习活力，让学生自己去实现学习的目标。因此，这样的课堂需要成为"引力场""思维场"和"情感场"，最终发展成为人的"生命发展场"。

2. 以慕课挑战为契机推进外语教学变革

面对高速发展的"世界社会形态"和扑面而来的"大数据"热潮，当前在线开放的MOOCs课程逐步演化而产生了研究型MOORs、混合实验型MOOL、混合学习型Meta—MOOC和DLMOOC、自主学习型xMOOC和SPOC以及协作学习型DOCC和PMOOC等多种在线开放学习模式，今后还将产生更为多样的针对具体学习问题求解的MOOCs。这种服务于各自不同的教学目的、教学层次和教学对象，多样而并行不悖的MOOCs课程亲缘形态并存，说明全球范围内对MOOCs的反映已由狂热逐渐趋于理性。在MOOCs风靡的背后透射着深刻的时代性、需求性，对于我国大学来说，需要在分析研究MOOCs过程中认清中国教育的时代使命，反思教学本然的价值和教学观念，顺应大数据时代教学变革思路，将开放教育资源与传统课堂创造性地结合起来，推进传统教学模式的革新，使外语教学课堂真正跨入大数据的信息化时代。

MOOCs是21世纪以来高等教育领域中令人震撼的突变现象，将MOOC，置于社会历史背景下看待它的诞生与风靡，我们不难发现，其实MOOCs并非一个突然降临地球的外星理念，其孕育、形成与风靡的过程正是网络时代至今持续酝酿着的信息大变革。这正是世纪科技发展的自组织系统内部所形成的随机扰动,使高等教育系统本身远离平衡态,从而形成一个系统整体的"巨涨"。这一变化,终将直接导致高等教育系统进入不稳定态而跃迁生成新的稳定有序的耗散结构。由此,全球网络革命的跃迁,使得人类知识的建构、控制以及获取知识的方式都发生了翻天覆地的改变。关联主义创始人西蒙斯指出:传统知识存储机制的多数知识仅处于"知道关于"(Knowing About)和"知道如何做"(Knowing to Do)的基本层次;而网络时代的知识在这样的认知基础上,更包含了"知道成为什么样"(Knowing to Be)、"知道在哪里"(Knowing Where)和"知道怎样改变"(Knowing to Transform)。MOOCs的产生与发展,正是适应于当今时代更加动态、多元化知识并存状态的学习需要。也即是说,MOOCs是我们尝试对当今以及未来不再是高度结构化、控制和线性形态知识学习的适应,我们需要改变甚至颠覆传统教育对知识结构化的单向流动模式。高等教育自诞生后的几个世纪以来,教育系统始终处于超常的组织稳定性之中,一直沿用古老的教学手段,并未将网络时代对人类未来发展和知识革新提出的新要求纳入教育结构。需求饥渴应运而生地提供了一种组织松散、非结构化、快速高效而又赋予学习者主体地位的知识传播方式,导致了全社会近乎饥渴的MOOcs需求。为此,我们需要迅速顺应这一伟大变革,以慕课挑战为契机推进外语学科的教学改革。

二、"翻转课堂"与外语教育

(一)关于翻转课堂

翻转课堂(Flipped Classroom)也称颠倒课堂。教学过程包括知识传授和知识内化两个阶段。传统教学的知识传授是教师通过课堂讲授来完成,知识内化则由学生在课后通过作业实践来实现。翻转课堂颠覆了上述传统教学形式,教师依据教学计划布置课前预习,学生将利用各种开放教学资源课前自行获取知识概念带到课堂,在课堂上通过与老师和同学共同探讨完成作业,使知识得到内化。大数据时代的网络共享开放学习资源为翻转课堂创造了良好的资源条件,翻转课堂模式也因此成为信息技术与学科教育深度融合课程改革的重要途径之一。

翻转课堂指学生在课前利用教师给出的音频、视频、电子教材或共享开放网络资源地址等数字化学习材料,自主学习课程内容,然后在课堂上参与由教师组织的同学间的讨论探究等互动活动,并完成课程学习任务的一种教学模式。2007年，美国人萨尔曼·可汗（Sal—mall Khan）利用网络视频进行"翻转课堂"模式授课获得成功，以他命名的可汗学院"翻转课堂"教学被加拿大的《环球邮报》评为"2011年影响课堂教学的重大技术变革"。比尔·盖茨称他"预见了教育的未来，引领了一场革命"。近年翻转课堂在国内外教育界广受关注，作为一种基于信息技术的新型教学模式，翻转课堂主要体现了颠倒传统教学流程和引导学生自主学习的教学理念。翻转课堂在颠倒传统教学流程的基础上，使用教学视频教学，它的效能增值是教学理念和教学方法整体变革的必然结果。作为相对于传统课堂的一个成功授课模式，翻转课堂为我国教学改革提供了有益的借鉴。

但是，翻转课堂不是在线课程，翻转课堂并非用视频替代教师，它是一种师生互动的探讨教学方法，为学生自主学习提供了确定的时间和空间，让学生在总体学习进度的控制下，获得个性化教育。翻转课堂产生良好的教学效益已被社会所公认。2012年6月美国教育咨询公司对采用翻转课堂的453位教师问卷调查报告显示，67%的教师表示学生在标准化考试中成绩得到提高，80%的受访教师认为学生学习态度得到改善。

（二）"翻转课堂"模式裨益

首先，翻转课堂最明显的优势就是真正将学习主动权归还于学习主体，强化了教师与学生、学生和学生之间的交流与互动，充分发挥学习者的主观能动性。虽然传统课堂逐年来也引入了教学辅助指导、师生交流互动等教学改革环节，但限于传统教学理念和几十年一贯的教学条件和教学环境，这些教学改变大多仅流于形式，教学活动仍以教师讲授为主，学习者并无"主体"地位可言。"大数据"时代的来临，高度发达的网络传输和计算机技术造就了颠覆传统课堂的"慕课"课程教学和学习形式，也使尝试中的翻转课堂教学获得了名正言顺的教学地位。翻转课堂将传统课堂教学内容放到课后，学习者利用教师提供的资讯自主安排知识学习，其主体地位得以体现，其学习亦更加主动与有效。

其次，扭转了学习观念和学习态度。翻转课堂环境下的学习内容往往是基于问题的，即根据学习者的兴趣和需要而自主定位的。学习者遵循学校规定的总体水平目标，依据教师提供的学习材料或学习资源途径，自行完成知识建构和能力提升。教师将传统的课堂讲授、练习等环节转变为学习资料和待解决的问题提供给学习者，这种学习方式在将自主权交还给学习者的同时，也增强了学习者的学习责任感和持续的学习意志力，对提高学生独立思考和解决问题能力的培养大有裨益。

其三，由于将主要知识获取活动放在课后，学习者对教师的依赖性逐渐淡化，被迫将获取帮助的需求转向同学和其他学习资源，使学生逐渐习惯于通过主动连接学习节点，主动与学习伙伴交流探讨的意识与能力。使其在完成学习任务的同时，也有效地加强了人际交往、组织协调和团队合作等全面的素质能力。

（三）基于翻转模式的课堂教学设计

"教学设计是现代教育信息技术的基础，它是一种用系统观点和方法解决教学问题的规划过程和操作程序。"基于翻转课堂的教学理念，针对课程需要可以形成多样的教学流程设计。首先，需要分析课程实施的基础条件。例如，本次课程教授对象为哪一年级学生，有怎样的信息获取能力，自主学习意识如何。教师需要依据学生上述基本学识和学能，做出相应的教学设计；对于外语教学来说，翻转课堂还需要根据班级人数将学生分为若干个学习小组，便于学生进行语言交流并培养其协作学习习惯。教师需要指导各小组间协作交流，并针对具体情况予以个性化指导。

1. 课前安排

教师在课前要充分准备教学资源，可以提供外语参考书籍、电子课件、微视频教程、国内外相关的外语专题学习网址等形式多样的学习素材。通常将学习资源分为两级，即基础学习资源和扩展学习资源，依据学生不同的学习基础状态灵活应用。其中微视频容易形成较强的针对性，通常作为课前的核心内容。根据每节课的课堂目标，一般可准备两三个微视频，每一个微视频只介绍一个知识点或者呈现一个知识案例。利用Camtasia Studio（屏幕动作录制）V6.0.2绿色汉化特别版，进行微视频的录制与后期制作，画面清晰且操作简单，可在Win2000／XP／2003平台运转。Camtasia Studio是TechSmith旗下一款专门录制屏幕动作的工具，它能在任何颜色模式下轻松地记录屏幕动作，包括影像、音效、鼠标移动轨迹、解说声音等；此外，它还具有即时播放和编辑压缩的功能，可对视频片段进行剪接、添加转场效果。它输出的文件格式很多，包括Flash（SWF／FLV）、AVI、WMV、M4V、CAMV、MOV、RM、GIF动画等多种常见格式，是制作视频课件的有效工具。教师自行制作教学视频的优势在于能够完全与教师设定的教学目标相吻合，同时教师也可以根据学生的实际情况对教学内容进行针对性讲解，并可根据不同班级学生的差异性多版本地录制教学视频。在具备这些优势的同时，自制教学视频也对教师的教学责任心、教育技术能力提出了挑战。

外语教学视频的视觉效果、互动性、时间长度等对教学效果有着重要的影响。因此，外语教师要合理设计课前练习的数量和难易程度，帮助学生利用原有知识实现向新知识的过渡。对于学生课前的学习应该更多利用网络信息交流，学生可以通过同步和异步网络交流与同学互动沟通，交流彼此的疑问与收获，促进各自自主学习的成效。教师在制作教学视频时不仅需要设计整体视觉效果，更要突出强调主题和要点，设计依据知识结构的互动策略等，为学生构建内容丰富、形式新颖的学习平台，充分吸引学生认真投入视频学习。教师对学生的适应性要有充分顾及，学生接触视频课程初始，大多并不习惯认真听讲思考，而习惯于做好听课笔记。为了改变这样的局面，教师可就重点内容为学生提供视频副本，以此解除学生的后顾之忧，引导学生习惯集中精力思考当前解说的视频内容。视频课件制作完成后，可将视频及其他数字学习资源上传校园网络，方便学生下载学习。

在准备外语学习资源的同时，教师要明确课前学习任务，帮助学生充分了解本次课程的学习目的和学习内容。要求他们认真学习微视频内容，鼓励有能力的学生学习扩展资源。微视频学习之后要学生总结自己学到的知识以及存在的问题，并将问题反馈给各组长，由组长汇总问题后再反馈给教师。这种方式最大的好处就是实现了个性化的自主学习，学生可以根据自己的情况选择资源和制定学习时间。教师则需要及时了解学生的学习问题和自学情况。

2. 课堂教学

外语课堂教学可分为合作探究、个性化指导、巩固练习、反馈评价和课程总结五个步骤进行。

合作探究阶段由教师依据已掌握的学习问题给出讨论任务，按照既定的小组由学生合作完成。要引导学生充分利用这一机会与学习伙伴讨论自主学习时遇到的各类问题，根据学习任务发表自己的观点。开展课堂讨论之前，教师需要根据课程内容和学生课前视频学习所遇到的问题，归结出一些有探究价值的题目并针对性地指导学生选择，让学生根据各自的理解与兴趣做相应的选择。之后，教师根据所选题目将学生分成若干组，尽量使选择相同题目者组合在同一个小组，小组人数规模可依据具体情况控制，还需要根据问题的难易程度和类型区别进行小组内部的协作分工。当问题涉及面较广并可能划分为若干子问题时，小组成员可以按照"拼图"学习法进行探究式学习。每个小组成员负责一个子问题的探索，最后进行协作式整体聚合；一旦问题较小并不容易划分时，可分配给小组成员先对该问题独立探讨，最后再集体协作解决。

个性化指导阶段是教师为各个小组解答疑难的过程。每一个小组在合作探究阶段产生不同的问题，教师根据学生不同的问题分别进行个性化指导，为每个小组做出解答；对各小组遇到的共性化问题，则可集中予以解答。

巩固练习阶段是指教师个性化指导之后，需要各小组即刻总结收获，并通过练习加深印象。及时巩固课程重难点知识。这一阶段还需要安排各小组间进行学习交流，引导学生共享知识收获和学习经验。

反馈评价阶段是课程的重要环节，教师要从整体角度，依据学生作业等学习情况对课程学习进行及时评价。反馈评价是过程性评价的体现，要以激励原则重视评价的及时性、多元性和公平性。

最后是课程总结阶段，首先由各小组代表汇报本次课程的收获，之后教师对整节课程知识进行系统化梳理总结，注意引导学生积极探索和交流协作精神。并积极引导学生进行课后复习。

总之，外语翻转课堂在最大化课前预习成效的基础上，更要强化课堂学习的学习效率，如何通过课堂活动设计完成知识内容是翻转课堂重要的教学任务。因此，教师在设计课堂活动时，应充分利用情境、协作、会话等要素，充分引导学生在能动的体验过程中，完成对当前所学知识的内化。在外语翻转课堂中，技术工具和信息资源是学生学习的基础。教师要广泛聚合信息资源并熟悉各类软件工具。大数据时代环境下，简便的免费工具已经得到广泛的应用，创建的个性化网络学习环境日渐变得容易，需要引导和鼓励学生利用这样的环境展开自己的学习、社交和未来的职业发展。为此要引导学生掌握RSS（Really Simple Syndication）、Symbaloo（导航网站http：//WWW.sym-baloo.corn/）和Diio（Digest of Internet Information.Groups and Other Staff，网页书签工具）等工具进行储存、标签分类所获取的网络知识信息以满足学习的需要。翻转课堂能否真正实现个性化学习，教师能否发挥引导学生制订学习计划和使用学习工具的作用至关重要。

3. 基于翻转课堂的学习能力培养

上述教学活动的根本目的，在于引导学生个性化学习并使之成为自我激励的学习者，能够建立起强大的自主学习控制意识和控制能力。外语个性化学习设计基于可协作学习的环境，能否通过教学指导以技术工具进行自我组织的探究性学习，关乎学生今后是否能够适应社会性知识竞争而进行终身学习。因此，独立学习和协作学习能力养成至关重要。

独立学习能力是学习者最需要具备的重要素质，而外语翻转课堂尤其有利于个体学习能力的培养。从个体的发展角度来看，学生成长是从依赖走向独立的过程。学生的独立学习能力需要从以下多个层面去理解：首先每位学生都是具有独立人格的人，而学习需要独立思考，这是无可替代的；教师只能引导学生通过观察、感受事物，依据体验分析思考问题；才可能真正明白事理而掌握知识；其次，每位学生的认识思考都是独立于教师头脑之外的，并不以教师的意志为转移。教师是学生接受引导的唯一选择，是把学生作为不以自己意志为转移的客观存在来看待，使自己的教育教学主动适应学生的实际情况，而不是教条性的主观盲动；再次，每位学生都会有自己独立的发展定位要求，他们在学校的学习过程实质上正是一个逐渐成长和争取独立并日益独立的过程；最后，正常状态下每位学生都具有相当的独立能力潜质，要确信他们的独立学习能力。总之。独立性是每一个学生客观存在能力，翻转课堂的教学设计需要注重培养学生的独立学习能力，教学要由选择性指导逐渐转化为学生独立的探究学习。把引导学生独立学习的意识贯穿于整个课堂设计，让学生在日渐独立的自主学习中能动地建构起自己个性化的知识体系。

外语协作学习既是获取当下知识的重要策略，也是培养学生未来发展能力的一个重要途径。外语协作学习即学习个体之间采用商讨和辩论等形式充分论证当下所研究的外语学习问题，以达到实现学习目标的目的。协作学习活动对形成学生的批判性思维与创新性思维，提高学生个体间相互尊重、包容和交流沟通能力，都有明显的促进作用。因此，教师需要借助于翻转课堂加强协作交互学习的设计。外语翻转课堂的交互性活动中，小组是互动课程的基本构建模块，其涉及多人之间的交流互动。在翻转课堂环境里每个人都参与到活动之中，参与者在与同伴交流中能够随时发现自己想法是否正确，并由于集思广益而产生了多种解决问题的方法与策略。

教师指导外语翻转课堂小组活动要适时做出决策，选择合适的交互策略，保证小组活动的有效开展。小组交互仍然需要一定的策略，常用的策略有头脑风暴、小组讨论、拼图学习等。

4. 翻转课堂的反馈评价与技术支持

外语翻转课堂中的反馈评价体制与传统外语课堂的评价也应有所不同，翻转教学模式中的评价应由教师、同学和学习者自己共同参与。外语翻转课堂不但要注重对学习结果的评价。还通过建立学生的学习档案，注重对学习过程的评价。要真正做到形成性评价和总结性评价、个人的评价和小组评价、自我评价和他人评价结合的办法。评价的内容涉及问题选择、自主学习表现、小组写作表现、学习计划、口头表达和作业成绩等多个方面。对结果的评价强调学生的外语知识和技能的掌握程度，对过程的评价强调学生在外语活动访谈等方面的具体表现。

外语翻转课堂的成效也需要由适合的信息技术支持平台。从教师制作教学视频到学生课前教学视频的个性化学习，直到协作学习环境的构建，每一个环节都需要计算机设备和网络条件的支持。校园网络速度过慢，是当今制约众多学校不能正常利用数字技术教学的主要原因。学校需要通过配置高性能服务器，增大网络宽带接入量等途径解决这一问题，方能正常开展翻转课堂等利用现代技术的外语教学。教学视频制作的质量对学生课后学习效果也极为重要，从前期的拍摄到后期的剪辑需要有专业技术条件支持。

5. 翻转课堂需要的教师能力与学生信息素养

要将翻转课堂这一全新的教学模式高效地应用在外语教学之中，教师仍然起着重要作用。在翻转课堂的实施过程中，教学录制视频的质量、对学生课前"基于4G手机的外语翻译在线支持系统"等教学渠道，构成英语学习文体聚合模型及内容、练习、评价、活动、生成性信息、多元格式等应用程序，为学生提供多样个性化的实时交互指导。

学习的督导、课堂活动的组织指导等，都对教学效果有着重要的影响，无一不需要教师投入大量的精力。为此，需要在教师良好职业操守的基础上，加强教师信息素质能力的培训，熟练掌握教学视频的录制技能，避免单调乏味的讲述，录制出形式新颖、情感丰富、知识包容量恰当的教学视频。并需要掌握具有魅力的方法，在网络教学平台中引导学生积极进行互动交流。

学生在课余进行教学视频学习，需要自行完成练习，并在互联网相关网站中查寻资料总结问题，要准备充足的材料到课堂中与教师和同学进行讨论。而这一切都需要建立在学生良好的自主学习能力和信息素养基础之上。只有当学生具备了一定的自主学习意识时，才可能认真完成教学视频学习，课前主动发现问题，合理地安排自己的学习时间；只有当学生熟悉和掌握了一定的信息技术手段时，才有可能在网络上踊跃检索资源，通过网络教学平台与教师和同学进行主动的交流沟通。因此，在实施翻转课堂的过程中，需要十分关注学生自主学习能力培养和信息技术素养的提升。

（四）翻转课堂模式要素

翻转课堂教学模式从课前教学内容有效传达，课中内化活动有效进行和课后学习效果的客观评价三个时间维度上，形成了外语教学目标的高效实现。因此，课前、课中与课后学习成效组成了翻转课堂模式的三要素。

1. 课前教学内容传达

课前教学内容传达是有效教学的基础。目前，我国翻转课堂教学内容传达主要依靠数字化视频和纸质学习引导材料两种形式，教学视频通常被视为翻转课堂课前教学的基本方式。视频制作之前，需要认真考虑教学目的。通过比较其他的方式来决策是否一定需要采用视频工具。一旦确认视频为教授的最佳手段，就要克服技术障碍实现视频效果最大优化。

对于初试翻转课堂的教学而言，使用现成视频是最佳的选择。一方面教师面对繁重的教学任务可省去制作视频的时间和精力；另一方面，教师面对陌生事物的心理压力也容易影响录制最终影响学习效果。因为录制视频是面对计算机自言自语，与传统授课面对学生有着完全不同的感觉，尤其数字技术对外语学科教师来说也会存在一定程度的困扰。因此，如果能够得到本门课程高质量制作成功的视频，无疑是一种便捷的替代方式。当前外语教育出版社多有相关视频课出版物可供选用，网络共享资源也有相关视频为外语教学提供共享。"借用视频的另外一个好处是能够使学生意识到他们本可以通过其他渠道获取他们所需要的信息，使他们意识到学习是他们自己的事情，搜集信息对学生而言是非常重要的学习手段。"

视频制作并非单纯使用摄像机录制课堂实况，虽然这是相对简便有效的制作方式，但是有更便捷的方法来制作用于翻转课堂的教学视频。简易的翻转课堂视频制作常用的软硬件有录屏录音软件、电脑、手写板、麦克风等。通常使用录屏软件来捕捉电脑屏幕上幻灯片演示和电脑操作轨迹等内容，同时利用麦克风来录制讲述的音效，手写板如同书本上的书写效果，音频编辑软件则用以对录制的声音进行加工。除了这些技术层面的视频制作手段需要成熟，视频画面质量也需要重点关注，如何使学生乐意沉浸其中是教学视频制作成败与否的关键。

因此，首当其冲的是要在确保教学内容足量的前提下，尽量使教学视频短小精悍。当代大学生生活在信息时代，海量信息和超快节奏的生活氛围当中，短、频、快是他们的不二选择。传统课堂包含若干教学目标和众多教学内容的课程，本已是他们无奈的忍受选项，学生更喜欢短小精悍的视频，每个视频只讲授一个知识点，讲词汇构成，如简单词"like"这个词根，前面加前缀"dis-"就变成词根的反义词，后面加后缀less，就变成名词形式，不要涉及其他。时间"长度约十分钟，从最基础的内容开始，以由易到难的进阶方式互相衔接。"视频过长或内容过于繁杂则往往事倍功半。除了演示教学内容，视频声音也是吸引学生学习注意力的一个重要选项。因此视频讲授的声音需要具有一定的感染力,对于外语语言教学来说,发音音色尤其重要。录制视频当教师面对毫无反应的电脑往往难有激情,因此更要设法使自己的声音表现生动。美国科罗拉多州Woodland Park High School教师乔纳森·伯格曼曾试着以多种口音讲课,使学生觉得很有趣,这样在视频中增添了幽默元素,无形中就吸引了学生的上课注意力。

英语视频学习的有效性很大程度上取决于学生的听力水平,因此外语视频中需要适当添加疑难词汇和特殊表达法的文字注释。适当的文字注释在适度弥补学生听力水平不足的同时,也可避免对内容的误解,但不宜提供完整的音频脚本,以免学生过度依赖文本而削弱听力理解能力提高。

2. 课堂组织

首先,外语导读等课程适合在计算机网络中心进行,是当前最适宜翻转课堂教学模式的一门课程。学生在课下完成相关知识学习,课上教师对重难点进行引导性释难,然后进行在线测试。计算机中心为教学提供完备的技术支撑,测试后学生可以自由在线获取网络学习资源和大量的背景知识及相关信息,对自己的测试结果进行比照分析,以进一步促进自主学习。

其次,外语课程往往涵括语言和文化双重要素,因此,从初级认知要求的识记理解到高级认知要求的综合应用与评价有着逐步递增的学习目标要求。为此,在引导学生注重语言知识识记与对文化现象理解的同时,还必须组织相应的学习活动,要求学生利用已有知识分析理解产生目的语的不同文化背景。

再次,外语学习尤其需要提倡个体学习和合作学习相结合的学习方式。个体学习有助于学生充分完成识记和领会等教学目标,而在更高一级的综合应用认知的学习中,只有双边甚至多边的合作互动过程,才能够更好地实现教学目标。

3. 学习效果评价

翻转课堂教学模式的评价方法也是决定翻转课堂教学效果的重要因素。翻转课堂个性化学习评价主要依靠教师在课堂过程中的形成性评价,教学需要根据学生的教学经验快速判断学生对知识的掌握程度。这种即时的评价可以帮助学生及时纠正对知识的误解,根据学生的认知差异给予个性化的学习建议和指导。翻转课堂教学的评价还没有定论。关键是要与学生进行良好的沟通,根据学生的不同特点给予适当的指导。同时,也需要为学生提供多样化的展示学习成果的渠道,让学生建立足够的自信和成就感，从而促进更好的学习成果。

综上所述，翻转课堂教学使传统教学发生了革命性的改变，学生成为翻转课堂教学的核心，为学生提供了个性化学习平台，有利于增强学生自主学习意识和团队协作能力。但没有一种教学模式是完美无缺的，翻转课堂在我国高等教育领域还有更多广阔的空间有待拓展。需要广大外语教育工作者脚踏实地研究与实践。

（五）翻转课堂的应用实践

1. 英语听说课程的翻转模式

近年来，较多院校的本科英语听说课都采用了"自主学习+小班口语辅导"的模式，视学生听说程度自主学时占听说总课时的40%～50%左右，鼓励学生课前、课后在自主学习中进行自主学习。这样的做法事实上已经非常接近"翻转课堂"的理念，学生在充分利用大学英语自主学习中心、校园网所提供的教学资源和平台开展网络化学习的过程中，根据自身的能力、水平、需求自主选择学习内容和学习方式进行个性化学习，自主学习意识和能力得到明显提高。通常自主学习中心拥有丰富的英语教学资源，拥有系统的教学和学习平台，包括新理念大学英语视听说教学系统、新视野大学英语视听说系统以及自建的自主学习资源库。教学系统集多种教学和自主学习功能于一体，拥有包括学习路径记录、课程作业、在线考试、自主测试、学生互动交流等功能丰富的教学内容和严格的学习管理系统。自主学习资源应由英语电影电视剧资源库、通识学科知识资源库、国外名校公开课资源库、名人演讲、对话、访谈和论坛等英语电视节目资源库、CNN学生英语新闻资源库等多种资源组成。

一般小班口语辅导由教师准备学习资料，侧重辅导和训练学生学习口语，授课量可根据学生语言能力程度，掌握在总课时的50%～60%之间。辅导内容包括语音知识，如英语音标、重音、连读、失去爆破、意群、停顿、节奏等。口语课也须讲授口语句型，如观点询问与表达、插话、辩论观点、澄清与展示演讲等。但是。为了在口语课堂中为学生提供更多的英语输出的机会和时间；一定要求学生课前和课后针对听说课程积极能动地自主学习。

2. 翻转理念的精读课程应用

大学英语教学改革从2004年开始以来，尽管已进行将近十年了，但英语精读课教学仍然以信息输入，即课文学习与理解为主。虽然部分教师有意识地设计小组活动等让学生参与并实践，但并未摆脱传统模式的教学。应用"翻转"理念对精读课来说应该是一个变革的转机。精读课课堂"翻转"需要两个主要步骤，首先需要确定教学目标。明确视频表现内容与表现形式，并针对不同教学对象差异而收集资料创建视频，这些内容和形式还需兼顾不同学生的学习习惯。其二是组织课堂活动。教学内容在课外传递给学生后，课堂内更需要高质量的学习活动，以便学生在一定的情境中应用并消化所学内容。由此，精读"翻转课堂"经历了创建内容，开展探究活动，引导独立解决问题等基于项目的学习过程。

精读课"翻转"视频旨在讲解课文，可发挥教学团队各老师的资源优势分工合作，每个单元或每篇课文由一个老师负责制作并主讲，与其他单元形成整体的共享系统。课前布置学生以课程视频为主线自主学习，实现个性化因材施教教育目标，但鼓励合作学习和小组讨论。课堂则组织学生就课文理解进行讨论，利用课堂时间组织学生讲解课文内容，教师只负责答疑解惑。精读课除了答疑、解惑、讨论之外，还可以组织学生进行项目式学习，项目式学习的方法指导、操作步骤、项目学习的内容和要求，可以制作成视频，以"微课"的形式让学生在课下观看，引导学生实现课外小组合作学习。合作项目式学习的内容可以是关于课文词汇和课文理解的，可以是关于课文背景知识的，可以是关于社会调查方面的，这些学习内容的选择，取决于学生学习的需要。

精读"翻转课堂"由教师在导论课上给学生分组，一般可4~5人一组，课上安排学生以小组为单位汇报，要求每组平均以6~10分钟时间展示讲解学习的成果与问题。学生对小组合作探究精读课文主题的教学方法，有较高的认可率。认为通过合作学习并不影响自主探究。反倒刺激和培养了自主学习的意识和能力，在多次反复的探究和辨析中，极容易加深对课文的理解，并能够明显提升探究问题的意识和能力，锻炼并提高了英语表达能力和综合素质。

小组合作探究活动的成果还可通过如将PPT等成果上传到校园网站，利用M00dle等网络教学辅助平台等其他方式实现交流共享。精读"翻转课堂"的教学设计在应用"翻转"理念的同时，还需贯穿关联主义个人知识管理的学习理论，以全方位地培养和锻炼学生自主学习和自主知识建构的整体能力。

3. 写作课程的翻转课堂

《英语写作》的授课难度在于课堂时间相对有限，精讲与多练成为课程授课的显著矛盾。因而亦需要探索课上课下结合的教学模式，即应用

"翻转课堂"的教学理念，充分调动学生课下自主学习的主观能动性，高效利用课堂的有限时间。

《英语写作》课堂"翻转"，首先需要课前将写作的基本原则、主题句、段落的展开方法有关学习资料上传到学生学习平台，让学生结合教材和上述学习材料课下完成自学。之后，教师只需在课堂上进行讲评和指导自学效果，酌情课上或课下布置适量的写作任务练习写作方法。这样做不仅使课堂效率得到明显提高。同时也很好地培养了学生写作表达的自主学习能力。例如，图表作文写作课前将详尽的备课资料发到布置作业平台，要求学生自学并从网络、报纸、杂志等媒介上寻找感兴趣的、有现实意义的、适合写作的图或表，课堂上教师依据学生事先的学习状况，进行提纲挈领地讲解和指导，然后指导学生根据图表作文的写作要求和常用句型，完成图表作文。

这类课程不仅需要完成英语写作本身的写作训练，还需要将学生的写作训练引向现实生活进行意义表达，使学生能够结合实际应用提高写作能力，并在英语写作学习中关注、思考和理解社会生活，进一步提升人文素质。为了实现这样的教学目标，因此需要要求学生课下能动地完成资料搜寻和选择任务，最终确定写作题材和自学图表作文的有关学习资料，包括写作方法、常用句型、范文等；同时，要求作文写作题材涉及社会和校园的热点问题，对于网络时代的社会、生活、交通和教育问题以及学生学习和择业等切身问题都有所关注。学生作文完成后，教师先不直接打分评价，由学生在网络自行提交批改或互相批改，经过多次批改修正后，最后才由任课教师酌情评价，以达到自主学习、协作学习和充分利用在线资源的教学目的。

（六）翻转课堂的问题思考

外语翻转课堂在其形式上是教学与信息技术的融合，而其实质则是外语教学理念与教学流程的改变和思维模式的创新。外语翻转课堂虽然有着种种优势，在实施的过程中仍然会发现它存在着许多问题。首先，尽管课前已将微视频资源和相关文本文件同时上传，但大多数学生仅学习教师制作的学习素材，而并不主动去搜集其他外语学习资源。因此，课程计划与实施状态信息并不对称，学生学习能力提升幅度往往难尽人意。其次，外语翻转课堂教学模式通常仅对于中等外语程度的学生效果明显。较差外语程度的学生往往不经常主动进行课前自主学习，而程度较好的学生也同样会放松课前学习，后两类学生表现为学习动机不足。同时，外语翻转课堂教学实施过程中，由于教师需要逐步学习掌握各类教学软件并制作各类课件,限于精力也容易因此放松对学生学习状况的监管。课程较难实现完美的收效。尽管翻转课堂教学模式被誉为"教学革命",但是它并不是教学神话,外语翻转课堂教学的实效还取决于学校、教师、学生等诸多方面的综合协调因素。

首先,学校的态度决定翻转课堂实施的可能性。翻转课堂的有效实施受到学校管理方式、教学条件的根本性影响。大部分翻转课堂的教学内容传递都借助教学视频,而我国高校当前网络等硬件环境对这类教学发展必然有一定的影响。同时,翻转课堂对传统课堂的颠覆在教学方式、教师绩效考核和学生成绩评定等方面都需要得到学校管理层面的理解和支持。

第二方面,外语教师教学理念和专业素养水平直接影响翻转课堂实施的成效。教师教学理念如若不能正常确立,可能使翻转课堂教学流于形式。当前信息时代中,学生往往与教师面对同等的信息资源,知识授受的一贯平衡被打破,翻转课堂模式加速颠覆了教师"传道、授业、解惑"的传统角色。因此,唯有教师彻底转变教学理念和身份角色才能推动外语教学变革的脚步,外语翻转课堂教学模式急需教师强化专业素养和综合素质。翻转课堂模式也将增加教师的工作负担,除了制作视频所涉及的技术问题之外,还需要教师精心设计课堂活动来引导学生实现高效学习。因此,教师更需要端正心态,善于与学生一道共同研究和解答学习问题。此外,引导学生自主学习也将成为外语教师的基本素质需要。其三,对于学生而言,翻转课堂需要学生具备较强的自主学习意识和能力。

翻转课堂教师交出了课堂的主体地位,学习成为学生自己的事情。因此自控和自主学习能力是翻转课堂顺利实施的前提,学生在课程中需要掌握学习进度、自行客观评价学习效果和自觉完成教师布置的学习任务,学习适应性成为翻转课堂教学模式摆在学生面前的一大挑战。

首先,翻转课堂的知识学习过程从课上转移到课下,多数学习问题都需要学生自主解决,学习活动的任务性与面对挫折的承受力,无形之中考验着学生的自控能力和学习意志。一些心理耐受力较差的学生会在全新学习方式面前出现问题。

其次,学习环境呈现复杂性也会使学生感到不适。翻转课堂教学环节包括:教师根据教学目标分解任务后制作的相关支撑学习材料提供学生自主学习,然后在课堂进行汇报、讨论、答疑、评价和总结。既往学习只需单向度地被动接受,而翻转课堂则要求学生始终主动汲取知识,否则便难以获得知识和能力的提升。

其三,不同学能的学习成效将产生明显的落差。翻转课堂将知识直接传授转变为引导学生自己获取知识,课程的重点迁移到了课外,课堂仅提供深入交互的思想碰撞空间，并且使这种思想的碰撞逐步引向了更深的层次。这对于学能不足的学生来说是一种一时难以适应的学习困境。这同样也是教师教学和学校教学管理所面临的一项严峻挑战。

三 "微课程"与外语教育

微课程并非指为微型教学而开发的微内容，而是以在线或移动学习方式实现的相关内容教学。微课程通常指有具体结构大约60秒长度的课程展示，而并不仅仅只是简单的演示。"微课程"（MicroLecture）最早由美国新墨西哥州圣胡安学院的高级教学设计师、学院在线服务经理戴维·彭罗斯（David Penrose）于2008年秋首创。戴维·彭罗斯把微课程称为"知识脉冲"（Knowledge Burst）。戴维·彭罗斯因此被人戏称为"一分钟教授"。

（一）"微课程"的作用与意义

微课是以视频为主要载体，呈现教师围绕某个知识点或教学环节开展的简短完整教学内容的教学活动。"微视频"是微课的核心，对应"学科知识点"和"教学环节"设计制作，是微课概念的核心。微视频课程是外语学习者在特定学习情境中，根据自主学习的需求目标，利用微视频所进行的网络学习活动总和也是教师利用网络对某个知识点或教学环节内容实施教学活动的总和。以"微视频"为呈现方式的"微课程"，具有外语教学所需要的真实的、情境化、案例化特征。其特点是主题突出，短小精悍；资源丰富，情境真实；易于交互，使用便捷。总之。由明确的教学目标，通过视频、音频、文字、图片、动画等多种表现形式集中解读一个问题或知识点的教学过程称之为微课程。相比较微课而言，微课程更具系统，与传统课堂教学结合更加紧密；适用于将原本沉重的学习任务，分解成若干知识"碎片"，实现轻松愉快的教学与学习。

在教学实践中，微课从最初"微型资源构成方式"拓展到"简短的教学活动过程"，最终提升到"一种以微视频为主要表现方式的在线网络学习课程"，这一改变体现了对微课认识的不断深化与完善。"微课程"概念是微课发展的高级表现阶段，"微课程"丰富了微课概念的内涵、功能和作用，使之成为构成当前学习型社会和终身教育背景下，社会公民进行个性化、自主性外语学习普遍有效的学习资源。"微课程"已越来越多地被研究者融合于正规与非正规的外语教育之中，成为"大数据"时代外语教学和学习不可或缺的课程方式。

（二）微课程的类别形态

我国微课程应用尚在起步阶段，微课程以其简短精悍、随时随地的学习特点，势必会成为人们终身学习的普遍学习方法。当前微课程大致有以下几种基本类型：第一种是PPT类微课程，其PPT由司空见惯的文字、音乐、图片构成。通常PPT自动播放演示完成既定内容后转换成视频。此类课件比较简单，一般5分钟左右的演示时间；第二种类型是讲授式微课程，教师按照微课程要求进行模块化的授课拍摄，拍摄好的视频经过后期剪辑转换，形成微课程教学视频，时间大约在10分钟左右；第三种类型即情景剧式微课程，这类课程视频形成手段比较复杂，通常会借鉴好莱坞大片拍摄模式，组成微课教学研发团队，对课程内容进行情景剧设计策划，撰写脚本，确定导演和演职人员，选择场景进行拍摄，之后依据教学目的进行后期视频剪辑制作，最终形成一定时限（一般不超过20分钟左右）的微课程视频。

除此之外，清大世纪教育集合世纪教育研究院专家团队，集合国内百名重点学校一线教师推出了短时高效的"提分微课程"精品课程，该课程采用"题型精讲—方法传授—考点归纳"三位一体的教学模式，即以重点常考题型为基础，精讲解题的方法和过程，然后进行重点和考点归纳，是一套较为符合当下学生学习特点的"短（学习时间短）、平（价格便宜）、快（学习见效快）"的高清视频系列课程。另外还有一种较为智能化的微课程课件，智能微课程和微课程的差别在于智能微课程有智能诊断和智能提分的功能，而微课程只具有供学习者观看学习的基本功能。

总之，微课程是各学科各种类小知识点课程的统称，尽管微课程有很多表现形式，但他们共同的特点是重视学习引导，强调微处入手和快乐学习的教育理念。微课程为提高学生学习兴趣，挖掘学生学习潜能开创了当代教育全新的课堂文化。基于这样的课堂文化，微课堂尤其专注于学生良好学习习惯和能力的培养，注重依据学生素养，注重依据学生行为模式和学习习惯，提出因势利导的针对性知识授受方案，引导学生逐步形成自主学习的意识与能力。当前，微课堂探索出的课内课外教学创新模式，已成为实现《国家中长期教育改革和发展规划纲要》和各学科教育改革的急先锋，被普遍关注与应用。

（三）微课程外语教学应用

外语微课程基于"翻转课堂"模式而构建，针对不同学习对象，通过提供导学视频、展示交流学习成果、探讨学习问题，帮助学习者有效地掌握相关课本中的经典篇章，提高英语语用能力。课程依照教材分成若干知识点形成的结构，先进行视频导读，就知识逻辑演绎深入讲解，而后在微课程课程讨论区展开学习难点探讨。课时一般依据教学内容数量和难度，可分配为10分钟左右不等。

微课教学通常可分若干个模块，例如：

词汇教学：每堂课学习一词，根据构词法：词根、前缀、后缀，教会学生如何扩展一词，不同语境，具有不同含义、一词根加前、后缀，词性有所变化。

（1）针对大学生四、六级考试需要掌握的核心词汇进行拓展练习，可采用选词填空、连接同义词、解释词义、用词造句等各种形式反复操练一词，直到彻底掌握此词用法。

（2）口语主题教学（Oral Topic English）根据一个单元的主题，讲述一个生活场景，一项内容，一个热点等，采用warming up，listening and discussion，speaking out，presentation，debate等形式，调动、鼓励学生开口说英语，联想丰富，场景生动，扩展了英语学习知识面，利用网络资源，丰富口语教学情景。

（3）四、六级考试培训（采用四、六级真题试卷）

根据考试题型。详细讲解英语语言基本知识点，注重训练听力、阅读、翻译、写作等方面的解题技巧和方法，尤其近年四、六级考试改革，段落翻译的整体理解、准确表达、翻译技巧需要长期训练，命题、情景作文的句法、谋篇布局需要加强培训。

总之，外语微课程可以采用各种适宜的模式，教学手段灵活，音视频同步可以使内容场景安排的丰富多彩，容易放学习者所接受。与此同时，微课程采用开放式平台，加入方便，学习可以灵活安排时间，使学生可以有效利用碎片时间学习。为了有效地达到预设的教学效果，微视频需要认真设计，由于时间很短尤其需要紧扣主题，需要采用健康的生活或文献材料，既使场景生动还能够以点带面地拓展外语文化知识面，并确保教学及时得到沟通反馈。

当前，微课程设计开发亟待在课程概念、教学理念、针对人群、选题设计、教学内容、制作规范、形式效果、教育评价等方面形成系统理论和一定的规范。微课程制作应依据不同教学目的体现不同特点，追求知识授受的有效性。微课应与"教、学、研"深度融合，而非简单的辅助教学功能。

第五章 大数据时代背景下外语教育存在的问题及教师的职业发展

教育具有培养人才、发展科学、社会服务和传承创新文化四个基本职能，并且这四个基本职能互为前提、互相包含，是综合交叉发生作用的。在正视大数据对外语教育发展积极意义的基础上，对大数据推动外语教育发展进行反思，可以发现大数据在外语教育中存在的一些问题。

第一节 大数据在外语教育中存在的问题及建议

一、大数据在推动外语教育中存在的问题

大数据对教育的发展做出了突出的贡献，但在其推动过程中，仍然存在一些问题限制阻碍了大数据推动作用的完全发挥，使大数据对外语教育的功效未能充分体现，主要有以下四个方面。

首先，大数据在推动外语教育发展中，存在大数据利用效率低的问题。例如，"学位罗盘"系统等类似的应用只面向某种教学目的的大数据应用对学生学习过程信息的搜集量很少，只能针对非常狭窄的具体领域进行数据搜集和分析，无法完成对学生整个学习过程的建模，应用过于碎片化；而类似MOOC的大数据应用中，大多数学校都没有能力单独成为数据整理和研究的主体，更没有很好地整合和利用已经存在的大数据。

其次，大数据在推动外语教育发展中存在大数据方法与技术应用两方面的问题：一是大数据方法与技术本身不成熟；二是对大数据方法和技术应用不熟练。就当前而言，传统学科中因数据爆炸而进行的大数据应用更容易被接受和使用，而基于大数据的研究方法和范式的应用则适用范围更为广泛。对于前者，当前已有相对的基础，大数据的数据种类包含结构化

数据、半结构化数据和非结构化数据,现有的知识库也及时进行了更新,将网页、图片以及科技文献等半结构化和非结构化数据纳入其中,知识服务模式的升级迎合了大数据基础上的科研对知识集成化的需求。

但是,此类应用也需求科研工具的升级和创新,对科研活动全流程给予支持,数据挖掘需要更进一步,新的数据存储技术需要探索,数据处理能力也需要极大地提升,这些大数据技术本身在当下已成为一种研究的热点,也取得了一定成果,如云计算支撑下的数据挖掘算法、云存储、NoSQL数据库、NewSQL数据库、MapReduce批处理模型、Pregel图技术模型以及Hacloop大数据处理平台等,但对于科学研究的需求仍是不够的,并且因为技术的不尽完善和高门槛,高校中也较少采用这些技术。

同时,在科研整体过程的数据集成方面,当前很多高校基本上都已拥有科研信息系统,但基本上是科研管理信息系统,主要是科研项目的管理、科研成果的管理以及绩效考核的管理等内容,对科研的过程并没有涉及,而科研过程数据分散在一个个科研项目中,并未将科研过程信息集成到数据库中,对科研全过程进行整合的大数据平台也没有建成,对数据利用和共享的效率也呈现较低的水准。对于后者,其实随着信息化时代的到来、大量数据获取和处理的可实现,各类科学研究包括社会科学也开始重视量化的研究方法,大数据技术本身就代表着将世界量化的终极追求,它在人类记录和理解世界的渴望下,将世界数据化的尝试,必然将给科学研究带来质的变化。

大数据对"样本=全体"的要求,将挖掘更多隐藏的未知;大数据对"混杂性"的包容,将帮助更好地探索科学的"混沌";大数据对"相关性"极致的挖掘,将创造新的知识生产模式。这种新的研究方法对科研的信息化提出了较高要求,目前高校科研信息化程度的不足限制了大数据研究方法的应用。至于更进一步的数据密集型科学研究范式,其对大数据技术提出了更高的要求,并且由于处于初创阶段,尚未产生重大的科学发现,能否成为科学研究"第四范式"仍待时间的检验。

再次,大数据在推动高等教育发展中,存在对大数据资源应用不足和浪费资源的问题。大数据的应用实质上是一种技术和方法上的促进,但在当前实际的应用过程中仍有不尽如人意之处。收集社会反馈信息以调整人才培养模式是高校通过大数据应用培养更符合社会需求的人才为社会服务的模式,利用大量数据可以了解社会对人才的需求和要求,但这涉及社会多领域多层次信息的收集,一般只有政府才有足够的人力物力资源以及地位去进行全面的信息采集,高校目前只能通过自身采集有限的数据或者政府开放的部分数据进行预测和评估。

同时，存在高校对大数据资源不够重视的现象，所以仍是未能对社会的人才需求有足够准确的认识，不过随着政府进一步的开放数据政策，此类应用拥有巨大的挖掘价值；直接运用大数据进行科学研究并促进科研信息化使高校通过大数据应用加快科研成果产出和转化为社会服务，利用大数据方法或技术助益科研产出，这种应用需要专业的数据收集设备或专业的数据分析团队，只适用于经费投入较大的、团队协作的科研项目；即使是单领域的完全基于互联网进行数据收集的研究，也需要专业的数据挖掘和清洗算法、专业的数据分析工具，研究者本身也必须掌握相当程度上的数据科学理论与操作知识。

大数据研究方法作为新生产物，当前在社会研究领域并不是被所有学者认可，于是此类应用或由于较高的物力人力门槛或由于对其认可程度，在当前仍存在相当的局限性；高校通过大数据应用集成信息平台直接为社会提供具体服务，利用大数据平台整合各校园信息系统完成学生信息的收集和学校信息的公开，通过信息推送完成面向个体的紧密联系，这类应用实质上是将已有的实现路径进行整合，并通过大数据平台中介将各种校园组织之间和内部紧密结合，提高高校直接为社会服务的效率。但是大数据平台的整合是一项涉及高校多层面的艰难工程，在技术和职权划分等方面有待进一步突破和考量，当前在部分高校实际建设过程中仍处于比较初级的阶段。数字化图书馆和数据文化的建设使高校通过大数据应用更有效地传承、交流和创新文化为社会服务，大数据分别作为工具和文化本身促进文化的发展，但是当前高校的数字化图书馆存在两个缺陷，一是数字化图书馆的建设以校为单位，各自为政，有限的资源限制了数据的收集、储存和分析，同时高校资源间的隔离和互不共享导致数据的大量重复，数据整合的效果很差，浪费社会资源；二是许多高校的数字化图书馆并不向社会开放，外网往往不能访问高校数字化图书馆资源，这无疑是一种对社会的不负责。而大数据文化因处于初生期，尚不成系统，这种不成熟不完善一方面导致其对现实指导作用有限，另一方面也导致一部分学者怀疑其存在的合理性和必要性。

最后，大数据在推动外语教育发展中存在数据化水平低的问题。就高校数字化图书馆而言，其建设和发展虽然在当前得到学界和学校的关注，但在当前受技术、资源、制度等因素的限制，全面的数据收集、快速的数据处理、海量的数据存储仍是一种理想的状态。同时对需要传承的文化符号进行数据化存在一定困难，文化符号的量化本身是一个非常庞大的系统工程，需要大量的人力和物力资源。而基于大数据构建的数据文化，只是文化海洋中的一朵新的浪花，只是文化创新和发展的一小步，并且数据文化仍处于初创阶段，它的发展和成熟仍需一个漫长的过程。

二、大数据在外语教育中存在问题的原因

通过对以上问题的梳理，本研究分析得出大数据助推外语教育发展问题的主要原因有以下四个方面。

（一）对大数据的认识不充分

目前包括高校在内的社会各界对于大数据认识上的错误和局限，主要表现为对大数据的认识存在抵触、片面和夸大，其实归根结底在于对大数据的认识不充分，这样就导致了对大数据不认可、不会用以及滥用的问题。

首先是对大数据的不认可。对于外语教育来说，大数据的进入将带来一场新的挑战、新的变革，意味着旧的格局将被打破，新的格局将被构建。对于高校教师而言，大数据的应用意味着新的教学结构和教学方式的产生以及科研方法的转变，意味着对教师们思维与能力变革以及重新适应的要求，而这些创新必然对他们熟悉的教学方式和多年努力得来的经验与知识技能，甚至包括他们自己创造、发现的知识有所否定，对于这些一定意义上的学术文化的保守者来说，这种否定无疑是痛苦和艰难的，这也构成了外语教育接受和认可大数据的阻力。对大数据的不认可还表现在外语教育对大数据研究和应用的投入方面，当前许多高校对其基础信息设备、信息系统以及网络进行部分改进和升级的时候，很少关注大数据研究、应用资源和设备方面的需求。

其次，对大数据价值和意义认识的局限。大数据的价值和意义已经在推动外语教育各方面发展中显现，但由于大数据研究的发展性，以及受研究者们观点和论述不尽相同所影响，它的价值和意义一方面被肯定，另一方面也受到质疑。例如，有些研究者认为大数据的价值巨大，但仍存在其极限。掀起大数据热浪的经典著作《大数据时代》的两位作者在2013年发表在《外交》杂志上的文章《大数据的兴起》中表示："大数据是一种资源和工具，它的目的是告知，而不是解释；它意在促进理解，但可能导致误解——关键在于人们对它的掌握程度。"而微软研究院首席研究员、麻省理工学院公民媒体中心客座教授凯特·克劳福德在美国《外交政策》杂志网站发表的名为《对大数据的再思考》的文章，则更具体地提出大数据的五处局限：大数据存在偏见和盲区、大数据的应用效果不确定、大数据可能导致基于群体的歧视、大数据导致隐私泄露以及大数据研究方法的有

限性。①

最后，对大数据应用合理性的质疑。大数据应用的伦理规范，一直是外语教育在运用大数据时的关注点，因为不合理地使用大数据是无法促进学生和外语教育发展的。当前，大数据对人类"隐私"的暴露，已经被发现和重视。互联网时代，无处不在的摄像头监视着我们的活动轨迹，银行监视着我们的消费习惯，移动和网络通信商监视着我们的社交名单，淘宝等电商监视着我们的购物习惯，这些监视甚至是交互起作用的，当这些信息被集中起来，我们几乎"无可遁形"。大数据带来的不仅有对隐私的威胁，更容易加深一种旧有的错误倾向：唯数据论。基于量化和实证的数据代表着工具理性对客观性、精确性和最大功效性的追求，合理地应用固然有助于结果科学性的提升，但对数据的不当利用和"迷信"都是工具理性对价值理性的挤压和侵蚀，是对人主导性的排斥。"唯数据论"非常容易导致一种行为：为了"数据"而"数据"，这将意味着对数据的滥用和无用，当决策者将数据作为唯一的考核和评判标准时，往往就只能看到他们"想要"的数据，而这些数据的质量是无法保证的，往往充斥着大量的虚假和错误，许多大学的就业率统计就是如此。

（二）对大数据技术的使用不力

高校对大数据技术使用的不力主要表现为高校直接应用人员即教师和管理人员对大数据技术的陌生和对大数据技术的误用，这其中有认识上的问题，但更多的是高校资源配置失衡的问题。是否对现有人员进行技术培训或引入专业的大数据人才，是否配置足够的资源满足大数据的使用要求，都将直接影响大数据技术能否正确发挥其作用。

1. 高校"硬件"和"软件"的不达标

首先，随着外语教育信息化进程的推进，当前计算机、网络等信息设备已在高校大量配置，几乎所有高校都建成了覆盖整个校园的计算机网络环境，形成了机房、电子阅览室、数字图书馆、视频监控、一卡通系统等高校信息产生和采集的硬件系统；同时，各类信息平台和系统在高校已得到广泛应用，信息教学平台、教务管理平台、科研管理平台、人事管理平台、校园邮箱平台等信息平台已成为当前高校进行教学管理等活动不可或缺的存在，同样形成了高校数据产生和采集的软件系统。这"一硬一

---

① 刘延东. 把握机遇加快推进开创教育信息化工作新局面[C]. 第十二届中国教育信息化创新与发展论坛论文集，2012.

软"两套信息系统记录了大量的高校活动过程,是初步形成高校大数据的基础,但其并不能够完全满足大数据对更多现实校园数据的需求。大数据在高校中功效的充分发挥,需要更多的现场教学数据、更多的校园环境数据,但是高校目前的数据采集设备和信息系统还无法采集到足够的"大数据"。

其次,虽然当前高校信息系统的数据收集能力并未达到理想状态,但还是已经积累了海量的数据信息,这已让许多高校的数据存储设备不堪重负。在硬件方面,当前许多高校的主要存储设备如硬盘等的存储空间已基本达到极限,面对持续不断涌来的大量数据信息,这些高校不得不选择性地丢弃大量的数据才能保证存储设备的正常运行;在软件方面,在当前高校的计算机文件系统基础上,数据文件已无法进行进一步的压缩,不能减少数据文件的占用空间;同时,就当前占据高校主流的结构化数据库管理系统而言,它能够较良好地完成对结构化数据的整理和组织,通过减免数据重复率等方式完成对数据集的优化,减少结构化数据集的占用空间。而面对大量半结构化和非结构化数据的涌入,结构化数据库并不能对这些复杂多样的数据集进行有效的组织和结构上的优化,无法达到降低数据占用存储空间的效果。而拥有更好数据存储功能的"数据仓库"等技术,对于一般高校而言,则成本相对高昂。

最后,当前高校的数据处理系统,也就是除去数据管理人员由数据库、计算机(硬件)和数据库管理和应用系统(软件)组成的结构化数据库系统,不仅无法有效对海量复杂多样的数据进行高质量的存储,对这些"高校大数据"的管理也同样有心无力。当前,数据存储设备的数据提取和传输速度无法满足大数据对数据实时传输的要求,互联网、移动和光网络无法满足大数据对数据实时性和完整性的要求,数据库管理和应用系统也无法在数据的提取和分析上满足大数据的要求。

2. 专业大数据应用和管理人才的缺乏

专业的大数据人才可分为三类:大数据应用人才、大数据管理人才以及大数据研究人才。在外语教育领域大数据的应用中,直接影响大数据应用效果的是前两种。大数据应用人才就是大数据分析师,是大数据工具的操作者,他们熟悉大数据操作的流程,掌握数学、统计学、数据科学、人工智能等方面的技能,并能够结合大数据具体应用需求,在与领域专业人士的密切配合下,进行数据收集、数据分析和数据呈现进而完成大数据在各领域的具体应用;大数据管理人才就是那些愿意并擅长利用大数据的管理人才,在充分认识大数据价值和局限的基础上,善于利用量化和实证的方法进行管理，能够理解自身领域数据、读得懂数据分析结果，并能够和数据分析师对话。大数据应用和管理人才是大数据应用的根本，大数据应用人才的缺失，使得高校面对大数据却不知如何发挥其功用，对于先进的大数据技术也是陌生而不能有效应用，甚至可能出现误用的情况；而大数据管理人才的缺失，导致大数据的价值在高等教育中可能无法实现，对于先进大数据技术可能不重视其功用，对大数据分析和处理的结果也可能不被采纳。外语教育中这两种人才的缺乏，无疑将导致大数据技术在外语教育中应用的局限性。

3. 教学团队配置的不适应

面对学科的综合化和教育教学质量的提升要求，高校越来越重视教学团队的建设。教学团队是以教书育人为共同的远景目标，为完成某个教学目标而明确分工协作，相互承担责任的少数知识技能互补的个体所组成的团队。当前我国高校的教学团队为高校四大职能的有效实现以及教学与科研的有机融合发挥了巨大的作用，但大数据在教学中的应用是依托信息技术收集大量的学生学习过程数据，通过对其进行建模和分析，从而最终实现个性化教学的一种教学模式的变革，而面对大数据的应用要求，其依然会出现一定的不适应。

首先，现有的教学团队的结构无法满足大数据的需求，大数据在教学中的应用需要专业的大数据应用人才，而现有的高校主要教学团队中缺乏此类人才的设置；其次，由于高校大数据人才的缺乏，也许一个数据分析师需要为学校的多个团队服务，因此教学团队成员上可能会出现时空分离的形式，现有主要的教学团队的组织形式对此需要进行适应；最后，大数据在高校的应用只依靠大数据的专业数据人才是不能充分发挥其价值的，它要求全体至少是大多数的使用人员拥有一定的"数据素养"，新的能力要求和现有教学团队成员能力现状的矛盾，既是发展和提升教学团队能力的动力，也会给教学团队带来一定的不适应。

对大数据技术使用的不力会拉低大数据功效发挥的上限，甚至可能因为使用的不当而造成负面的作用，这意味着我们在能够挖掘出高校面临的海量数据中相当的价值时，也会因为自身的失误和不尽力使得得到的成果价值进一步萎缩。但与此同时，对大数据技术使用的不力也意味着，高校能够通过对自身资源配置的调整以及成员数据素养的提升，而解决当前相当一部分的大数据利用率低和功效不足的问题。

（三）当前大数据技术自身限制

大数据技术实质上包含着数据收集、存储、管理、分析、共享和显示等整个应用过程的一系列技术，是一个既有对已有技术的改进也有新技术加入的技术体系。因此我们根据大数据的数据处理流程，主要列举数据获取、数据存储、数据分析三个高技术要求的环节，论述当前大数据技术在实现过程中的不足。

1. 数据获取的规模和质量问题

众所周知，当今社会处于一个信息爆炸的时代，信息量的飞速增长使人类可以对世界有更多更实时的了解和认识，但不可否认的是这些信息中掺杂了大量的"错误信息"。数据获取技术不仅是对原始数据的收集技术，还包含着对有用数据的选择技术和对无用以及错误数据的清洗技术。在一个面向应用的大数据处理流程中，数据获取是数据存储、传输、分析和应用的源头，数据获取的规模和质量是决定一个大数据应用效率和效果的基础因素。但在当前计算能力仍旧有限的背景下，经过数据抽取和数据清洗后的数据规模依然庞大到不容乐观，如一般一小时的单路监控录像大小在牺牲高清晰度的情况下仍有200MB，如果某项关于鸟类生态的研究需要围绕某个鸟类栖息湖泊的10个摄像点进行一个月的监控录像，那么至少要获取1400GB的数据，数据规模的过大严重影响了大数据应用的效率。同时，面对复杂多样、真伪难辨的海量数据，如何保证数据提取的准确性在当前依然是一个难题，如在社交网站中，收集人们对某事件的反应的数据，关于自然语言的情感分析对人来说是一项挑战，对于计算机则更不能确保准确性，这对大数据应用的效果也造成了一定的影响。

2. 数据存储与大数据规模的矛盾

信息爆炸时代对于数据存储而言，造成的主要问题一是数据的增长速度远远超过存储空间的增长速度，就最常见的硬盘而言，2000年我们买电脑时市场上电脑硬盘容量一般只是20GB到30GB，在当时已经是足够用了，而现在1T的硬盘我们已经觉得满足不了需求，但近年来硬盘容量的增长已经随着技术的趋于饱和而降低到每年30%左右，远远满足不了数据的爆发性增长对存储空间的要求。二是现有存储技术不适应多元海量异构数据在不同存储器之间的频繁密集流动，原因有两点：一方面是主流存储设备如硬盘的数据读取速度增长缓慢，甚至陷入瓶颈，不适应大数据的需求；另一方面是因为传统的关系型数据库面向的是结构化的数据，不能满足数据类型多样的大数据存储和提取的需要。虽然现在已开发出了许多面向大数据的分布式的非关系型数据库（NoSQL），但其数据检索和进行直接操作的效果的不能让人满意，标准化与工程化的不足也限制了其发展。于是又出现了结合关系数据模型和分布式体系或直接提升关系型数据库的具有高存储性能和可伸缩性的NewSQL（可扩展/高性能数据库）[1]，它结合了传统关系型数据库和非关系型数据库的优点，即在面向海量数据存储的同时保留了SQL的功能，但作为新生儿的NewSQL，前景虽然非常广阔，但技术的成熟和应用的推广仍需要一个过程。

3. 数据分析的效率难题

数据分析是大数据处理流程的关键和核心环节，大数据的价值只有通过面向应用的数据分析才能从纷乱复杂的数据海洋中挖掘出来，数据总是广泛可用的，却不总是符合应用的目的，因此从中提取想要的"金子"就显得至关重要。但是，当前仍缺乏面向海量复杂异构数据高效、快速的分析技术，数据一方面在快速地产生和更新，另一方面却依旧陷入对非结构化数据有效分析无力的困境。当前，研究者们已经不断尝试改进数据分析的效率，但并不尽如人意，新的技术在数据实时处理、数据检索设计和成本控制方面仍存在一定的问题，如不适合实时计算的Hadoop、成本昂贵的数据仓库和一体机数据库等。

对于外语教育来说，大数据技术的不完善意味着大数据在外语教育中应用的瓶颈，即在现有大数据技术条件下，大数据对外语教育发展的推动作用是有上限的，这意味着面对外语教育中海量的数据信息，大数据的解决方案在数据获取、数据存储和数据分析方面存在限制，不能完全挖掘这海量数据的价值；但与此同时，大数据技术的不完善也意味着外语教育对科技的促进功能大有可为之地，大数据的发展价值和高校发展科学的职能同时促使高校参与到大数据技术的研发和完善过程中，与此相对，大数据技术的完善将更有效地推动外语教育的发展。

（四）对大数据研发和推广的不力

不可否认的是，大数据作为一项新生的技术，其理论依然需要建构和丰富，其技术也同样需要突破和完善，这就需要有组织、有计划地对大数据进行系统的研究，使大数据不断完善和发展。高校作为当今世界科研的

---

[1] 韩晶. 大数据服务若干关键技术研究[D]. 北京邮电大学博士学位论文，2013.

重要甚至主要组成部分，大数据技术体系的开发必然需要高校科研力量的参与，需要高校培养的高级人才的加入，外语教育也将植根于大数据的发展，深入到大数据的研究和应用中去。同时，当前的大数据已能够发挥出相当的作用和价值，但社会各界包括高校在内对其的认识仍不够充分，对其技术的应用仍不熟练甚至出现误用的情况，这都限制了大数据功效的发挥，这无疑是对大数据技术推广不力的结果，在当今外语教育产学研一体化的要求下，对大数据的推广无疑也是外语教育应做而尚未做好的重要任务之一。

1. 研究平台力量的薄弱

从外语教育和大数据的关系我们可以得知，高校是研究大数据的天然最佳场所，但当前的个体高校大数据研究平台力量仍显薄弱。虽然当前我国"2011计划"进行得如火如荼，也取得了一定的成果，但毕竟是处于发展的初期，"2011协同创新中心"的发展亦处于初级阶段，并未覆盖我国高校的全部科研范围，我国外语教育进行科研活动大部分仍是以个体高校作为主体，如中国科学院、复旦大学、北京航空航天大学等相继成立了近十个从事数据科学研究的专门机构，并未组成一个"大数据协同创新中心"。但现实的情况是，个体高校资源的投入并不能满足所有高校大数据应用的资源需求，因为有些大数据应用指向的是实现整个外语教育的目标，如对文化遗产甚至文化本身的数字化和数据化，所需求的人力物力是单独的高校无力满足的，如促进优质外语教育普及的MOOC平台的建设，个体高校的教师和课程资源，是无力满足全球学生对优秀课程资源的需求的，也是无法支撑一个MOOC平台的。而对于大数据的研究而言，个体高校的力量也显得较为薄弱，大数据作为一个横跨多领域的交叉学科，作为一个拥有巨大价值而又不完全成熟的工具，无论是对大数据技术体系的优化和完善，还是对大数据理论体系的构建和演进，都需要多学科的优秀专家进行跨领域的合作，这是一个对人力物力资源需求巨大的庞大工程，对于单独的高校而言，其力量是无法满足这个庞大工程的开展和进行的。

2. 研究队伍力量的薄弱

如前文所言，大数据是一门横跨IT、经济、管理、社会、生物等多个不同学科领域的交叉学科，大数据技术的成熟依靠来自数学、统计学、计算机及信息工程等领域的众多专业人员来研究和发展，大数据理论的构建需要来自哲学、人类学、社会学、伦理学以及法学等众多领域人才的参与和合作。由此，大数据研究人才也主要可分为两类：一是大数据技术开发人才，即在熟知大数据操作流程和技术体系的基础上，精通计算机硬件技术、云计算技术、数据库技术、算法、可视化技术等大数据技术中的一环或几环，并在自身领域能够进行相关技术改进和新技术开发能力的人才；二是大数据理论建设人才，即在对大数据内涵、功能和价值的深刻理解的基础上，通过哲学、伦理学、社会学以及人类学等方面的学理反思，厘清大数据本质，廓清大数据边界，制定大数据应用规范，系统发展大数据理论的人才。虽然学界成立了数个大数据行业学会，但几乎只是某些单学科学会内部的合作；商界成立了一些大数据研发中心，但几乎只专注于研发可以盈利的大数据处理技术；各地政府也先后推出了大数据研究和行动计划，但宏大的计划似乎尚未落在实处，同时有重复研究的浪费嫌疑。对大数据的系统研究需要一个人力充沛、紧密合作、分工有序的专业研究队伍，但当前大数据专业研究人才的缺乏，导致研究队伍力量薄弱，这无疑限制了大数据研发的进度，也造成了大数据功效发挥的不理想。

3. 研究成果转化和推广的不力

作为新产物的大数据，研究成果的转化和推广，关系到大数据应用的可行性和认可度。虽然大数据通过对科研过程的数据化有加快科研成果产出和转化的功效，但其自身从研究到应用的路径必须进行"元"探索，而这个过程目前面临着以下三个问题：首先，将高精尖的大数据技术新成果整合到原有的大数据应用中，转换为简单易用的大数据工具存在难题；其次，大数据中新技术的使用往往需要更新硬件和系统，耗费较大，成本与效用之间的平衡不好把握；最后，虽然大数据的出镜率很高，各类媒体经常给予关注，但笼统的介绍还是让社会大众对大数据只是一知半解，知其然而不知其所以然的结果根本无助于全社会信息民众素养的提升。大数据发展空间需求的思维变革需要全社会的支撑，这些都需要外语教育的培育和更专业的舆论支持，外语教育界在此方面无疑具有举足轻重的地位，但是目前外语教育仍未充分发挥其对大数据的推广作用。

三、提高大数据在外语教育中发展的建议

面对当前大数据在外语教育中应用出现局限、大数据功效发挥不充分的问题，上文已从认识、技术应用与发展以及研究推广四个方面归纳其原因，正是针对外语教育对大数据认识的不充分、外语教育对大数据技术使用的不力、当前大数据技术自身限制以及外语教育对大数据研究和推广的不力，拟从更正认识、配置资源、发展技术以及培养人才四方面解决当前

大数据功效不足的问题，同时促进大数据与外语教育的充分融合，实现双方的共同发展。

（一）消除对大数据的偏见，充分认识大数据

大数据作为一种重要的甚至可能引发一场社会变革的"工具"，其本身并不是价值中立的，它代表着一种量化和实证的倾向，是工具理性的一种天然扩张手段，也包含着将世界"数据化"的目的。从总体上来说，人们希望寻找一个关注人性、关注价值的大数据，人们试图建立一个基于价值理性和工具理性的一体性的大数据，这是高校作为文化传承创新的主体应承担的义务，因此外语教育首先必须消除对大数据的偏见，充分地认识大数据。

1. 用开放的视角看待和接纳大数据

大数据作为信息技术发展的又一高潮，被誉为将到来的"第三次工业革命"的代表性技术之一，其对社会变革的影响力不容置疑，而外语教育作为教育的重要组成部分之一，因其服务社会的基本职能而与社会的联系更加紧密，与此同时，大数据和外语教育之间亦存在着相互促进、相互制约、共同发展的紧密联系，三者之间天然具有非常紧密的联系，高校应重视大数据对外语教育发展的推动作用，将其作为自身综合改革中有效的补充手段。

首先，外语教育应重视并合理运用技术推动"社会—教育"变革，技术对教育变革的推动作用同时从两方面体现：第一，技术通过渗透社会多个领域导致社会首先发生变革，而教育需适应社会对其提出的新要求，社会的变革将给教育带来冲击和挑战，社会将倒逼教育进行变革，此种情景，技术是通过变革社会间接推动教育变革；第二，教育自身的不足和自我改进的愿望对教育提出变革的要求，而技术作为一个可选择的途径用来支撑并推动教育的创新和改革，教育作为社会发展的重要基础之一，其变革也必然会引发社会的相应变化，此种情景，是技术通过改革教育推动社会变革。因此，技术、教育和社会便形成了一种三元的互动结构，外语教育应该通过利用三者的互动关系，合理有效地利用技术推进其自身的改革。

其次，正视外语教育信息化的重要性和紧迫性，"信息技术作为当今世界创新速度最快、通用性最广、渗透力最强的高技术之一，信息化是对人类生产生活方式影响最为深刻、对世界文明影响最为深远的大趋势之

一"①。教育信息化是一个信息化社会的必然选择,《国家中长期教育改革和发展规划纲要》将信息化对教育的意义概括为"信息技术对教育发展具有革命性的影响"。教育信息化对外语教育具有十分重要的意义,其深刻变革了传统的教育理念和教学模式,有力地促进了教育公平发展和教育质量提升,并为学习环境的创造与学习型社会的构建奠定了基础,教育信息化已成为外语教育改革发展的有力支撑和重要推动力量。因此,重视并大力推进高等教育信息化进程,既是对技术、教育、社会三元互动结构关系的有效实践,又是外语教育创新和改革自身的重要手段。

2. 正确认识大数据的作用和意义

通过充分全面地认识大数据作用和价值,避免对大数据"一刀切"式的应用,高等教育中不同领域有区别有选择地应用反而能够更有效地发挥大数据的作用。

数据代表着对事物的描述,并能够对事物进行记录、分析和重组;数据化指一种把现象转变为可以制表分析的量化形式的过程。大数据正是一种将世间一切数据化的尝试和努力,而大数据发展的核心动力正是源于人类测量、记录和分析世界的渴望。大数据不仅是海量数据的信息实体,更是一种技术和思维,让人类发掘到又一个新的前进方向。大数据的价值正是在于赋予我们一条新的途径和一种新的方法,让我们站在一个新的角度重新审视过去、发现现在和感知未来。当一切信息被挖掘、被分析、被简单地呈现,以往不能发现的事实被袒露出来,世界不再是云里雾里,人们可以看到事实和真相,而不再是简单的、无法辨别的被引导。与此同时,人们通过对过去的洞察,就可以基于客观的经验规律对未来的一些事物进行科学的预测,从此预测不再是臆测,未来不再是完全的不可知,大数据为我们凿开了一个小小的洞孔,我们得以窥见洞穿未来迷雾的一束光。

但大数据归根结底是一种工具、一种技术,在海德格尔看来,"技术是含目的的手段;技术是人的行为",而探究其本质,技术乃是一种"解蔽",一个"座架"。"解蔽,即去除遮蔽,还现实事物以本来面目之意","座架一词指某种用具,如一个书架,它也有骨架的意思",究其含义,作为解蔽,技术是解决问题的途径;作为座架,技术是一种生存空间或生存环境。大数据正是一种用"数据化"的方式来解蔽世界、解决问题的技术,但在解决问题时,不仅存在其他的技术解决方案,也存在许

---

① 刘延东. 把握机遇加快推进开创教育信息化工作新局面[C]. 第十二届中国教育信息化创新与发展论坛论文集, 2012.

多非技术的解决方案，人类凭借其自主性，在面对问题时，可以自主地选择。在此意义上的大数据，意味着它只是解决数据爆炸问题的一个技术方案，或许它是当前最有效的解决方案，但并不是唯一的。

同时，大数据并不适用于所有的问题。首先，并不是所有领域都受到数据爆炸的困扰，对于简单的封闭系统，基于小数据的因果分析就能做到，开普勒就是这样发现了行星三大定律，牛顿也是如此发现了力学三大定律。其次，根据不同的目的，很多问题的解决并不需要收集海量的数据，虽然大数据的解决方案更为有效。例如，虽然在葡萄园放置100个温度计测出的温度更有价值，但只是在监测葡萄园是否出现温度异常的目的下，2~3个温度计已经够用了，而且节省了成本；抛硬币求正反面概率的随机实验也是如此。

最后，在涉及人类创造力、直觉和情感的领域，大数据往往显得有心无力，当人们唱"千万次我呼唤着你"的时候，他们并不确定自己是否呼唤了一千万次，实际上这种统计数据也没有意义；如果一万个人对心中的哈姆雷特进行描写和总结，也许会出现一万个不同的哈姆雷特，但无须进行数据的转化和分析，我们只愿记得自己眼中的哈姆雷特；当人们在想象着恋人年老的样子时，也许我们能够通过大数据的方法在计算机上进行模拟，得到的图像也许比我们脑海中勾勒的更为准确，但却消失了我们倾注的情感，也不是我们想要的了。

3. "否定之否定"式发展大数据思维

通过对大数据思维的吸收、反思和探索，外语教育作为大数据研究的重要组成部分和大数据应用的新高地，必然地参与并推进大数据思维遵循着"否定之否定"的规律走向成熟和完善。

虽然我们必须承认大数据作用的有限性，但不可否认的是，大数据仍蕴含着巨大的科学和社会价值，而如今我们还只是踏入了大数据宝库的大门，对大数据本身的认识尚不完全，远远谈不上对大数据充分和自如的运用。而大数据思维代表着大数据技术的价值观和方法论，是大数据应用的理论基础，直接指导着大数据的应用和发展。此背景下，对大数据思维的研究和发展势在必行。上文已提到，《大数据时代》一书的两位作者首次对大数据思维做了比较系统的阐述，经过学界的反思之后，不少学者提出了对其的质疑，但不是完全的否定，而是认为其过于激进或存在部分缺陷，这无疑是大数据思维发展过程中的一个"否定"的过程。

例如，许多学者认为大数据带来的思维变革不应该是绝对的取代，不论是"全体数据"对于"随机样本"、"混杂性"对于"精确性"，还是"相关关系"对于"因果关系",前者可能是一种趋势,但对于当前而言,或许与后者更是一种互补的关系;许多学者认为"全体数据"的获取不现实也不完全有意义,或许应该是面向具体问题的数据"阈值"的选择,即"数据少于这个阈值,问题解决不了;达到这个阈值,就可以解决以前解决不了的大问题;而数据规模超过这个阈值,对解决问题也没有更多的帮助";许多学者认为混杂性在相当程度上影响了数据的质量,大量失真和不可靠数据的进入,往往会导致结果的偏离甚至是"南辕北辙"。

还有许多学者认为相关关系更多地体现统计学的实用主义,因为相关性抛弃了对"起点"的追溯,无法解释更深层次的世界,并且对于大数据是否放弃了对因果关系的探寻也存在着异议。但与此同时,这种"否定"也是一个有选择的"肯定"的过程,正如学者们都正视"全体数据"的意义,认为其具有抽样后的数据所不能发现的新价值;都发现数据混杂性的不可避免,也承认在某些领域追求数据的混杂性比之精确性更为适用;都认为对于开放复杂的数据系统,对多元相关性的探究将比探寻错综复杂的因果关系更能有效地揭示其规律。事物的发展总是一个曲折性和前进性统一的过程,大数据思维的发展亦是如此,经历对大数据思维的"否定"之后,必然是再一次的反思,随即则是再一次的"否定",大数据思维的发展必然遵循着"否定之否定"的规律完成其螺旋上升、不断完善的过程。

4. 建立大数据应用的伦理和规范

通过对大数据带来的新技术变革的"顺应"和"同化",外语教育担负着在学理和文化层次对大数据的思考,并从哲学、社会学、法学、伦理学等角度去规范大数据的研究和应用,以保持大数据引发社会变革的有序性和平稳性。

在正确认识大数据价值与意义的基础上,当前人类需要考虑的是,如何发挥大数据的作用以及为大数据的应用建立规范。如果将大数据视为当今世界技术变革浪潮中的又一高峰,面对这种技术变革,人类不仅需要"顺应",也应进行"同化"。《全球通史》揭示了这样一个道理:遍观世界万年以来持续不断的技术革命的历史,技术的变革必然导致一种社会的分裂,这种分裂要求在制度、思维方式以及人际关系等方面实行变革,技术变革对社会现状总是必然地提出挑战。在当今以和平和发展为主题的世界,我们不可能进行一场猛烈的社会革命来适应包括大数据在内的技术变革,人类也从不是对技术变革一味地迁就,处理"改革、发展、稳定"三者的关系,维持三者之间的平衡,是人类对包括技术变革在内的所有变革进行"顺应"和"同化"的智慧体现所在。对于大数据引发的社会变革，亦要正确地处理"改革、发展、稳定"的关系，以保证此变革的有序和可控，那么建立大数据应用的伦理和规范便是其中应有之义。

首先，面对大数据对公众隐私的威胁，需制定基于数据隐私保护的大数据应用规范。隐私体现着维护人类人格尊严的根本性价值，隐私权也是当今世界公民所依法享有的基本权利，任何技术都需要保持对人格和法律的尊重，大数据亦不例外。大数据因为天然的海量数据收集、数据深层挖掘和集成分析，导致不可知的隐性数据暴露，同时对数据开放的要求和数据动态性的特征，对当前的隐私保护技术和制度形成了严峻的挑战，甚至当前的数据隐私保护制度也因为其隐私保护的力度不够经常为人诟病，如人肉搜索等。因此，制定新的数据隐私保护策略来规范大数据的应用也就势在必行。目前比较为人认可的是，建立一种基于用户可控的商业隐私保护策略，即用户决定自己的数据何时以及如何被应用，何时彻底性地被销毁，其中包括数据收集时用户自主决定自身数据精度，如身高是171cm还是170cm以上；数据开放时的许可和加密，如QQ空间和新浪微博的开放权限的可设置等；数据分析时的匿名和数据挖掘限制，如针对隐私的数据清洗、对隐私进行数据挖掘和关联的限制等；数据销毁的时限和彻底性；以及整个数据利用过程中数据隐私的保护，如数据的安全性和防泄露等。

其次，面对过度使用和迷信大数据的倾向，需制定以人为本的大数据应用规范。第一，利用海量数据分析得出两种或多种事物的相关关系，进而建立模型进行对未来的预测，这是大数据的核心，也是大数据最容易被过度使用的方面。大数据的预测只是告诉我们一种可能，只是用来作为一种参考，不能提供最终答案，也不能确定一切，答案终究是靠人去寻找的，未来也终究是靠人创造出来的。如果过度地利用大数据的预测功能，认为其能够预知一切，必然导致对人自主性的侵犯，也是对人创造性的毁灭。所以，必须建立一种社会的规范来制约对大数据的不合理应用，而这种规范必须是基于人的自由和自主的，大数据不应也不能用来确定和规定人。

第二，数据是对世界进行量化的一种标识，人通过数据来记录世界的真实。但是，数据只是其中的一种记录方式，我们也用感情甚至直觉来记录我们认识的世界。当我们用数据来决定一切时，我们就会进入"唯数据论"的怪圈，我们会发现，当我们一味追求数据来确保合理性时，反而迷失了我们最初的目的；我们会迷惑，为何我们以"真实"的数据作为一切决策的依据，得到的却是一个不真实的结果。这是因为数据也是由人来记录的，如果决策者为了数据而数据，那么数据就是为了正确而正确，人类为此已得到不少教训。对于大数据，我们更应该建立一种规范来预防此种错误的发生，数据本身不知对错，数据本身也不会发声，一切终究由人来判定和决策，在大数据中，我们应杜绝"唯数据论"的声音，我们应保持人的怀疑和自主，我们应始终保持"合理性的目的"。总之，在"合理性目的"的基础上，即在促进人的幸福和社会发展的基础上，对大数据的研究和应用，应秉持合法、负责、尊重、公正、透明等以人为本的原则，建立相应的伦理规范。

（二）搭建有效的数据平台，充分发挥大数据的作用

高校大数据应用平台通过集成高校目前的教学、科研、管理以及数字化图书馆等信息系统，并对硬件设备进行统一的规划和升级，优化了高校软硬件资源的配置，为高校大数据的采集、整合和分析建立了硬软件的基础，是高校大数据应用更进一步的基本前提；通过开发成熟的大数据技术体系，高校不仅促进了大数据的成熟和发展，同时为大数据功效在外语教育的进一步发挥奠定了坚实的基础，这是促进大数据和外语教育共同发展的核心过程。

1. 建立大数据平台，整合数据资源并简化大数据应用

建立高校大数据应用平台，在整合原有信息系统的基础上主要包括对数据采集设备、数据传输网络、数据储存和分析系统的升级和建设，并通过对数据和应用的高度集成将复杂的大数据处理程序交付专业人员处理，为一线教师们减轻负担。高校大数据应用平台是一种将学校信息设备升级和信息系统整合后的高度集成的信息处理平台，通过强大的数据收集和分析能力，可以有效地提高数据管理质量和效率，促进资源共享，为高校管理决策提供证据支撑，利用大数据集成推动高校资源配置的优化，同时大数据工具的集成简化了大数据的应用，实现了大数据在人才培养、科学研究、社会服务和文化传承创新等多个方面全面推动外语教育的发展。

2. 发展大数据技术，实现大数据本身功效的提升

当前的大数据技术已具备基础的大数据处理能力，但是还谈不上成熟，在大数据的处理流程中，特别是数据收集、存储和分析等环节，现有技术仍无法满足人们对数据信度和效度数据传输和存取实时性、数据分析效率的要求，同时整个大数据技术体系的成本和处理流程的能耗在当前也不能让人满意，因此进行技术方面的改善和突破势在必行，对于外语教育来讲，成熟的大数据技术体系的开发将更有效地发挥大数据对外语教育的发展推动作用。也将极大地改善大数据在高校中应用局限性的窘境，而成

本和能耗的降低也将获得更多高校对大数据的认可，吸引更多的高校采用大数据参与到教学、科研和管理等活动中去，这无疑将促进大数据在外语教育中的深入发展。在此背景下，开发一套兼顾成本和效率的可行的大数据技术体系可谓当务之急，其中，较关键的是以下四个技术难题的解决。

首先是大数据去冗降噪技术，即数据清洗技术，旨在提高数据质量和相对降低数据规模。数据获取过程中的多个数据源总是含有部分相同的数据，如一个用户的多个社交账户上总是包含同样的个人信息，这类数据的多次采集造成数据的绝对冗余；而面向特定应用的数据采集过程中，总是会出现超量或过广泛的数据，如我们只需要在五千个用户名中抽取一位幸运观众，但往往同时得到用户IP、用户性别、用户年龄等不需要的数据，这也造成了数据的相对冗余。同时，数据的收集过程总伴随着干扰数据和错误数据的进入，并且数据采集算法和设备的缺陷都会导致无关和错误数据的产生，大数据的噪声便源于此。这些数据冗余和噪声大大影响了数据的质量，增加了数据存储成本，降低了大数据的价值密度，导致数据分析的结果出现误差甚至直接失效，因此，大数据的去冗降噪便显得至关重要。不过在进行数据清洗的同时需要更加谨慎和专业，因为总有相对零散的有用细节信息混杂在海量的数据之中，数据清洗的粒度过细，则会造成有用信息的流失，而清洗的粒度过粗又无法达到数据筛选的效果，所以权衡数据质与量关系的数据清洗技术成为大数据技术体系开发的第一道难关。

其次是高效率低成本的大数据集成与存储技术，第一是大数据集成技术，大数据不进行有效的集成和整合就不能发挥其蕴含的巨大价值，当前大数据复杂异构的特性对大数据的整合形成了挑战，结构化数据、半结构化数据以及非结构化数据的大量并存和融合、不同来源不同特征的多种数据混杂以及不同数据库系统、中文软件系统差异形成的数据格式的巨大差异，无不造成大数据有效集成的困境。第二是大数据存储技术，数据存储的方式不仅关乎数据分析与计算的效果，也直接影响数据存储的成本。在存储设备容量的增长速度跟不上数据规模增长速度的前提下，大数据多元异构特征的三种体现不仅对大数据的集成造成了困扰，对大数据的存储同样制造了沉重的压力。在此背景下，统一数据格式、制定数据标准成为大数据有效集成的必然要求，同时对文件系统和数据库系统进行升级和完善也成为提升存储系统性能的必然选择，而这些耗时耗力并必须控制能耗和成本的技术工程正是大数据技术体系开发的第二道难关。

再次是高效实时的大数据分析技术，大数据分析技术是大数据技术体系的核心，直接关系到大数据价值的挖掘和体现。传统的分析技术面向的是结构化的静态数据，而大数据中大量半结构化和非结构化数据的存在以数据动态化的呈现，导致传统的分析技术不能胜任。根据CAP（Consistency，Availability，tolerance，to net-work Partitions）理论，在分布式系统中，一致性、可用性和容错性不可兼得，关系型数据库因追求数据高度的一致性和容错性，不能满足大数据需求较强的可扩展性和良好的可用性。而以基于Map Reduce模型的Hadoop分布式处理软件框架为代表非关系型数据分析技术，因其具备良好的横向扩展能力，及适合非结构数据处理、大规模并行处理、简单易用等突出优势，成为大数据分析的主流技术。但人们对分析技术的要求不仅是能够对大数据进行分析，而且必须是高效实时的分析，因为当大数据的分析不高效时，海量的数据带来的就不是解决问题的优势，而是解决问题的包袱；若大数据的分析不实时，对于在不停流动着的数据，其价值就会随着时间推移而迅速降低甚至消失，对其再进行分析也就失去了意义。当前的Hadoop在应用方面仍存在许多问题，其性能也不能让人足够满意，如缺乏对大数据进行实时有效处理的能力，因此仍需开发更加高效实时低能耗的大数据分析技术，这是大数据技术体系开发的第三道难关。

最后是广泛可移植的大数据处理模型，当前很多公司和研究部门都针对自身的应用场景开发了相应的大数据管理系统，数据类型格式的多样和应用场景的不同使这些系统的功能模块各有差异，处理框架也不尽相同。虽然不同的行业需要根据自身特点，采用不同的大数据分析工具和开发环境，但只有进行跨领域跨行业间的信息共享，才能通过数据分析形成新的知识，产生更大的价值。不过数据的海量多样、应用场景的各不相同以及大数据管理系统的高度复杂和高速演变导致不同领域不同行业间形成了大量阻碍数据共享的壁垒，这极不利于对大数据价值的充分发掘，因此需要专业的大数据研究人才和各领域的科研人员进行密切的合作，开发出一个统一的大数据处理模型，这是大数据技术体系开发的第四道难关。

（三）优化高校资源配置，提高大数据利用效率

对于大数据而言，高校进行资源整合的基本前提和目的就是改变外语教育对大数据的局部不适应，并通过大数据的有效应用推动外语教育进行创新和改革。大数据在高校中的应用本身是推动外语教育信息化、促进外语教育改革以及提升外语教育质量的一个有效手段，而高校满足大数据应用资源需求既能够实现自身的战略目标，又能够通过对外语教育信息化的推进、人力资源的提升以及校际联盟的成立整合自身资源配置、发挥资源最大效益并实现资源的有效共享。

首先是围绕建设高校数据平台的目的，升级学校的软硬件配置，前文对现有的信息采集设备及系统的基本状况和不足已有介绍，主要是缺乏对更全面的过程数据的采集能力，不过以传感器、射频识别设备、智能嵌入设备和激光扫描设备为核心设备群的"物联网"的加入，将大大改善这种状况，物联网不仅能够实时感知并传送数据，通过与计算中心的连接，还能根据命令对"网"中的物体进行实时的控制，这极大地扩展了大数据平台信息收集和反馈的能力；而对于数据传输网络，大数据对实时处理的要求必定需求较快的数据传输速度，很多高校当前的数据传输速度无法实现对包括视频、音频在内的大规模数据的实时传输，必定需要通过更改有线和无线网路布局、升级网络设备和优化数据传输机制等措施升级数据传输系统；对于数据存储和分析系统，根据各校经费状况平衡成本和效率，高校应有区别地引入分布式数据管理系统和云科技系统对现有数据存储和分析系统进行升级，前者能够在不损坏数据的基础上对数据规模进行一定程度上的压缩，并具有一定的大数据处理能力，而后者在付费情况下能够提供较大的额外存储空间和强大的数据计算能力。

其次是创新和丰富数据文化，前文已论述过，大数据的本质是一种技术和工具，是人类了解世界、解决问题的一种方式，它包含着将世界"数据化"的目的，是工具理性的天然扩张，但大数据必须置于人的控制之下，束缚在价值理性的"牢笼"里，"我们拒斥'工具理性'，但并不拒斥理性。在我国，理性的光辉依然是十分暗淡的，尤其是'教学理性'还远远不够。我们拒斥'工具理性'，但并不拒斥工具。在教学中合理有效地使用工具，不是多了而是少了"。因此，对于高校而言，作为文化传承创新职能的承担者，构建一种基于价值理性和工具理性的统一、充分与合理地应用大数据技术的数据文化，以解决我国教育体系内理性缺失的问题，便成为大势所趋。外语教育作为完善和建构大数据理论体系的主要力量，同时作为高端文化教育机构，高校数据文化的形成意味着以高校为代表的社会主流文化对大数据理论体系的吸收和融合，同时也代表着将大数据应用的伦理规范转化为具体的行为准则，即将大数据保护隐私和合法、负责、尊重、公正、透明等以人为本的应用原则具体为大数据应用过程相关人员的行为章程，包括从数据采集、数据分析到数据分析结果转化为教育实践和决策的整个过程，这是建立一套持久运作的大数据应用体系的必备条件。

最后是加强对大数据的推广，高校应利用自身学术权威的地位，通过对大数据进行学理的反思、实践的验证以及进一步发展的研究，规范大数据的发展并将正确的大数据理念推向社会，促进社会各界对大数据的充分认识;开发简单易用大数据应用,注意应用的友好度,对于大部分管理者、教师和学生等非专业直接应用人员,过于复杂的操作将大大消磨其使用大数据工具的积极性;为希望提升自身大数据应用能力的社会人员提供大数据相关能力的培训,从理念和技术上提升其能力以达到其学习要求;满足希望从事大数据相关职业的学生的学习需求,开设数据科学、大数据等相关专业,培养专业的大数据人才。总之,高校应充分利用其特有的创造知识和传播知识的大环境,大力发挥其培养人才、发展科学、服务社会以及传承创新文化的职能,完善并推广大数据的应用,助推全民数据素养的提升。

(四)重视大数据人才的培养,提高大数据服务质量

首先是成立"大数据应用与研究联盟",单独高校资源的不足和力量的薄弱不足以支撑某些耗资耗费巨大的大数据应用和整体的大数据研究,那么寻求高校间甚至高校与社会科研机构、政府以及行业企业的合作与联盟以谋求更多的资源便成了必然选择,正如当前在我国方兴未艾的"2011工程"中重点建设的协同创新中心,通过充分汇聚现有创新力量和资源,发挥高校多学科、多功能的综合优势并进行校校、校企的机构间优势互补开展涉及科技前沿、文化传承创新、行业产业和区域发展等方面的协同创新工程,这使高校通过资源的相互补充和配置优化而得以进行其单独所无法开展的研究项目,无疑大大提高了高校资源的利用和共享效率。当前虽然成立了一些学会性质的大数据联合研究机构,不过大数据并未立项于以国家和政府为主导的协同创新中心,社会上也未出现实质性联合的大数据研究组织。高校关于大数据的应用和研究应该成立一个以高校自身为主导的,如同协同创新中心那样突破高校内部以及与外部的机制体制壁垒的联盟,以高校带头,联合社会研究机构、政府和企业共同进行大数据理论系统的完善、成熟大数据技术体系的开发、高校以及社会其他领域大数据应用的开发和实践。通过成立"大数据应用与研究联盟",高校汇聚了更充足的资源,集合了更多的优质创新力量,能够攻关大数据体系里更巨大更复杂的系统工程,为大数据的应用和研究提供了重要支撑。

其次是加强对大数据人才队伍的建设,即对大数据应用人才、大数据管理人才和大数据研究人才整体队伍的建设。引进和培养大数据应用与管理人才,加强对大数据技术的应用能力,主要包括对大数据应用和管理人才的引进,对专业数据人才的培养以及对学校教师数据意识和素养提升的培训。第一,高校应配合高等教育信息化进程的推进和大数据的应用,调整教学和管理队伍结构,完善岗位设置,引进大数据应用人才和大数据管理人才，帮助高校转变思维，落实大数据的应用。第二，"高等教育现先行"，即高校应面向未来培养人才，根据合理预测社会未来所需人才，进行对应的人才培养计划。当前大数据的发展如火如荼，可以预计未来数年乃至数十年都将保持良好的发展趋势，在当前社会中外语教育领域大数据应用和管理人才都处于非常匮乏状态的前提下，市场对大数据应用和管理人才的需求在数年内又将保持稳定甚至增长的态势，大数据人才缺口愈发明显。根据此形势，高校培养人才和社会服务的职能都必然要求高校设置对应专业，加快加强对大数据应用和管理人才的培养。第三，对学校教师数据意识和素养的提升，数据意识即是对数据的认识和理解，了解其价值并知道其局限，同时了解误用的危害；数据素养即是理解相关领域内数据内涵并能够在此领域内应用数据的能力。

总体来说，高校对教师的培训应使教师具备一定的数据技能，能够在自身工作范围内熟练运用，如教师根据网络考试系统向学生提供个性化的有效学习支持等，同时还应具备一些基础性的普遍能力，如了解数据的价值，承认数据的局限性；对数据来源、收集和分析方法及其信度效度有一定判断力；善用数据，能够读懂各种统计、概率等数字表达的意义；注重自身数据隐私保护，不随意泄露他人数据等。同时高校按照联盟中不同机构的合作和分工，相应的引进和培养自身所需的大数据研究人才，联合建设一支合作紧密、分工明确的专业"高精尖"大数据研究队伍，从而实现对大数据系统高效的研发。对于整体的大数据研发工程，能够沟通不同学科领域、进行框架建设的通才是不可或缺的存在，这需要外语教育吸纳足够的人文与社会科学的人才，同时保证其充分的交流与合作，完成对大数据理论的构建和演进；而对于具体分工的大数据技术研究项目，其研究队伍有更高的专业化要求，这需要外语教育吸收和培养出高水平的数据科学与信息技术方面的人才，以支撑对大数据技术的突破和创新；同时大数据与具体学科结合的研究，则是需要具有学科背景的大数据研究人才，这同样需要外语教育进行交叉学科的建设和人才培养，以支撑大数据时代学科发展的实现途径。通过加强对大数据人才的引进和培养，高校为大数据的进一步应用应完善人力资源配置，并为高校大数据应用和研究提供人力支撑，这是促进大数据和外语教育有机结合的重要保障。

第二节 外语教师的职业发展

打数据的到来使高等教育面临着一场翻天覆地的全新变革，外语教学传统模式一统天下的教学目标、教学对象、教学资源、教学内容、教学形式、教学方法、教学评价均受到了极大地冲击,外语教学将呈现出百花纷呈的多元化局面,2010年8月,比尔·盖茨在世界经济合作与发展论坛上声称"五年以后你将可以在网上免费获取世界上最好的课程;而且这些课程比任何一个单独的大学提供的课程都要好"的"魔咒"正在实现,大数据时代学生获取知识的途径不再局限于任何一个具体的课堂,线上多样化的学习越来越成为人们获取知识的重要途径。人类教育正在由更多的教室课堂走向更多的网络课程;由更多的讲授指导走向更多的合作交互。大数据对整个社会产生了革命性的影响;渗透到了英语教育的核心环节,挑战了传统的教学思维,冲击了传统的教育模式和评价方式,必然也因此挑战教师的教学职能,教师要胜任时代的教学任务,首当其冲地需要掌握这一时代的思维方式。

一、外语教学的背景

(一)外语的重要性

英语,作为国际通用语言,在国际政治、经济、文化、体育及其他信息交流中扮演着重要的角色。据相关统计,全世界1/5的人具有不同程度的英语交际能力,全世界2/3的科学家能读懂英文,全世界80%的电子信息用英文存储,全世界网站的78%为英语网站。英语的重要性还不仅仅限于日常的交流上,不少政治家把英语看作是提升本国国际竞争力的重要手段。例如,日本原经济企划厅厅长官寺泽芳男就曾撰写过一本《不懂英语国家将亡》的书;日本原首相小渊惠三的个人咨询机构在2000年曾建议将英语作为日本的第二官方语言;韩国前总统金大中在一次新年电视讲话中忠告国人,如果不掌握国际通用语言,在国际竞争中将没有获胜的机会。

由此可见,中国要跟上世界的发展步伐,进入国际大家庭,融入世界政治、经济、科技、文化、体育的全球化体系,较快地学习、掌握和赶超世界先进国家的科学技术,最为直接的方法就是要使我国的相关人员能够有较强的英语交际能力。据此,可以断言"外语教学不仅仅是一个简单的教学问题,而且已直接影响到我国科技、经济的发展,影响到我国改革开放质量的提高"。

外语教学在我国经济、科技发展中究竟起何作用呢?以色列已故总理拉宾先主曾说:"以色列改革开放具有一大优势,就是我们的外语较好"。拉宾先主的观点有一定的道理,若一个国家外语水平提高了,它能及时获取国外的科技信息,将其翻译成本国文字,最终转化为生产力。例如,日本英语的总体水平不如我们,但他们的阅读与写作能力较强,还有一支相当精干的翻译队伍,能及时把国外最新的科技信息翻译成日语,让国人知晓。日本作为第二次世界大战时期的一个战败国,经过40多年的努力又成了世界上最发达国家之一,科技进步起了重要作用,其中也有外语教学对科技进步的贡献。然而,我国外语教学滞后性与社会迅猛发展之间的矛盾越加显著,如不及时解决,将有碍于我国经济、科技发展。如组团出访时,阵容往往十分庞大,但能用外语自由交谈者为数不多,一般都依赖翻译才能开展活动,工作效率很低,若翻译不懂专业,译文偏差,谈判质量就受影响,甚至造成重大经济损失。正如李岚清副总理所说:"我国由于英语等外语普及不够,影响了对外交往的规模与效率,也吃了不少亏。"

随着我国全面对外开放,中国正大踏步地融入国际社会,在经济、科技等各个领域同世界交往更加频繁和密切。教育部高教司前司长张尧学(2003)在"211工程"大学的外语学院院长会议上曾指出:"我们的进出口贸易现在一年有7000亿美元,仅出口就有3000亿美元。这在前20年是不敢想象的事。我们后20年谁能想象到我国出口量达多少亿?所以,我们同国际交往的步伐是非常快的。我们怎样对原来不适应时代步伐的东西进行改革?我们怎样培养适应时代需求的人才?这些人才需要什么样的外语技能?这都是我们要考虑的。迄今为止,英语教学取得了巨大成绩。但我们还要与时俱进。整个外语教学要与时俱进。"可见,"与时俱进"就意味着我们的外语教学或未来学生的英语能力应随着国家的综合国力的提高而提高,以促进我国在国际上的竞争力。因此,英语在国际上的突出地位促使我们的大学英语教学必须进行改革。

(二)现行外语教学的弊端

就目前我国的外语教学而言,总体水平不高,而且长期以来存在着"哑巴英语""费时多,收效小"的弊端。与亚洲一些国家(如印度、新加坡、巴基斯坦、菲律宾等)相比较,中国学生的阅读能力应该说是不错的,但是他们的语言交际能力,尤其是听说能力相当落后。不少学生在各种考试中的成绩都相当不错,分数也很高,但是一旦与人交流却不能听也不能说。这种严重的高分低能现象表明我们的外语教学多年来培养的只是外语的应试者而不是外语的实际应用者。究其原因,外语学习的好坏与学习的条件和环境不无关系,换言之,语言学习的环境对学习者使用外语起着相当大的作用。正如蔡基刚教授(2006)所指出的那样:"为什么我国学生学了10余年的英语，'聋子英语''哑巴英语'现象还是比较普遍？原因就是受到语言环境的限制：没有或很少有练习听力和口语的机会，没有或很少有使用所学到的语言的机会"。

一般认为，中国学生的英语学习水平不如欧洲国家，也不如印度、巴基斯坦、新加坡、菲律宾等国家的人士，尤其是听和说的交际能力与他们相比相差甚远。其主要原因是，英语对这些国家来说基本上都是第二语言，而对我们来说却是地道的外语。那么，英语作为第二语言和作为外语在学习上究竟有何区别？Stern（1983）通过对世界各国英语学习者的广泛研究，认为把英语作为外语和作为第二语言在语言使用功能、语言掌握的方式和目的以及语言环境上有很大的区别，见表5-2-1。

表5-2-1　英语作为外语和作为第二语言的使用情况差异

差异点	作为第二语言	作为外语
地域	在某一国家或地区内掌握和使用的非本民族语言，但属于主要语言集团	跨地域掌握并使用的非本民族语言，但不属于主要语言集团
地位	与母语的地位基本一样，通常为某国或地区的官方语言之一	比母语的地位要低，但能够收到较为广泛的重视
目的	全面参与国家的政治和经济生活，还有教育的需要	到国外旅游、对外交流、阅读国外文献、参阅科技文章等各种目的
环境	有广泛的语言环境的支撑，不依赖课堂教学	因远离主要语言集团，没有语言环境的支撑
程度	因广泛使用而习得语言，接近母语的表达能力	因只依靠正式的课堂教学，语言表达与母语相比相差甚远

由表5-2-1可见，第二语言（简称二语）和外语的区别至少说明了这样几个问题：首先是语言的环境问题，那些把英语作为二语的国家和地区，目的语的使用环境相当广泛，涉及社会的方方面面，如商业、教育、政治、文化、社交等，学习者能在真实的语言环境中充分接触和使用语言，当然也就自然地学习了目的语。然而，外语学习者的语言环境主要是在课堂，比如在中国，外语学习者所接受的语言输入主要来自课本，一个学习者从小学开始使用的外语课本都是经过编写者的加工和教育部门的严格检查，其语言输入相当有限，而且都是些非真实（authentic）或非自然的语言。其次是学习动机问题，二语学习者要使自己融入社会并在激烈的竞争中适应工作、学习、生活的需求，自然会习得并掌握目的语。但是，

外语学习者具有明显的功利性学习动机,尤其在我国,在校的外语学习者几乎都是为了通过某种考试,不讲究语言的使用能力的提高,而是重视考试所需的语言材料。考试需要什么就学习什么。在学习方法上,因学习者的功利性动机,外语学习者较为注重语言知识的获得,而非语言交际能力的培养。学校的外语教学也基本上都是围绕这些目标而展开,所以课堂教学基本上是重技能分析轻技能应用、重知识灌输轻能力培养、重考试要求轻全面发展。长此以往,我国学生怎能不变成语言应用能力低下的考试高手呢?

要解决语言学习的环境问题,单靠传统的课堂教学是远远不够的,因为课堂和现实社会使用语言的环境毕竟相差甚远,再怎么设计"角色扮演"的语言应用的情景,也不可能达到预期的教学效果,不能从根本上有助于创设一个理想的外语教学环境。因此,只有对外语教学进行重大的改革,借助当代信息技术,在计算机网络上创造出一个虚拟的语言环境,使得以计算机网络为核心的信息技术与外语课程进行整合,着重研究信息技术与外语课程整合环境下的外语教学模式,以求能真正地消除外语教学上的弊端。

(三)传统教学模式受到挑战

在我国的大学英语课堂里主要是以教师为中心,教师讲课文、精解词汇和语法、组织操练、核对答案。几十年来,虽然这种"满堂灌"的教学方式忽视了学习者的主观能动性,但是我们的教师依靠个人的教学经验、人格魅力以及因材施教的小班教学方式,确实也培养了许多的外语人才。但是,随着时代的发展,尤其是到了21世纪的今天,我们的教学环境与半个世纪前和与当时制订的第一份《大学英语教学大纲》的20年前相比都发生了巨大的变化,这种教学模式势必会受到前所未有的挑战,这主要表现在以下几个方面:

(1)传统模式不能有效培养学生的英语综合应用能力。众所周知,传统教学模式的特点就是课堂教学以教师为中心,以"课本+粉笔+黑板"为工具,以帮助学习者在有限的课堂时间内获取和积累语言知识(主要是词汇与语法)为目的。这种教学模式以结构主义的语法翻译法为基础,通过精讲教科书中的核心范文向学习者输入某一阶段的语言形式(通常是词汇用法和语法规则等)。学习者通过教师的精解和自己的反复操练以形成正确的语言习惯(language habits)和语言行为(linguistic performance),这就是我国特有的"精耕细读"式的传统教学模式,故称为"精读课"。这样的传统精读模式必然会导致重教师讲解、轻学生参与;重语言现象,轻信息摄取；重语法细节，轻篇章整体；重语言知识灌输，轻语言技能运用；重阅读理解准确，轻语言交际能力培养。虽然在我们的精读课中引进了诸如角色扮演、两人对话、小组讨论等交际活动，但都是可有可无的附属品，通常为了考试或多讲课文要点"只好牺牲耗时甚多、见效甚慢的口语练习"。因此从某种意义上说，"哑巴英语""聋子英语"正是这种传统精读教学模式的产物。原因是，精读教学模式追求的是"精"析，是分析，而不是"读"，是引导学生把英语当作一种语言体系来研究；而问题是孤立、精细的语言知识不可能转化为实用高效的语言运用能力。

（2）传统教学模式使教学质量下降。教学质量的下降主要与大学扩招的压力有关，因为大学扩招使原来班级规模急剧扩大。其次，班级规模过大使得教学效率下降，同时还增加了课堂管理的难度。在一个80人左右的课堂，教师几乎不可能把学生的水平差异控制在他们能把握的范围内，教师能做的就是按照事先设计好的教案授课，"而班级规模越大，学生水平更为参差不齐，较差的学生由于跟不上教师的节奏、听不懂而索性缺课；水平较高的学生则嫌节奏太慢而上课干自己的事"。因此，在这样人数众多的课堂讲课，教师不可能照顾到各种层次的学生，势必会降低教学的效果和效率，从而影响到整体的教学质量。

（3）传统模式不能适应社会和语言环境的变化。应该说传统教学模式在受到班级规模的制约之外，还受到其他社会和环境因素的影响。首先，学习的环境和手段在变化。在过去的几十年里，大学英语课堂围绕课本开展教学，偶尔也会听些录音。现在，随着信息技术的快速发展，学生获取知识和信息的渠道变得丰富起来，因而不再满足外语学习就是围着课本转的传统方式。其次，学生的学习动机在变化。过去学生学习英语的主要目的是通过考试，获得文凭即可，因此学习相当被动，只要跟着课本学就足够了。现在情况就不一样了，学生学习英语不仅仅是为了一纸文凭，他们必须为今后的就业、出国留学、报考研究生等加大学英语的力度，从而学习变得更为主动，并且对学习内容提出更多的个人要求，尤其是语言的综合运用能力方面，更是要求有显著的提高，课堂上只是教师讲学生听的模式无法满足学生的个人需求，这些都对传统的教学模式提出了挑战。由此可见，传统的教学模式很难应付这些变化，要改变这样的局面，满足社会和学生的新要求，教学模式的改变势在必行。

二、教师在外语教学中的作用

近年来，中国已经成为"外语教学的超级大国"面对庞大的学习群体，几十人的英语课堂仅靠一个教师教的局面已经不能满足需要，传统的英语教学模式已经力不从心。英语教学模式已经到了非改不可的关头。对此，教育部提出要利用现代信息化手段与技术来改变人才培养模式，开展自主性学习、研究性学习，《大学英语课程教学要求》也提出要建立基于计算机和网络技术的英语教学新模式，大力改革公共英语教学。经过初步实践，众多的院校不仅已就深化计算机网络环境下外语教学的改革达成了共识，而且已经基本构建起了英语教学所必备的硬件设施和软件资源。这些硬件和软件的投资确实在支持学习和教学方面发挥了很大的作用。可是，任何一个改革都不可能一蹴而就，英语网络教学的改革在新旧模式交替过程中也会出现一些问题。单从教师这个角度出发，突出的问题就表现在教师一方面受升学考试压力的影响，对这种新的教学模式既无时间也无精力去深入探索，从而淡化英语教学意识；另一方面受繁重的教学任务的制约，缺乏必要的多媒体网络技术知识，自然也就缺乏驾驭网络教学的能力，致使网络英语教学收效甚微。

技术是教育中的工具性要素，技术只有为人所用才能转化为现实的教育"生产力"。脱离了人这一决定性要素谈改革，改革就是无本之木、无源之水。所以，"人件"建设的步伐不应滞后于硬件的投资和软件的开发。"人件"建设的重要性不亚于硬件和软件。"道路"（硬件）修好了，"车辆"（软件）也配置了，而要把"货物"（课程资源）运送到"客户"（学生）手中的"司机"（教师）是该过程中的决定性因素。"司机"的驾驶技术和货物装配组织能力是关键，另外，司机的清醒意识也不可忽视。英语教师就是信息通信技术和英语学科有机整合之路的"司机"。司机必须具备根据货物的质和量，结合自己所拥有的车辆的性能、道路的特点、客户的要求，成功、有效地完成货物运输过程。同样，教师也必须根据本学科、本课程的性质，结合自己学校实际能提供的硬件设施和软件资源，分析本校学生的学习需求，成功、有效地完成教学过程。而"人件"建设的核心不仅是技术管理员队伍建设，更重要的是网络英语教师队伍建设。因为英语教学改革是由英语教师进行的教学改革，不是计算机教师的教学改革。英语教师不可能置身事外。所以，英语教师必须把计算机网络技术和课程有机整合，才能使资源物尽其用。

另外，教师在现行英语教学改革中的关键作用是由教师在改革中的地位和角色所决定的。"在新教学模式中（即教师、学生、教材及教学方法在现代信息技术环境下新的有效组合），教师仍起着一个主导作用"。这种主导作用体现在教师作为学习的引导者、设计者、促进者和管理者的角色中，即教师首先需要体验如何利用计算机网络的优势去获取新知识，从而引导学生利用这个过程构建自己的知识体系（引导者）；教师有了计算机和课程整合的教学体验后，就能利用计算机网络的优势，结合学生的学习特点设计和创造整合课程的学习环境（设计者）；同时根据自己的体验提供给学生一个资源丰富的学习环境，指导其下一步的学习活动，同时以问题激发学生思维，并为学生的学习活动过程提供示范或描述解决问题的步骤（促进者）。

此外，教师还要协调解决在网络学习过程中出现的突发问题，完善教学过程（管理者）。由此看出，英语教师的这种主导作用要求教师首先必须更新教学理念、具备一定的信息能力，同时还要将这些新的教学理念和信息能力融入课程教学原则和教学艺术中。也就是说，在英语教学模式的取向中，英语教师应具备较高的信息素养，培养英语网络教学的驾驭能力，才能满足新教学模式的需要。教师的信息素养是英语教学中"人件"建设关键的核心，是课程与技术整合的关键，是为时下进行的改革提供强有力的人力资源保障的关键，"是英语教学改革成功与否的关键，也是学科长远发展的关键"。

鉴于英语教师的信息素养如此重要，那么英语教师的信息素养的内涵及现状又如何呢？

（一）英语教师的信息素养内涵

"信息素养"这个名词是美国信息产业协会（ILA）主席Paul Zurkowski于1974年提出来的。他认为信息素养是利用大量的信息及主要信息源使问题得到解答的技术和技能。1979年美国信息产业协会将信息素养解释为：人们知道在解决问题时利用信息的技术和技能。美国信息专家Paterieia Brevier认为：信息素养是一种了解信息系统并能鉴别信息的价值、选择获取信息的最佳渠道，掌握获取和存储信息的基本技能，如数据库、电子表格软件、文字处理等技能。美国图书馆协会把信息素养解释为："具有信息素养的人，能够认识到何时需要信息，并拥有寻找、评价和有效利用所需信息的能力……从根本意义上说，具有信息素养的人是那些知道如何进行学习的人。他们知道如何学习，是因为他们知道知识是如何组织的，如何去寻找信息，并如何去利用信息，以至其他人可以向他们学习，他们已经为终身学习做好了准备。"目前国内外有关信息素养这一概念尚无统一的、标准的定义。较为成熟科学的释义为：在各种信息交叉渗透、技术高度发展的社会中，人们所应具备的信息处理所需的实际技能和对信息进行筛选、鉴别和使用的能力。

综上所述，英语教师的信息素养应该包括信息意识（information

awareness)、信息知识(information knowledge)、信息能力(information competence)、信息和课程整合能力(integration competence)及信息伦理(information ethic,即信息安全和信息道德)5个方面。

1. 信息意识

教师的信息意识是教师信息素养的一个重要内容,是人们在信息活动中产生的认识、观念和需求的总和。指的是教师对信息的敏感度,这要求教师具有敏锐的感受力和持久的注意力,能够意识到信息的作用,对信息有积极的内在需求。教师在进行信息技术与课程整合时,只有敏感于信息,具备强烈的信息意识,才会积极主动地挖掘信息,搜集、利用信息,丰富自身的知识。它是教师丰富信息知识、提高信息能力、形成信息意向、完善信息素养的前提条件,也是教师进行信息技术与课程整合的前提条件。

2. 信息知识

信息知识是指与信息有关的理论知识和方法。信息知识是信息素养的重要组成部分。在信息时代,信息知识包括关于信息的基本知识。例如,信息的理论知识,对信息和信息化的性质、信息化社会及其对人类影响的认识和理解,信息的方法和原则等;还包括现代信息技术知识,如信息技术的原理、软硬件的知识、信息技术的作用及信息技术的发展和未来等。所有这些基本的信息知识,作为教师,都需要有一定程度的了解并且不断地学习。

3. 信息能力

信息能力是整个信息素养的核心,指的是教师对信息系统的使用以及获取、分析、加工、评价信息并创造新信息、传递信息的能力。教师应具备:①基本信息素养,即计算机基本技能,教师必须掌握Word文字处理、Excel电子表格及一些常用应用软件的安装和使用,并能熟练应用计算机处理学生考试成绩、编写测验试题等;②多媒体素养,信息时代为教学提供了丰富的媒体,为提高教育教学质量,教师应根据不同的学科特点和教育对象,围绕教学目标、授课内容选择和使用不同的媒体,进而制作多媒体教学课件;③网络素养,网络时代的教师应具备网络基本知识和素养,教师应当掌握计算机网络的一般原理,学会利用网络搜索数据、传输文件和网络交互式教学,能利用电子邮件与同行或学生进行交流,利用电子公告牌或自己制作的网站(页)发布自己的认识和观点。

4. 信息和课程整合能力

信息和课程整合能力是信息素养的目的，指的是教师根据课程特点，依据一定的教学原则，因地制宜、根据教学需要，利用必要的媒体来设计符合教学实际的教学活动，完成教学任务，提高教学效果的能力。把信息技术和不同媒体优化组合，将信息技术有机融入学科教学过程，才能真正发挥信息技术的作用，从而提高教育教学质量。

5. 信息伦理

信息伦理指信息安全和信息道德两方面的内容。信息伦理把握教师信息素养的方向，指的是教师在获取、利用、加工和传播信息的过程中必须遵守一定的伦理规范，不得危害社会或侵犯他人的合法权益。同时，还要了解信息安全、防范计算机病毒和抵制计算机犯罪的常识。信息技术与课程整合背景下教师的信息道德特别指教师在信息技术与课程整合中要保证教学内容的科学性和对他人劳动成果的尊重及知识产权的保护。这是当前教师的信息道德中的重要内容。

以上5个方面既相互独立又相互关联，一般来说，信息技能的提升是信息意识增强的结果，同时它又促进信息意识的增强，信息技能的提升通常有助于信息安全的发展，而信息安全意识的提高又必然促进信息技能的发展。

（二）英语教师信息素养的培养

1. 顺应新环境、更新观念、增强教师信息意识

要突破传统英语教学模式，观念更新比教学设备更新更重要。改变传统的思想观念是培养教师信息素养的基础和关键。所以，提高英语教师的信息化教育技术能力，首先要使广大教师从思想上认识到提高自身信息素质的重要性、紧迫性和责任感，能自觉、主动地加强学习与实践，不断提高自己认识、掌握并创新地将信息技术运用于语言教学的能力。

2. 积极进行师资培训、帮助教师提高信息能力

人才缺乏制约了英语教学的普及和多层次、多形式、多规格的发展。目前开发英语教学的人才大致有两类：一是技术专家；二是语言专家。懂技术的语言不过关，懂语言的技术不过关。一个真正的英语教学专家应当是技术专家和语言专家，而且首先应当是语言专家。所以，英语教学首先

要解决的是英语人才的技术问题，而不是计算机人才的英语问题。因此要通过有效的培训提高英语教师的信息能力。

（1）要加强在职教师信息素养的继续教育。学校要通过有效的师资培训方案的实施，帮助现有的英语教师掌握信息技术的应用技能，使他们成为运用现代教育信息技术辅助英语教学的主力军，使英语课堂教学成为教学的主战场，使广大学生成为网络教学的最大受益者。由于教师本身要从事教育教学工作，不可能有太多的专门时间来培训信息素质，因此在对教师进行信息素质的培养时应坚持以在岗学习、业余学习为主。与此同时，学校还应组织专门的在职培训，组织骨干教师到有条件的高等学校进行短期培训，借助学校的计算机中心组织教师进行校内的信息素养培训活动，包括学校利用寒暑假或双休日组织的信息技术培训、信息技术与课程整合的教学观摩或教学研究等。教师也可以通过网络、阅读等途径进行信息技术相关知识的学习，自我提高信息素养。

（2）做好新教师现代信息技术教育的培训。随着学校规模的扩大和学生人数的增加，对新教师的需求量也相应增大。师范院校及外语院校也可调整目前的课程设置和教学内容，开设相关课程，使这部分人走向教师岗位后能以点带面，带动整个教师队伍的信息能力。

（3）建立相应的评价和管理模式。学校可以建立相应的网络教学的评价和激励机制，提高教师在教学中使用新技术的积极性。对在教学中积极采用现代信息技术的教师给予奖励。同时，把信息能力作为教师考核的一项内容，或者举行课程信息化技术比赛、课件制作比赛，采用优秀课堂评奖等形式，增加教师的参与意识，从而提高教师的信息能力。

3. 加强网络英语教学的理论与实践探索、提高教师技术和课程整合能力

教师要积极地探索网络环境下的英语教学设计、教学模式、教学管理模式、教学评估体系、学习模式与评价等。应当看到，技术本身并不是解决一切外语教学问题的万能药。信息技术只能成为解决问题的部分答案，它无法替代教学艺术，要使它们发挥最大潜力，关键还在于教师是否能够根据教育原则做出正确的决策。教师要遵从语言学习理论和教育学原则，恰如其分地运用技术，方可优化课堂教学，提高学生学习效率。

在信息技术与课程教学整合方面，教师应明确信息技术在语言教学中的优越性和局限性，不能"唯网至上"。要合理地设计教学活动，有效地实施教学方案，将信息技术灵活多样地整合于教学活动，促进学生的研究性、创造性和自主性学习活动，并且有效管理基于信息技术环境下的学习活动，还能利用信息技术，通过多种测评系统收集、分析、解释和管理数

据，对信息技术环境下的教学过程和学习活动进行有效、合理的评价。

目前许多学校对教师进行的现代教育技术培训主要侧重于计算机技术本身，认为教师只要掌握了计算机技术，便能自然而然将其运用于语言教学中。而实践证明，这是一种错误的假设。真正科学的培训强调信息技术与教学实际相结合，突出信息技术的教育应用，培训重点是技术在课程和教学中的整合，而不是技术本身。所以师资培训机构或语言教育研究机构也可开展一些网络英语教学法的研讨，侧重培训教师应用计算机进行课堂教学的能力，而不单单培训教师的计算机技能。

随着信息化时代的到来，网络技术、多媒体技术为高教领域带来一场新的革命，使获取信息、处理信息、传播信息能力成为21世纪高校教师必备能力。高校教师正面临着深层次的改革：更新教育观念，提高教育技术，探索新的教学模式，提高教学效率和效益。这就要求高校教师尽快从传统教学模式中走出来，而英语教学改革实际上是对教师的教学意识和素质的改革。只有具备了一支高素质的教师队伍，才谈得上建立教学模式，去实验、去交流、去推广，才能把教学改革推向纵深发展，使学生成为最大的受益者。人件建设的步伐应该先于硬件和软件建设，有"路"无"车"、有"车"无"货"、有"车"有"路"无"司机"都会造成资源的大量浪费。英语教师队伍是外语教学改革中人件建设的核心内容，教师的信息素养是将信息技术充分有效地融入课程教学原则、推动教学改革纵深发展的关键。教师主观意识的转变和客观培训条件的创造都是至关重要的。作为教师只有在教育观念上跟上时代的发展、在教学过程中明确自己的职责、在教育发展中加强自身信息素养的提高和发展，才能成为具备较高信息素养的现代化学者型教师。

三、大数据时代的相关性思维

大数据时代使人类记忆与思维突发了异变，高度进化的计算机技术使得人类记忆平衡由遗忘常态翻转成为记忆常态。于是，面对海量信息如何取舍结论，便成为当下人们的首要问题思考。在外语教学来说，对信息如何取舍的思考关乎如何实现课堂视角的问题。《大数据时代》作者维克托·迈尔-舍恩伯格确信，时至大数据时代人类已经可以放弃对因果的追问，只需关注事物的相关关系，由追求因果律转向强调相关律，强调知道"是什么"，而不着重追问"为什么"。除此之外舍恩伯格还认为，鉴于大数据时代的数据之多，需要全面数据而非随机抽样；需要重视数据复杂性，而弱化其精确性。由于大数据的核心用途是预测，因此，坚持全面数据而弱化精确性并放弃因果关系，这已经足以为人类生活创造前所未有的可量化维度，使之成为创新发明和智慧服务的不竭源泉，蓄势待发的相关性思维将给人类带来更多的改变。舍恩伯格的思维观点颠覆了千百年来人类的思维常规，对外语教学的认知实践和价值取向提出了全新的挑战。

　　事实上，因果性和相关性这样的问题在本质上可以认为是人类思维和机器思维的区别。既然21世纪是基于高速计算机技术的大数据时代，我们便无须奢望让计算机数据分析体现事物的因果性，截止到当下以及未来，计算机能够提供给我们的结论大概都只能限于事物的相关性。我们人类常说的因果，其实质是试图说明一种事物必然的内在联系，它属于哲学或者神学层面的概念，抑或是经验归纳或是一种前顺后延的习惯联想。但是无论如何所有这一切关联都只有人才能够理解，是人对客观存在的智慧判断。因果判断其实质是人类渴求确定性心理的常态反映，正是由于科学研究和社会过程都充满了更多不确定性的原因所致。在目前大数据分析的时代里，放弃因果追问而关注相关关系，其实是人类理性应用计算机技术的明智选择。实质上，相关性分析与因果性判断，这正是人与机器的分水岭和各自的价值所在。

　　在既往关于自然生态的探讨中，我们已经理解了人与自然共生的必要性；其实，在当下信息智能的时代里，我们还需要理解人与机器智能共生的必然性。机器智能永远需要人类以自己的文化心智和经验判断，来弥补其仅限于相关分析的智能缺憾。发挥人心智经验因果判断的独特优势，以两种思维形式的融合与互补，方可达到相得益彰的整体提升。基于这样的认识，对大数据时代外语教学职能定义的追问，才能使我们清晰认识到外语教学整合创新的重点，才能使我们明了大数据时代教师的教学职能所在。

　　对外语教学来说，学科系统运作的内部过程信息，网络共享开放教育资源信息，教育者与学习者以及学习者之间的交互信息，是外语教育数据分析的三个主要来源。它们主要是由计算机来完成的，然而，上述三方面信息的因果判断却并非计算机能力所及，它们必须依靠人的心智，需要由外语教师全身心地投入来理解和把握，而不能仅限于数器的"相关性"，任凭数据分析的结论而结论。也许外语学习者仅知道"是什么"就已经实现了学习目标，因为以交际为终极目标的外语学习；并不一定需要知道"为什么"；或者说，使学习者学会以外语表述"是什么"，已完成了外语教育的基本教学任务，但是，作为高等教育的当代外语教育关联着外语与教育相关的一切社会文化因素、而并不仅仅限于单纯的语言学习。因此，大数据时代外语教师的发展远不能就此以"相关性"而终结。

四、"大数据"语境下的教师角色定位

在大数据背景下,学校将从传统独占教育资源的固定知识传授状态,逐步转化成为执行国家教育考核标准、为学生提供学习目标定位与指导、为学习诊断和修正失误、供学习者共享学习资源的开放教学共同体。由于大数据带来的外语学习的个性化和泛在性,颠覆了传统课堂的一贯教学模式,学生学习的资源、方式、环境场所等都发生了革命性的转变,如何提升自身的信息技术运用能力和数据分析能力,担当起高校外语教师新角色,掌控学习过程并兼顾形成性评价,已成为高校外语教师无可回避的现实问题,决定了教师角色转换的必要性与必然性。

在这样的外语学习语境中,教师将依据各自所在学校的平台特点,面向复杂多元的教学对象和教学环境,教师绝对的知识传授职能和传统的知识权威地位不复存在,外语教师将由知识传授者转而成为外语学习的组织引导者、外语学习资源的研发建构者、外语学习效果的诊断与评价者。鉴于大数据技术带来的多样灵活地教学形式和多源头丰富的教学资源,教师教学将面对学生的自由选择。毫无疑问,新一轮的教育竞争力,必须依靠建构足够前卫、极具针对性和科技性的教学资源来取得。今后,外语教师角色将由传统的知识传授者向如下方向改变。

(一)外语教学活动的组织引导者

在大数据背景下,教师不再是知识的唯一拥有者,教授也不再是知识唯一的传授方式,学生可以从多种渠道的学习资源中汲取丰富的知识信息,但是,外语教育仍然需要有序组织,学习活动仍然需要教师充当起学习的组织者。尤其当前学生由传统教育走向自主学习的过程中,还会存在颇多的制约因素,包括学生的学习观念与学习习惯转变问题,学生面对复杂的学习信息可能会缺乏判断而无所适从。因此,大数据背景下的教学进程中,需要教师充当学习活动的组织引导者,引领学生能动地适应应用数字技术的自主学习环境。

然而,组织引导不可等同于传统教学模式中的绝对管理。因此,外语教师也有一个自我适应与完善的发展过程。传统教学模式中,教师只需要以既定的教学计划和固定的教材,一成不变地主导整个教学过程。而大数据前提下的教学组织引导,则需要服务于学生自主学习多样性的个性化环节,需要引导学生建立适合自己的学习目标和学习方法。教师要善于指导

学生从缤纷繁杂的信息资源中获取适合的学习信息；激励学生不断挖掘自身的学习潜能去适应多样化的学习形式，帮助他们顺利完成系统性的学习过程，自主建构个性化的知识体系，并形成终身学习的意识与能力。

大数据模式教师与学生的教学互动，除了教师或学生面对面地交流之外，更多的交互发生在网络实时或非现时的讲解、分析和讨论之中。教学采用网络学习系统自动反馈、部分作业教师反馈、教师集中反馈等多种形式对学生的学习给出评价。在教学过程的起端，需要教师精心设计并组织协调；在教学过程中期，又需要教师积极地引导学生纳入正确的学习轨道，并监控学习质量、督促其学习进度，教师的职能职责无疑发生了很大幅度的改变。

（二）外语教学资源的研发者

传统教学模式中，教师仅是既定课程计划和学习资源的实施与应用者。虽然外语教学中也运用计算机网络技术将部分教学内容数字化为"多媒体"，也为学生提供可登录学习的信息平台等。但限于教学资源建设相对静态，上述线性集中的学习资源，多半只是以数字化形式重复纸质文本资源信息，加之教学管理机制的种种限制；"多媒体"资源对学生泛在学习的知识支撑极其有限，教师的创造性作为也无从谈起。

而大数据技术为学生提供了超越时空和无缝对接的泛在学习环境，因此，教师将成为责无旁贷地肩负起构建超越时空而无所不在、个性化动态发展的学习资源。由于泛在学习是由不同发展定位、不同学能和习得程度的不同学生，依据自己预期知识建构需要而实现的差异化的、随时随地的个体性学习，因此，教师需要为之创建对应的学习资源，这些资源还必须是动态发展的，以满足不断发展的学习需要，在依托大数据技术的教学创造中，教师需要以科学、创新的态度研究时代的教育理论、教学规律、教学模式和教学方法，并以动态的观念去构建不断进化发展的学习资源。在当前Web3.0互联网应用技术条件下，教师和学生能够共同构建和协同编辑这些学习资源，而无须依赖专家或权威机构发布。

这方面的创新构建将有许多环节有待开发完善，如基于"云"计算的泛在学习，可设计为在教师的管理、监控和督促下，由学生依据自主学习的需要自行拟定主题的训练。训练伊始，可安排学生利用"云"收集相应学习资源，包括相关基础知识与文化背景知识等；然后利用与协作方搭建的交互平台，联系协作学习伙伴或指导教师通报训练主题，经由"泛在网络"在完全真实感的语境中进行主题训练。当前我国国家开放大学已与英国开放大学、法国国家远程教育中心（CNED）、加拿大汤姆逊大学、加拿大枫华国际教育投资集团、美国马里兰学院大学、密歇根州立大学、美国SCOLA卫星电视网等实现了国际教学的合作，这样系统的训练资源，便需要教师依据教育发展的需要而不断地创新研发。

总之，教师不仅自己需要创建和整合教学资源，还需要组织和引导学生依据自主学习的需要，自行拟定主题进行学习资源的建构训练。大数据背景下的外语教学，需要教师成为依据教育发展需要而不断创新教学资源的研发者。

（三）自主学习的诊断与评价者

在基于固定课堂、慕课、微课等多样形式的自主学习进程中，教师对学习过程和学习成效的监督、指导、评价和考核仍然必不可少，及时评价学生的学习状况和学习成绩，才能有效引导学生进一步完成学习任务，达到既定的学识层次。与传统教学模式不同的是，大数据模式学习的监督、评价和考核不仅采取形成性形式，还必须依据各种定位的个性化学习目标，不再使用统一的评价标准。

当前已有多种针对具体课程成绩考核的各类学习评价系统问世，但机器分析必然会有极大的局限性，计算机无法判断每一位学习者的思想情感变化。学习过程中，除了可以直接生成的学习作业之外，尚有许多诸如动机、兴趣、意志等学习中的非智力因素，潜移默化地影响着外语学习的进度与效果。为此，学生仍然需要教师以适当的情感激励，使非智力因素对外语学习发生积极效应，在开展慕课、微课等多样形式的自主学习进程中，教师仍然是学习过程不可或缺的诊断与评价者，教师仍然对学习成功与否有着举足轻重的影响与作用。教师要引导学生结合相关社会现实问题利用网络资源深入学习，鼓励学生开展合作式和探究式的讨论，要培养学生分析理解和能动解决学习问题的能力，最终学会自主建构知识与能力。为实理这样的教学目的，需要针对学生个体在前期知识积累、学习能力、学习内容、学习方法上的差异性，对其阶段性学习成绩进行评价鼓励，同时制订与之对应的教学评价策略，利用大数据分析归纳找出学生学习活动的规律性特点，实现行之有效的过程性评价。

除了上述作用之外，教师还需要补足当前各类学习评价软件种种评价欠缺的不足之处。例如当前多种英语作文批改网虽然能够通过数据分析，批改并反馈意见帮助学生了解到自己语言方面的若干错误和不足，尤其能够指出一些语词的错误用法，给出一些高频词汇和高分词汇增加学生的词汇量，并可以在教师缺席的情况下帮助学生对作文做出一些修改，使学生的写作水平有一定程度的提高。但目前这些作文批改网是基于计算机数据相关性分析的，在文章的逻辑和篇章结构上尚无力指导，反馈信息相对机械。有些反馈意见甚至含混不清，难就作文的具体内容提出评价和修改意见，终使学生莫名其妙无从纠正自己的错误和不足。因此，在大数据的外语教学模式下，教师的诊断与评价作用仍然很重要，只有与教师面对面地交流，才能更加全面具体地分析清楚学习失误，并给出更具针对性的详细反馈，以补足批改网等技术教学软件的种种教学缺憾。大数据时代的外语教师仍然需要成为学习的诊断与评价者。

五、大数据背景下外语教师的职业发展

综上所述，由于现代教育技术半个世纪以来突飞猛进的发展，学生的学习资源、学习方式、学习环境场所等都发生了革命性的改变，外语教育的教学手段和教学资源得到了极大的丰富，如何提升自身的网络与信息技术的运用能力和数据分析能力，担当起高校外语教师新的角色，掌控学习过程并兼顾形成性评价，已成为高校外语教师亟待研究而无可回避的现实课题。

教师发展概念，由于约翰·杜威（John Dewey）的持续发展及反思性思维的理论，其核心内容是反思和发展。兰格（Lange）将教师发展定义为"教师的智力、经验及观点可持续发展过程。"格雷夫斯（Graves）认为教师发展的内涵和外延应同时进行。教师职能发展指的是教师职业职能的自我发展。由此可以认为，教师职业发展需要教师个体主观努力与所处外部情境和谐交互，意味着教师职业发展正面临着内涵和外延两个层面同时进行的紧迫性。内涵发展即通过个人实践和反思，外延发展要即遵循一定的理论并借鉴他人的经验。国内有研究认为教师职业发展主要指的是教师的职业自我发展，强调由教师主动地去发展自己。所以教师要根据具体的发展阶段和情景，制定合适的发展目标和路径。

职业的专家型教师应该具备的复合型知识结构，应该成为每一位外语教师自我完善的努力目标；精通自己所从事学科领域的系统知识，即掌握相关外语学科专业最新知识和具有运用的能力；熟悉教育科学知识，具有娴熟使用英语实现教育的能力；具有较高层次的自我修养意识和道德人格，善于不断自我评价和自我完善；此外，具备开阔的学术视野，掌握多学科的基本科学人文知识，也是一名职业教师所必备的基本素质。对照以上四条标准可以发现，高校外语教师队伍中不仅存在"结构性短缺"和"低水平过剩"问题，还存在如何突破职业发展困境、确定发展定位、选择发展路径等问题。在大数据时代的教学环境中，多元化的教育模式使网

络技术又导致产生了学生对教师教学新的预期，又给外语教师增加了新的工作压力。面对这一发展趋势，高校外语教师既要面对教学任务繁重的现实压力，又要转身迎接大数据时代带来的巨大挑战。

兰格（Lange）认为："教师职业发展指教师在智力、经验和心态上的可持续成长过程。"随着大数据时代的到来，我国外语教学改革将纵深发展，每一位外语教师都需要进一步更新教学理念，不断获取新知识与新信息，紧跟时代步伐实实现自身的可持续发展。尤其需要熟练计算机操作和计算机常用软件的使用方法，需要具备使用网络通信、常规教学媒体、网络教学平台等日常应用技术，以适应大数据化的外语教学工作。

针对学生开展个性化学习的需要，教师职业发展无疑还需要增强整合外语学习资源的能力。2010年颁布的《国家中长期教育改革和发展规划纲要（2010—2020年）》明确提出："关注学生不同特点和个性差异，发展每一个学生的优势潜能。"由此可见；实行因材施教的个性化教学，根据学生的外语基础和学习特点施行有针对性的学习指导，是国家中长期教育改革发展的需要。为达到这样的要求，首先需要高校外语教师自身善于学习，要充分利用大数据科学分析信息的手段和方法，连接到各种外语学习资源，并善于针对不同的学习对象提供不同的学习指导，促进学生学习成绩和情感沟通能力同步成长。并且，这些指导需要建立在对学生已有的知识水平、学习动机与策略、学习风格和个性特点，以及诸多非智力因素综合评估的基础之上。

从以上对大数据时代及与之对应的教师角色定位的探讨中，我们不难发现，教师无疑需要认识自己在新教学模式中的角色定位与教育使命，及时转化角色并努力提高自身的能动适应性，使自己成为能动性适应学习信息聚合结构中的一种有机驱动力。随着大数据时代外语学习途径的多元化发展，学生对高校外语课堂变革的期望也会日臻提高，高校外语教师需要掌握数据分析的技能与方法，进一步改进课堂教学模式和教学方法，充分利用共享开放的网络学习资源，积极投身于微课程和翻转课堂的教学尝试，以关联理论和学习策略为指导，努力培养学生能动关联的学习意识和学习兴趣，引导他们从被动接受转变为主动探索知识，使学生听、说、读、写、译综合应用能力和大数据背景下外语教师的职业素养得到同步提离。大数据技术重塑了当代学习者社会交际与知识学习的行为习惯，也将彻底改变高校外语教学的传统模式和外语教师本身。"教师必须提高自身的'信息——教学'素养。用好'活书'，选好资源，设计好虚拟教学环境，学会信息化教学方式。"

总之，传统高校外语教学以教材为主讲解单词、句子和课文，并由教师周而复始的课堂语言知识讲解的教学终将一去不再复返。在大数据时代的高校外语教学中，教师拥有知识资源的权威性受到挑战，由大数据汇聚而来的海量开放共享的外语学习资源，使学生同样可以轻而易举地获取外语学习资讯。为此，根据学生个性化需求而广泛获取、整合、分析和处理各种分散性学习信息资源，帮助学生确立长远发展目标、制定个性化学习计划，传授外语学习具体策略和方法激发学生外语学习兴趣，促进学生学会主学习和合作学习，指导学生不断修正学习方法和学习计划，并对学生学习提出评价和实施监督等，所有这一切组织、引导和协调的能力，都是大数据背景下外语教师所必须具备的职业能力，也因此成为外语教师职业发展的具体努力方向。

参考文献

［1］王鹤. 大数据时代的高等外语教育创新与实践［M］. 北京：经济管理出版社，2016.

［2］周文娟. 大数据时代外语教育理念与方法的探索与发现［M］. 上海：上海交通大学出版社，2014.

［3］隋晓荻. 人文素质教育视阈下的大学英语教学研究［M］. 北京：世界图书出版公司，2013.

［4］贾冠杰. 英语教学基础理论［M］. 上海：上海外语教学出版社，2010.

［5］陈军宏. 新课程背景下的小学英语学与教［M］. 济南：山东教育出版社，2008.

［6］陈平文. 英语教学新论［M］. 长沙：湖南师范大学出版社，2007.

［7］张鑫. 英语教学的理论与实践［M］. 北京：知识产权出版社，2012.

［8］鲁子问. 英语教学论［M］. 上海：华东师范大学出版社，2010.

［9］鲁子问，康淑敏. 英语教学方法与策略［M］. 上海：华东师范大学出版社，2008.

［10］鲁子问，康淑敏. 英语教学设计［M］. 上海：华东师范大学出版社，2010.

［11］何广铿. 英语教学法基础［M］. 广州：暨南大学出版社，2008.

［12］李世荣. 现代教育技术［M］. 北京：清华大学出版社，2010.

［13］施良方. 学习论［M］. 北京：人民教育出版社，2001.

［14］张鑫. 英语教学的理论与实践［M］. 北京：知识产权出版社，2012.

［15］教育部高等教育司. 高职高专教育英语课程教学基本要求［M］. 北京：高等教育出版社，2000.

［16］徐小贞. 高职英语教育理论与方法［M］. 北京：高等教育出版

社，2004.

［17］陈玉琨，田爱丽.慕课与翻转课堂导论［M］.上海：华东师范大学出版社，2014.

［18］黄发国，张福涛.翻转课堂理论研究与实践探索［M］.济南：山东友谊出版社，2014.

［19］靳玉乐等.中国新时期教学论的进展［M］.重庆：重庆出版社，2001.

［20］林子雨.大数据技术原理与应用（第2版）［M］.北京：人民邮电出版社，2017.

［21］杨正洪.大数据技术入门［M］.北京：清华大学出版社，2016.

［22］王颖.大学英语教学模式研究与探索［M］.长春：吉林人民出版社，2017.

［23］李志坤.大数据时代外语教师的教育理念和教学能力探析［J］.教师教育论坛，2016（03）.

［24］张雪.大数据时代的语料库与外语教学创新研究［J］.长春大学学报，2017（02）.

［25］朱庆卉，陈磊.大数据时代的高校外语教学特征探究［J］.中国教育信息化，2016（23）.

［26］丁仁仑，戴炜栋.高校大学外语教学定位思考［J］.外语界，2013（02）.

［27］王文斌，李民.外语教育属于什么学科？——外语教育学构建的必要性及相关问题探析［J］.外语教学，2018（01）.

［28］张优良，尚俊杰."互联网+"与中国高等教育变革前景［J］.现代远程教育研究，2018（01）.

［29］江志斌.中国慕课模式探索与实践［J］.中国大学教学，2018（01）.

［30］韩金龙.英语写作教学：体裁过程教学法［J］.外语界，2001（4）.